花田達朗著

公共圏という名の社会空間

―公共圏、メディア、市民社会―

木鐸社刊

はしがき

本書は公共圏という言葉をめぐって書かれたものである。その言葉はドイツ語ではÖffentlichkeit、英語ではpublic sphere と表現されている。その日本語を公共圏という風に、「圏」という名詞で受け止めることの含意は、その言葉の概念を空間の概念として捉えたい、また捉えるべきだという点にある。それが本書の基本的モチーフであり、トポスだといってよい。その上でいえば、公共圏とは言説や表象が交通し、抗争し、交渉しつつ、帰結を生み出していく、そういう過程が展開される社会空間のことであり、同時にそれは公的ないし公共的、öffentlich あるいは public という形容詞で指示される、ある理念の運動が投影される社会空間のことだということができる。すでにここにみられる空間の二重性は現実と理念、実態と規範のデュアリズムに他ならない。そのデュアリズムの包摂を可能にするのが、空間という設定なのである。

その理念ないし規範は、J・ハーバーマスによって、西欧近代のブルジョア社会の生成と転形という歴史過程のなかからひとつのカテゴリーとして抽出されることによって定式化された。従って、当然歴史的拘束を受けている。しかし、そこで抽象化された公共圏概念によって、公共圏の現実ないし実態としての社会空間は初めて見えてくる。つまり、認識の対象として可視化されるのである。その上で、公共圏という名の社会空間の現実過程は、そこに展開される言説および表象の交通、抗争、交渉という相互行為の複雑な関係を包み込みつつ、空間の作動として観測され、分析されるのである。

本書では、そのように解釈された公共圏と、メディアおよび市民社会との関連、さらにいえばそれら三者の制度的存立構造ないし存在態様を論じている。そこでの基本的モチーフを一言でいえば、社会関係のひとつの態様としての市民社会、その制度化された空間としての公共圏、その空間においてシステムとして自立化したメディア、という三者が位置する異なる位相の弁別とそれらの織りなす相関性の定立ということである。そこにはそれらを貫通してジャーナリズムという位相が関係してくるし、また制度と政策という軸も交差してくる。

さて、本書は私がこれまでに公共圏というテーマをめぐって書いてきたもの、そしてそれに関わりのある、メディアの制度および空間というテーマをめぐって書いてきたものを収録し、一冊にまとめたものである。ということは、一書として最初から計画された構成物ではなく、各章にあたる部分を個別の論文として書いてきて、結果として集積した産物である。その多くは大学紀要、学会誌、研究誌、研究所叢書など一般に市販されていない刊行物に掲載されたものである。それらの初出については、巻末の一覧をご覧いただきたい。以下ではまず本書の構成を明らかにし、各章の成立経緯についても触れることにしたい。

第一部には、公共圏概念について中心的に論じたものを配列した。それは執筆順でもあるが、内容的にもその順番でよいと考えている。第一章はハーバーマスの著作にそって公共圏概念への解釈的検討を加え、公共圏を空間概念として規定したものであり、本書において概念の問題の基礎となっている。これは第二章を「受注」した時に、それを書くに先立ってその予備的段階として執筆したものであり、両者はセットとして私の公共圏論の出発点にある。その第二章では公共圏の認識が中心課題となっている。そこでは公共圏概念を天皇制意味空間の作動とその知覚や「情報化」の時間的・空間的な把握などに関連させつつ、日本における社会的共同性の空間的編制の問題をテーマとした。

第三章は公共圏概念の視点から国際コミュニケーション政策の領域を取り扱ったもので、東欧変革・ソ連邦崩壊、欧州統合、新世界情報コミュニケーション秩序、湾岸戦争など四つの同時代状況を事例として取り上げた上で、次に構造的問題として技術の所有の不平等性、自由・人権の偏在、〈内部―外部〉という視座、国民国家・経済市場・公共圏の関連などの四つの論点を抽出して論じたものである。それは、多層的・多次元的なスペースから成るストラクチャーを持ったグローバルな公共圏を遠望して終わっている。あるいは、そこで留まっているといえるかもしれない。第四章は公共圏概念によって放送制度論を基礎づけようとしたものである。従来広く用いられてきた「放送の公共性」という言葉の意味内容を批判的に検証し、日本の放送制度における価値規範とその組織過程の吟味を行った。そして、「放送の公共性」とは「放送による公共圏の設営」という社会的機能にこそ、その根拠を持つべきものだと結論した。第五章は公共圏と市民社会の概念上の布置関係を明らかにしつつ、空間論的視点からの公共圏規範の再生、公共圏実態の構造的矛盾、そこにおけるアクターとしてのアソシエーションの問題、日本における公共圏のポテンシャルなどについて論じた。同章第二節で使った見出し語をそのまま本書のメインタイトルに昇格させた。

以上五つの章は一九九〇年秋から一九九二年秋までに執筆したものである。そのことは、それらは「一九八九年」の経験を糧としており、その経験場に身体が置かれて発生した、私なりの言葉の紡糸であったということを意味している。「一九八九年」とは、言うまでもなく、グローバルには中欧・東欧革命の過程が帰結を迎えた年である。そして、ナショナルには「昭和の終焉」という過程が演じられ終わった年のことである。この第一部はそうした同時代状況に促されつつ、またその時々の原稿注文に応じて局面を変えつつ、公共圏概念を梃子にしてその都度考えたことを記録したものだといえよう。同時にそれは、空間論という感性の海に細いパイプをつなぎ、そこから言葉の供給を受けつつ構成されたひとつの産物でもあった。そして、その記録作業は、第五章を書き終えたところで、無論他に多くの取り扱うべきテーマを残しつつも、ひとまずそのラウンドとしては終わってしまったという感想を私は抱いた。次のラウンドを開く他はないと思っている。

第二部は、その公共圏論の中心からみるならば、周辺的なあるいは関連する領域といえる。一九八八年に書いた第六章を除いて、他の四つの章はいずれも一九九三年から九四年にかけて執筆したものである。第六章は(旧西)ドイツの憲法規範モデルに依りつつ、放送制度の構造を社会学的視点から抽出し、その構造に社会学的研究課題を対応させて論じたスケルトンである。以前のものであり、不十分なところもあるが、スケルトンであるが故に収録した。そのなかでは「公的意味空間」という表現を用いている。私はそれまでこの章にみられるようなマスメディアのシステム分析や制度・政策論を研究対象としてきたのだが、その経過のなかで私にとってはあたかも空白となっていた欠落部分を埋めるかのようにして、公共圏概念の必要性が浮上してきたのであった。その概念の問題を何らかの形でかたづけなければ、その先に進めないという、私のなかの配置関係があった。

第七章も放送制度論であるが、そこでは制度(インスティテューション)の社会学的理解に立って、放送制度論の各階層と社会科学的研究との対応関係を論じつつ、制度と主体の問題を考察した。制度のなかの解放的契機、それを可能とする主体と制度の関係をみようとした。第八章では日本の労働組合状況を念頭に置きつつ、個人加盟でメディア産業横断的に組織されたドイツのＩＧメディアの成立過程を分析することにより、資本と労働の対抗関係という依然として歴然とした文脈における対抗公共圏の可能性という問題を対象とした。第九章は短いもので、主観的には公共圏概念をもって新聞ジャーナリズムの再生を呼びかけたものである。若い新聞人たちに届く言葉でありたいと思って書いた。

第十章は本書のなかでは多少異質なものである。公共圏論の系譜との違いについてはその章の本文のなかで述べているが、これはＨ・ルフェーブルの「空間の生産」やポストモダン・ジオグラフィーの流れの上にのって、情報メディアによって編制される空間という問題構制を放送メディアに事例をとって論じたものである。そのようにシフトしてはいるものの、空間論としては通じていると思う。

以上が本書の構成と内容であるが、その成立過程に由来して明らかな欠陥を持っている。ひとつには、各章がその都度の個別論文として書かれたものであるため、公共圏概念についての説明がそのたびに必要であり、従って本書全体のなかでは重複していること、もうひとつは市民社会とブルジョア社会という用語の使い分けが第一章から第五章までの間で不統一であることなどである。また、例えばジャーナリズムという論点にみられるように、ひとつの論点が一カ所にまとめて記述されず、いくつもの章に散在していることも難点といえよう。しかしながら、本書をまとめるにあたって、それらを書き換えたり、再構成したりすることは考えなかった。各章とも、誤植の訂正、当初の文意をよりはっきりさせるための語句の修正、注記における記号の統一と補正および若干の補注の追加(それらの分は【　】でくくって示した)という範囲に留め、ほぼ初出のままに再録した。その理由は、書き換えや再構成に手を付けた場合の大変さを想っての怠惰というよりは、むしろそのような欠陥や短所とみられるものはそれはそれで思考作業の変遷を示しているし、各テーマとの関連の付け方をその都度試みている様子を示しているのではないかと考えたからである。さらに誇張していえば、私にとってそのような改稿は記録の改竄になってしまうから、それはしたくない、すべきでなかろうということであった。不備はあろうとも、また今日流通しているフィットした表現に差し替えたいところがあろうとも、産み落とされた時の文章のままでよい、そのままにしておこうと考えた。上で述べた欠陥や短所については読者のご寛容をお願いしたい。

ところで、当然ながら本書において私が取り扱っていない問題は多い。例えば、公共圏と公論／世論の関係などはそのひとつである。そして、公共圏論として構成されるべき課題は大きい。今日私は公共圏論は四つの領域で構成されるのではないかと考えている。第一は公共圏の政治・社会理論の領域であって、ジェンダー論や国民国家の揺らぎなどの挑戦を受けて、ハーバーマスの理論的枠組みを越えて、どのように発展させるかが問題となる。第二は公共圏の歴史研究の領域であって、西欧各国でこの間に増えてきたように、公共圏の歴史的態様と変容を経験的に研究するという課題である。第三は公共圏の現状分析の領域であって、現実の公共圏が実際にどのように作動し、そこにどのような意味の闘争が展開され、どのような権力関係が産み出されているかという点を具体的に観測し、分析するという広範なフィールドが広がっている。そして第四に、以上のいずれとも深く連なって、公共圏概念に関わる政策論や制度論の領域がある。これが今日私の頭のなかにあるマップである。こうした四分類自体は静的・古典的すぎるかもしれない。ただ肯定的錯綜に入っていく前の構成案ではありえよう。

さて、日本で公共圏論を構成しようとする時、そこに大きな困難があることを見逃すわけにはいかない。それは公共圏という、西欧近代の歴史的過程に根ざして産出された概念における普遍性の問題であり、公共圏概念一般に対する個別性・特殊性の問題である。あるいは、そのような二項図式を越えたところに想定されるべき新しい関係の問題である。それは公共圏概念の国際化のなかで避けられない問題だといえよう。異なった歴史的・政治的・経済的・社会的・文化的な枠組みを持った地理的圏域においては、公共圏についての認識はどのように異なり、そしてその作動の仕方はどのような様式をとるのか。また、地理的・物理的圏域という局面における空間的拘束から自由になっていくなかでの、つまりメディア化が徹底されていくなかでの公共圏の産出様式あるいはその存在様式はどのようなものか。いや、そのような問い以前に、公共圏と呼びうるものを想定すること自体への懐疑や否定もあるだろう。とりわけ日本においては、それもひとつの見方であり、立場である。しかし、それとは異なり、公共圏概念の可能性をみようとする場所に立つ場合、もう一度戻れば、次のことが問われる。公共圏概念はどの程度まで普遍性を持ち、どの程度まで歴史的・政治的・経済的・社会的・文化的なコンテクストに依存しているのか。その普遍性と文脈依存性はどう関わるのか。あるいは、普遍性と個別性と特殊性はどのような相互媒介的関係の構造を持つのか。それらの問いは、先に設定した公共圏論の四つの領域すべてを貫いて問われるべき問いに違いない。それらの問いは決して公共圏論の不毛や不用を意味しはしないだろう。むしろ、それらの問いは、日本の歴史的・文化的コンテクストにおける理論研究、歴史研究、現状分析、制度・政策論の領域で独自の争点を発掘する契機となるだろうと思われるのである。

本書はこうした試みの端緒に過ぎない。そこにどれほどの価値や意義があるのか、またどれだけの関心や共感を読者諸氏から得られるものか、私自身定めがたい感じを抱いている。このような形で一書として物質化され、それによって新たに読者諸氏のご批判を受ける機会が与えられることになるとすれば、幸いである。

目　次

I

第一章　空間概念としての Öffentlichkeit
――ハーバーマスにおける公共圏とコミュニケーション的合理性――

第二章 公的意味空間論ノート

第三章　グローバルな公共圏は可能か
――国際コミュニケーション政策における〈外部―内部〉の視座と視界――

第四章　「放送の公共性」から「放送による公共圏」へ

第五章　公共圏と市民社会の構図

II

第六章　放送制度の社会学的分析
——西ドイツモデルを手掛りとして——

第七章　放送制度と社会科学の間

第八章　ドイツにおけるメディア産業労働組合の結成とその背景
――対抗公共圏構築の試み――

第十章 放送空間の生産

――放送におけるインフラ、景観、場所の織り合わせ――

I

第一章　空間概念としてのÖffentlichkeit

―ハーバーマスにおける公共圏とコミュニケーション的合理性―

一　問題の所在

用語は概念を示す記号である。用語は流通し、慣用されるにつれて、いわば慣性を持つようになる。従って、用語の指示する概念が時代とともに変化しているのに、用語そのものの方は形を変えずに流通し続けるということは、決して珍しいことではない。さらに、ある社会で流通している用語を別の言語に翻訳することの難しさ、つまりある言語文化圏のなかで歴史的な経験と文脈をもって理解されている概念に対して、それを近似的にせよ表わすことのできる用語を別の言語文化圏のなかで探すことの難しさについても、しばしば遭遇するところである。

例えば、「社会」というキータームでさえもこの困難を抱えていることが想起される。『社会学事典』の項目「社会」(1)によれば、「『社会』という語は、伝統的な日本語の内にはなかった。society, Gesellschaft, société などの翻訳語として、明治期に創出された。一八七五(明治八)年、福地源一郎(一八四一〜一九〇六)による使用が最初のものといわれる」とある。さらに、同項の記述によれば、伝統的な日本語のなかで「社会」の語に一番近く、一般的であったのは、「世間」であったが、これは柳田国男らの民俗学が明らかにしているように、元来、共同態の外部を指す語であった、という。他方、ヨーロッパ諸言語における society などの語は、元来、「内部」(仲間内)を指す語であり、それが歴史のなかで集列態の意味合いを強める方向で変化していった、という。そのような段階でその概念が日本に輸入されたとき、「世間」の語がその訳語として流用されずに、「社会」という造語が必要とされたのは、society などの語と「世間」という語の間の概念上の落差の大きさを当時の人々が感知し得たからに違いない。同項は『「社会」という語、および対応するヨーロッパ諸言語のこの重畳した転回、対応、ねじれの関係は、それ自体、実体としての『社会』の存立、構造と比較と推移のアルケオロジーを種々に示唆する」と結んでいる。「社会」という日本語は最初の使用から一一〇数年後の今日、この文化圏のなかに確かに定着したし、また夥しい量で流通もしている。しかし、我々はそこで gesellschaftlich と sozial をともに「社会的な」というひとつの形容詞で表わし、両者を区別する語法を持ってはいないのである。

さて、ここに Öffentlichkeit という語がある。このドイツ語は従来「公共性」という日本語をあてて翻訳されてきた。この言葉を標題に含んでいる著作としてユルゲン・ハーバーマス(Jürgen Habermas)の *Strukturwandel der Öffentlichkeit*, 1962 があり、その翻訳は『公共性の構造転換』[2]という書名を与えられている。最近刊行の続くハーバーマスの著作の翻訳書においても、また邦語諸論文においても、この訳語は踏襲されている。また前出の『社会学事典』には「公共性」の項目が設けられ、Öffentlichkeit についての記述がなされている[3]。つまり、学術界においてはハーバーマスの仕事を背景としてこの原語と訳語の対応関係は定着しているかのようである。しかしながら、私はこの二つの言葉の間の隔りは大きく、それ故に Öffentlichkeit の概念そのものが日本語圏で一層把握しにくいものになっていると考えてきた。

言うまでもなく、Öffentlichkeitという語そのものがハーバーマスの専用語なのではない。彼は歴史のなかからbürgerliche Öffentlichkeitという類型的カテゴリーを抽出し、その古典的モデルの構造と機能、その後の社会国家（あるいは後期資本主義）のもとでのそれらの変容を分析した。その際にÖffentlichkeitを社会総体の関連構造に結びつける社会学的方法意識こそがハーバーマスのものだったといえよう。しかし、Öffentlichkeitの語そのものについていえば、例えば『公共性の構造転換』のなかの注記や文献目録を一瞥しただけでも明瞭なように、その語を標題に含み、その概念や実態を対象とした数多くの先行研究が存在していた。また今日でもそのような研究成果は引き続き生み出されている。そして、何よりもÖffentlichkeitは日常言語でもある。新聞の政治面でこの語を一度も使わずに記事を書くことはほとんど不可能であろうし、人々の口にも日常しばしばのぼる言葉である。

　ドイツ語圏におけるÖffentlichkeitの語の一般的用例と日本語圏における「公共性」の語感を対照したとき、いくつかの問題が浮かび上ってくる。それを二点だけ指摘しておきたい。第一は、日本語の「公共性」はむしろöffentliche Aufgabe（公的または公共的任務および役割）、öffentlicher Charakter（公的または公共的性格）、öffentliche Verantwortung（公的または公共的責任）、öffentliches Interesse（公共の利益）などに近い概念として受け取られる言葉だと考えられる。そこで、そのような意味での「公共性」とÖffentlichkeitの意味での「公共性」の間で混同が生まれかねない。後者の方を例えば「ハーバーマスのいう『公共性』」として暗号化でもしない限り、両者の区別は難しいのではないだろうか。しかし、そのような暗号化は専門家の間でだけ通用するものでしかなく、その言葉と概念の日本語圏への定着を妨げ、それらが日本社会の現実との対応関係を持つことを困難にさせるであろう。括弧をはずして通用する言葉が必要なのである。

第二は、これを論じるのが本章の目的なのであるが、Öffentlichkeit は空間概念として捉えられるべきものであり、従ってそれは「公共性」の語によっては伝達しにくいということである。『公共性の構造転換』のなかには Sphäre der Öffentlichkeit という用法があり、これは「公共圏」と訳されているが、この語句は Öffentlichkeit の概念が持つ空間性を Sphäre の語によって外部に摘出し、一段と明瞭にしたものだと私は理解する。この理解に立って、私は Öffentlichkeit が Sphäre を伴わずに単独で使用されても、その単語に対して「公共性」ではなく「公共圏」という日本語をあてたいと考える。(4)

本章は Öffentlichkeit の訳語の問題そのものを論じるのが目的ではない。訳語への波及はむしろ本章の検討から生れる結論のひとつである。しかし、これからの検討過程において原語を使用し続けるわけにはいかないので、結論の〝前倒し〟によりここから「公共圏」の語を使用することとする。

本章の構成は次の通りである。次の第二節ではハーバーマスの『公共性の構造転換』にそってその公共圏論の展開をみていくが、その際空間の概念であるという視点から市民的公共圏の概念を明らかにしていきたい。第三節では『コミュニケイション的行為の理論』において公共圏がどのように位置づけられているかを検討し、コミュニケーション論的転回を遂げた後の公共圏論の現在を論じることとする。最後の節では公共圏の空間論的把握の意義について指摘し、結びとしたい。

二　『公共性の構造転換』における公共圏論の展開

1　公共圏論の動機

ハーバーマスが『公共性の構造転換』(原著一九六二年、邦訳一九七三年)を著わした初発の動機は、現代における「公共圏」の救出にあったということができるだろう。

彼は公的なるものと私的なるものの区別と両者の関係について論じ始めるにあたって、ハンナ・アレントの『人間の条件』(5)を引用しつつ、ギリシャ的モデルをその起源とする。(6)ギリシャの都市国家では、ポリス(Polis)の圏とオイコス(Oikos, 家)の圏は峻別されていた。前者は自由な市民の共同の領域であり、後者は個々人に属する領域である。前者、つまり公的生活のための上演舞台としてはアゴラ(agora)が用意され、それが後者の場に踏み込むことはない。前者における公共圏は対話(lexis)と共同行為(praxis)から構成される。アレント自身はここから「公的領域」(the public realm)と「私的領域」(the private realm)の概念を組み立て、歴史と同時代を診断していくのだが、ここで着目しておきたいのは、ハーバーマスがギリシャ的公共圏モデルとそれに対するアレントの考察のなかから、後に彼自身の考察にとって重要な枠組となる二つの点を引き継いだであろうということである。即ち、空間的な分割として公と私の区分を捉えるという発想と、公的空間の構成要素を共同性という関係とコミュニケーションという行為とに求めるという視点である。

しかし、ハーバーマスが問題とするのは、近代の市民社会に特有な圏としての公共圏であり、そこにひとつのモデルを抽出する。それがギリシャ的モデルの場合とは配置構造や境界設定において異なるのは当然である。彼はそのモデルについてÖffentlichkeitの語源からまずアプローチしているが、この名詞はそれより古いöffentlichという形容詞をもとにして、一八世紀の間にフランス語のpublicitéと英語のpublicityを模して作られたものであると指摘し、この言葉が誕生したその時代にドイツで初めてこの公共圏が形成され、その機能を引き受けるようになったものとみている。その公共圏は近代の政治秩序の組織原理として働いたが、しかし一九世紀中葉に入って解体過程に入り、今日ではその機能は無力になりつつある。そこでハーバーマスが強調するのは、この無力になった組織原理を放棄するのではなく、現代の条件のもとでその再生の可能性を探求しようということである。「それ〔公共圏―筆者補充〕は明らかに、自由主義イデオロギーのぼろくずとはちがう、それ以上のものであり、社会民主主義が弊履のごとく投げすてて平然としていられるものではない。今日われわれが『公共性〔公共圏―筆者修正〕』という名目でいかにも漠然と一括している複合体をその諸構造において歴史的に理解することができるならば、たんにその概念を社会学的に解明するにとどまらず、われわれ自身の社会をその中心的カテゴリーのひとつから体系的に把握することができると期待してよいであろう。(7)」

2　市民的公共圏の発生史と記述方法

ハーバーマスはヨーロッパ中世の封建制のもとでは古代的モデルや近代的モデルからみて公共圏と私的領域の間の対立関係は存在しなかったとする。(8)たとえ類似した概念上の区別がみられたとしても、それは実効力を伴ったものではなかった。そこでは制度的な判断基準(institutionale Kriterien)からみて、つまり社会学的にみて、私的領域から分離された固有な領域としての公共圏の存在は証明することはできないという。確かにそこには支配を公に顕示する象徴物がみられ、また君主、宮廷貴族、聖職者などによって支配を示威ないし誇示する行為(Repräsentation)が行われた。そのような空間をハーバーマスは repräsentative Öffentlichkeit(「代表的具現の公共性」あるいは示威的公共圏(9))と呼ぶ。それは被支配者の眼前で支配関係を可視的に顕現化するための場ないしは装置であり、私的領域との関連で捉えられる公共圏とは無縁なものである。

この示威的公共圏と結びついていた封建的諸権力は一六世紀に入って解体過程に入り、私的要素と公的要素へと両極分解していく。そのうちの教会権力の位置づけを転換させたのは宗教改革であったが、その過程を経て、「教会が具現する神的権威への信従―すなわち宗教―は、私事となる。いわゆる信教の自由は、歴史的にみれば、私的自律の最初の圏を保障するものである。[10]」そこで教会はその圏を構成する制度となり、公法上の団体の一つとして存在していくのである。他方、君主権力の側でこれに対応する過程は、領主の公的予算と私的家政の分離という形をとって進み、そのうちの公権力の部分は官僚制と軍隊という制度で客体化されていく。さらに、支配的身分という封建的要素からは議会と司法が発達し、公権力の機関の構成部分となる。そして、都市の職能組合的要素からは「市民社会」の圏が発生し、これがやがて私的自律の正統な領域として国家に対立するようになる。

このような封建的諸権力の解体過程のなかで示威的公共圏は衰退していくのだが、それに代って新しく公権力の圏が形成され始め、さらにその相手方として向き合う形で市民的公共圏が芽ばえてくる。このような理解の構図は、空間発生の仕組みを呼応関係に求めているということができるであろう。

この過程をハーバーマスはW・ゾンバルトの資本主義論に依拠しつつ、経済社会的に説明していくのだが、以下でそれをみておこう。[11]初期資本主義(Frühkapitalismus)の交易体系は商品流通と情報交換の二つを要素とするが、重商主義の段階におけるこの体系の著しい拡大に伴い、外国貿易市場は増大するリスクに対して政治的保障を必要とするようになる。そのための制度として公権力の圏の内部に発生するのが、近代的な意味での国家である。この段階では「公的なるもの」は国家的という言葉と同義語になり、公権力対それに専ら服従する私人という構図が生まれる。しかし、この体系の第二の要素である情報交換がこの構図を変化させる起爆剤となる。即ち、新聞である。新聞は私的通信に始まり、商品へと発展していった。やがて行政当局も命令や指令を公示するための道具として新聞を利用するようになる。ここに至って公権力の受け手は初めて本格的な「公衆」となるのだが、その中心は近代国家の装置とともに成立した「ブルジョア」という新しい層であり、それは教養を身につけた読書する公衆であった。ここで興味深い転換が起こるのである。

ハーバーマスは、重商主義が単に国家的経営を意味するのではなく、政府の公的規制と臣民としてのブルジョアジーの私的創意との間に独特なアムビヴァレントな性格を持っていたという点に注意を払う。[12] 転換はこのアムビヴァレンツを梃子にして起こるからである。つまり公権力の客体としての「公衆」に公権力の相手方としての自覚が生まれてくる。そこに主体としての公衆が発生するのである。その結果、公権力と私人の間にひとつの危険をはらんだ圏が新しく形成される。「国家に対立して現われた社会は、一方では、公権力から私的領域を判然と区別しながら、他方では、生活の再生産を私的家権の枠外の公共的関心事へと引きあげたのであるから、不断の行政的接触のおこなわれる地帯は、論議する公衆の批判を挑発するという意味においても、ひとつの『批判的』な危険地帯となるのである。[13]」〔傍点は引用者。〕こうして市民的公共圏が、公衆へと集合した私人たちの圏として、公権力に対抗する批判的な圏として成立する。

以上のような発生史の記述からみただけでも、ハーバーマスの思考方法の特徴のひとつが明らかとなる。あたかも核分裂や細胞分裂のイメージが背後で働いているかのような感想をもたらしはしまいか。歴史過程のなかでの行為主体の交代、制度の浮沈、それらの機能の転換などの変動は、圏あるいは領域という不可視の空間を想定し、それを媒介として説明されている。未分化の圏が分節化を始め、それらの配置構造が形成されつつ、また変化していく。圏と圏の間にはそれらの発生期における相互依存の呼応関係や作用・反作用の関係ともいうべき作用の交換関係が看取されている。そのような構造変化に伴ってそれぞれ固有の圏に拘束されている諸要素は変動を受けるのである。あるいは逆に、上述のような諸要素の変動によって、その結果として圏が再編成されていく

図1　18世紀の市民的公共圏をめぐるハーバーマスの基本構図

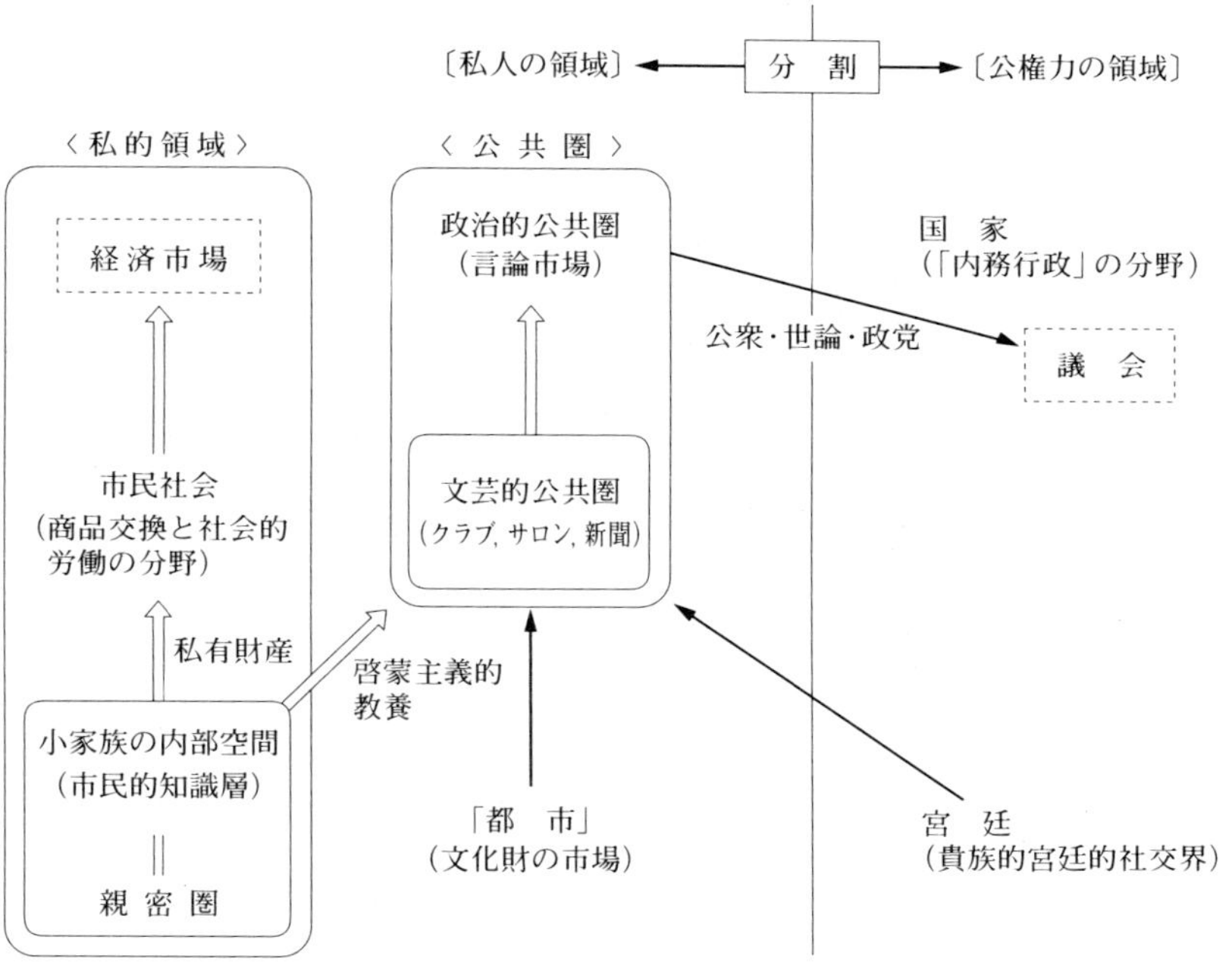

とみることもできよう。どちらの契機が先行するのか、圏か要素かを定めるのは難しい。その問題はここでは置くとしても、歴史過程のなかに重層的な空間配置を認め、その構造と機能の変化を記述する方法は際立ったものだということができる。市民的公共圏もそのような空間のひとつなのである。

3　市民的公共圏の構造の成立とその機能の制度化

一八世紀になって市民的公共圏はその基本構図を整えてくる。読書する公衆は議論する公衆となり、公権力との政治的折衝の媒介となる公開の論議(öffentliches Räsonnement)を通じて、公権力による支配の性格に変更を加え、支配を合理化しようとしたのであった。そこでの原理はPublizität(言説の公開性あるいは公開行為)であり、そのための論争的な性格を持った空間として政治的公共圏が生成してくるのである。

ハーバーマスはこの政治的公共圏を含む基本構図のシェーマを示している。[14] 筆者がそれをもとに彼の本文記述をも参照しつつ修正を加えて説明概念図という目的で作成したのが、図1である。この図で第一に重要な点は、それが空間の配置構造を描いているということである。第二点は、全体が私人の領域と公権力の領域に分割されており、その境界線によってやはり社会と国家が分離されていることである。この分離の生成によって〈近代〉は成立する。第三点は、市民的公共圏は私人の領域の内部に位置づけられており、つまりそれは間違いなく私人の公共圏だということである。第四点は、ある圏からある媒介要因の作用を通じて別の新しい圏が自己分割していくという論理で捉えられていることである。この点を次でさらにみていくことにする。

公共圏の発生源をハーバーマスは市民的知識層の小家族の内部空間に求める。[15] この親密圏（Intimsphäre）こそが飽和状態に達している内面性という近代的意味での私的なるもの（Privatheit）の発生器であった。その場における経験を苗床として自由と愛と教養というフマニテートの理念は育った。小家族の親密圏が後述の「文芸的公共圏」において自らを公衆と関連づけていくなかで主体性（Subjektivität, あるいは主観性）が生み出され、その主体性に由来する私的経験から、理性的な公開の論議というものの自己認識は導き出されていく。このように公衆という開かれた他者の存在の発生と私人の主体性の意識の形成との間には呼応関係があるということができる。主体性は自分を視る者を必要とするからである。

この親密圏が生み出したフマニテートの理念に対してハーバーマスは、それは単なるブルジョア・イデオロギーなのではなく、イデオロギーそのものを越えさせる真理性の契機を持ち、またそれが現実の制度の形態に取り入れられて社会の再生産を可能にするのであるから実在性をも持っているという点を強調している。[16] 彼は後になって「歪められないコミュニケーション」という規範を提出するが、それは単なる「人間」たる限りでの人間たちの親密圏におけるコミュニケーションを原型としているのではないかと考えられる。彼にとってこの小家族的親密圏とは近代世界の発生源であると同時に、彼自身が肯定する近代の価値の基準点だといえよう。

図1にもどれば、商品取引が家族経済の境界を突破して拡大していくにつれ、小家族の圏から社会的再生産の圏が分割されていく(17)。即ち、商品交換と社会的労働の分野として狭義の市民社会(bürgerliche Gesellschaft)という圏が成立する。こうして私的領域は二つの次元に分かれるのだが、しかし行為主体である私人は商品所有者と家父長の役割、財産主と単なる「人間」の役割を兼ねるため、それらの二重の役割は「私的なるもの」として同一視されることになる。このような擬制のもとにアムビヴァレントな(二面的価値を持った)問題が発生する基礎がある。

他方、かつて公共圏がなお公権力のものであったとき、その影響下に別の非政治的な公共圏が私人の領域に形成されていた。それが文芸的公共圏(literalische Öffentlichkeit)である。それを先駆形態として次に政治的機能を持った政治的公共圏が形成され、最終的に公共圏は公権力から私人の手へと奪取されるのである。文芸的公共圏は自己啓蒙する教養ある私人たちのコミュニケーション圏を中核にして、そこに商品形態をとり始めた文化の集散地である「都市」空間と示威的公共圏の最後の形態である「宮廷」社交界の一部が合流して形成された。文芸的公共圏のために制度化された場所がコーヒーハウスやサロンや会食クラブであった。そこでは対等な素人の間で座談としての芸術批評が成立していた。そして少し時代が下れば、物理的な場所を共有することなく公衆を結びつける媒介制度として新聞が定着し、職業としての批評(即ちジャーナリズム)が提供されるようになる。

文芸的公共圏はやがて機能転換を遂げて政治的公共圏を産出する。この市民的公共圏の政治的な自己認識への展開は、前に述べたように、異なる役割が私人へ擬制的に同一化されているという構造にその原因をみることができる。そもそも文芸的公共圏への入場資格は私有財産と教養であった。文芸的公共圏の行為主体である教養人は、同時に商品所有者（財産主）であって、市民社会の圏での行為主体でもある。市民社会が重商主義的統制（絶対主義的支配体制）に対して政治的な解放を求めて公共圏の原則に基づき公開された論争へと向かうそのとき、政治的に機能する公共圏は分化・生成してくる。この政治的公共圏は市民社会が自己の利害関心を論争的に表現する圏であり、さらには自己の要求を国家権力に媒介するための機関として規範的なステイタスを築いていく[18]。即ち、この圏はその機能のエイジェントとして公衆やプレスや政党を制度化し、遂には国家の領域のなかに議会を制度化するのである。

この議会の力を背景として、私人相互間の関係を原理的に私的契約関係に還元する私法体系が導入され、大陸ではさらに私有財産制と契約・営業・相続の自由を保証する規範体系が法典化される。こうして一九世紀に入ってヨーロッパのブルジョア法治国家ないし立憲君主国家は成立する。そこでは市民的公共圏の原理が、国家機関の手続の組織的な原理となった。しかし、それは同時に市民社会の欲求に従属した組織化の形態でもあった。

市民社会にも政治的公共圏にも内包されている、かの擬制――近代の普遍的規範を主張する公衆が、実は社会全体では少数者に過ぎない私有財産所有者であったということ――にもかかわらず、それが圏として実在し、原理として機能していた間は信憑性を持っていたということを、ハーバーマスはひとまず正当に認める[19]。「（……）公衆が自分の存在と行為として信じていたものは、イデオロギーであるとともに、単なるイデオロギー以上のものであった。一階級の他階級に対する支配が依然として続く土台の上で、この支配はそれにもかかわらず、それ自身の止揚の理念を真実味をもってその客観的意味として取り入れる政治的制度を発達させたのである[20]。」しかし、そのような歴史的段階は長くは続かなかった。ブルジョア法治国家のなかに制度化された公共圏は矛盾を露呈してくるのである。

4　市民的公共圏の理念とブルジョア公共圏のイデオロギーの間で

ハーバーマスは公共圏の社会的構造および政治的機能を取り扱った二つの章とそれぞれの変化を取り扱った二つの章の間に「市民的公共圏―イデーとイデオロギー」という一章を設けている。そこで彼は公論・世論の概念の発生をホッブス、ロック、ルソーなどについて検討した後、カントによる市民的公共圏の理念の歴史哲学的な確定(古典的モデル)、ヘーゲルとマルクスによる市民的公共圏のイデオロギー性の弾劾としかし双方において異った弁証法的な解決方法の提示(身分国家的モデルと社会主義的モデル)、自由主義理論に立つミルとトックヴィルによる公共圏のアムビヴァレントな把握(自由主義的モデル)について記述している。中間に挟まれたこの章の役割は、市民的公共圏の成立と変質の時代を生きた思想家の認識を思想史的に跡づけ、それを通じて市民的公共圏の理念とイデオロギーの分裂をテーマ化し、次に位置する公共圏の構造転換の社会学的分析へと橋渡しするところにある。しかし、ここで筆者はハーバーマスのその記述を検討する代わりに、その媒介的役割を別の問題を指摘することにより果させたいと考える。

それは再び言葉の問題であり、概念の重層性の問題である。「市民的公共圏」(bürgerliche Öffentlichkeit)のなかの「公共圏」の語については本章の冒頭で取り扱ったが、「市民的」の語についてはこれまで吟味せずに使ってきた。問題は、ドイツ語の形容詞 bürgerlich の名詞 Bürger が現在二つの意味を一つの語で担っているということである。ひとつは citizen や citoyen という身分としての意味であり、もうひとつはブルジョアジーという階級としての意味である。ビュルガーという語はこの二つを区別しないし、区別できない。そこで、bürgerliche Öffentlichkeitを「市民的公共圏」と解すか、「ブルジョア的公共圏」と解すかという問題が生まれる。この両方の対置においては、前者はシトワイアンの自由と結びついた空間として、後者はブルジョア階級のヘゲモニーに支配された空間として、理解されるであろう。「初期資本主義」の「市民社会」の圏は産業革命を契機として始まる「高度資本主義」の段階に入って資本主義社会へと転じ、私有財産を持てる者たちと持たざる者たちの間で階級対立が起こり、階級の利害が鮮明となる。このとき、bürgerlichの語の意味の分裂は決定的となったはずである。しかし、ドイツ語圏は新しい言葉を生み出さなかったようである。bürgerliche Öffentlichkeitにおけるこの形容詞の意味の分裂は、同時に形容される名詞の概念にも波及することになる。つまり、公共圏は理念とイデオロギーへと分裂せざるを得ない。その分裂は、今日の一般的用法においても認められる公共圏の概念の二重性と無縁ではないと考えられる。その二重性とは、公共圏は一方では〈近代〉の組織原理としての、つまり規範的プログラムとしての概念の性格を持ち、他方では現代の政治社会における組織過程の一面を、つまり実態的プロセスの一面を捉える概念の性格を持っているということである。まとめれば、「市民的公共圏」はその構造変動との関連で「市民的」の概念の二重性と「公共圏」の概念の二重性を合わせ持つことになったということができよう。その際、「市民的公共圏」という日本語表現の性格について指摘しておけば、「市民的」の語においては明らかに一方の概念に傾斜したものとなっており、「公共圏」の語においては規範と実態の二重性を許容する幅を備えたものになっているといえるであろう。そのことを確認しておくことは重要である。

何故なら、ハーバーマスは、後にみるように、公共圏を規範と実態に分離しようとはしないからである。むしろ二分されるのは批判的機能と操作的機能という機能の次元においてであり、現在の公共圏はこれら二つの形態が競合しているとハーバーマスは捉えるのである。そこでは批判的公共圏は規範であると同時に、実態としても存在している。たとえそれが極めて不利な状態にあるにしてもである。

ところで、英米言語圏では一九八九年になって『公共性の構造転換』の英訳が刊行された[21]。そこで訳者のトーマス・バーガーは、bürgerliche Öffentlichkeit を構成する二つの言葉のそれぞれの多義性を的確に指摘した上で、それを bourgeois public sphere と訳している。それは日本語にすれば、「ブルジョア公共圏」[22]となろう。第一の語についてはひとつの価値選択をしているわけだが、第二の語については Sphäre から sphere を導き出したものと考えられ、前述の理由から価値問題にかかわりなく概念の問題として妥当な訳だと考えられる。

日本語で「市民的公共圏」と「ブルジョア公共圏」のいずれを採用するにしても、公共圏の空間にそれなりのバイアスがかかっていることを常に認識しておかなければならない。コンテクストに応じた使い分けも必要であろう。それにしても、ハーバーマスが同書で bürgerlich の語のアルケオロジーを示していないのは不思議である。

5　市民的公共圏の崩壊過程とその再建へのアプローチ

市民的公共圏は一九世紀末になって構造的に変化し、その結果機能的に変質し始めるが、その原因は一八世紀に成立した基本的構図が依拠していた前提条件が崩壊したことに求められる。古典的モデルの最大の前提となっていたのは、公権力の領域と私人の領域の分離であったが、後者のなかに位置する市民社会の圏(社会的再生産の圏)ではその拡大とともに発生する利害紛争をもはや自己の圏内では処理することができない段階に至り、政治的調停を前者の領域に属する国家に求めるようになる。こうして市民社会が国家に干渉・介入主義の出動を求めたことに端を発し、ハーバーマスによれば、国家の社会化(Vergesellschaftung des Staates)と社会の国家化

(Verstaatlichung der Gesellschaft) の同時進行、即ち国家と社会の相互浸透という過程が駆動し始め、遂に両者の分離は崩壊することになるのである。[23]

その跡地に「ひとつの再政治化された社会圏」(eine repolitisierte Sozialsphäre) が成立してくるのであるが、それは国家的制度と社会的制度が結合してただひとつの機能連関を担うものであるから、従ってそれはもはや「私的」と「公的」の区別をなし得ない性格のものとして登場してくる。この新しい社会圏の成立に対応するものとして、それまで市民社会と小家族的親密圏の間にあった連動関係の解除が並行して進行する。つまり社会的再生産の圏は自立化して、私的な性格を失っていくのである。以上のような変化は、国家としてみれば社会国家 (Sozialstaat) ないしは福祉国家の成立、市民社会の文脈からみれば「後期資本主義」(Spätkapitalismus) の段階への移行ということになる。

他方、上述の社会圏の発生は家族圏をそのままに放置してはおかない。家族圏は資本形成の機能を失うとともに、知的な自決機能をも喪失し、所得とレジャーの消費者、福祉サービスの受給者の圏へと変っていく。ハーバーマスは、「今日、自立化した職業の圏に対してレジャー領域として区切られているものは、かつて市民的家庭の親密領域の中で完熟した主観性が関心の的にしていた文芸的公共性〔文芸的公共圏―筆者修正〕の空間を傾向的に占めるものである」[24]と述べている。

かつて市民的主体性意識の発生現場であった家族的親密圏の変貌に対応して、今日では、文化を論議する公衆は文化を消費する公衆へと変わり、文芸的公共圏はマスメディアの作り出す消費文化的公共圏となって、小家族的内部空間へ放流される社会的影響力の落下口となる。[25] 一方で新しく政治化された社会圏が登場してくるのに対して、逆に公共圏の方は脱政治化 (Entpolitisierung) される。それは政治的なるものの発生する場が移動したことを意味している。公共圏は経済的にも政治的にも広告の機能を引き受けるようになり、そこでは公開性の原理の機能は操作的パブリシティーのそれへと変容する。公共圏は行政機関や企業や団体や政党やマスメディアなどの諸組織の広報活動(PR)によって造形され、「再封建化」(Refeudalisierung)の様相を呈してくる。というのは、公共圏はそれに属する公衆によって批判が展開される場所ではなく、その公衆の面前で威信が展覧される宮廷となってしまったからである。(26) 公衆は同調的な「意見の空気」(Meinungsklima)のなかで拍手喝采する大衆となる。

以上のような崩壊過程に、ハーバーマスはひとつのパラドックスをみている。公共圏は平等という普遍的な原理を追及し、入場資格の切り下げをはかって、元来の基準からみれば無資格者に対しても参入を許容していったが、逆にそれが批判的公衆による政治のコントロールという前提を失わせる結果となった。公共圏はその拡大によって機能不全に陥っていったとみられるのである。(27) しかし、これをもってハーバーマスをエリート主義として批判するのは早計であろう。彼は入場資格の再切り上げを主張しているわけではないし、システムの不均衡発展を確認しているに過ぎないのである。

さて、市民的公共圏の崩壊過程を前にして、ハーバーマスはその再建のためにどのようなアプローチを示しているだろうか。それを二点において確認しておきたい。

第一は公開性の原則の再建であり、その内容は操作的パブリシティーの担い手となっている前記の行政機関からマスメディアに至る諸組織の改革である。(28) まず、これらの組織は内部構成において公共圏の原則に従って組織化され、組織内民主主義が制度化され、もって阻害されないコミュニケーションと公開の論議が許容されていなければならない。次に、そのような組織内の公共圏を公衆全体の公共圏に結びつけるため、組織内部の運営の公開を保証しなければならない。最後に、それらの組織相互間の、また諸組織と国家機関の間の対抗関係や従属関係の事実を公開させることである。まとめれば、組織内部での民主主義の保障と組織外部からの情報公開の請求の保障にハーバーマスは具体的な再建策をみているということができる。

第二はもっと根本的な問題であるが、リベラルな法治国家から社会国家への移行についての社会学的な再解釈である。それは、通説に反して、自由主義国家もまた国家および社会の全体的法秩序を確立しようとしたのであって、その点では社会国家と同様なのであるという認識に立ち、それによって二つの国家観の間に断絶ではなく連続を、つまり伝統の継承をみようとする。平等を保証する普遍性と正当性即ち正義を保証する真理性という法治国家の法的伝統は、リベラルな国家では自由主義的基本権の禁止命令的(あるいは防御的)規定によって確保が予定されたが、しかし構造変化の後ではその法的伝統は福祉国家的介入によってしか実現の可能性はなくなる。つまり、二つの国家論は正義の実現という目的において連続し、その実現方法において断絶するということである。このような解釈は公共圏の制度的保障論に道を開くことになる。ハーバーマスは次のように述べている。「政治的に機能する公共圏を保証する、かの一群の基本権(言論と思想の自由、結社と集会の自由、プレスの自由など)について次のことが確認される必要がある。即ち、もしもそれらの基本権にその目的にかなった形でその本来の機能をともかく果させようというのであれば、そしてそれらの基本権を構造変化を遂げた末の公共圏の実際上の形態に適用させる場合には、それらの基本権はもはや単に禁止命令的にではなく、参加への保障として積極的に解釈されなければならない。[29]」公共圏への機会均等な参加が保証されるためには、国家の単なる自己抑制的な保障だけでは不十分であり、国家の形態形成的な保障によって初めてそれは可能となる。[30]そのことは国家が諸組織に特定の任務と、その実行に適した内部構造の秩序とを義務づけることを意味する。こうして第二点は第一点の内容へと接続していくのである。

以上のような再建コンセプトになお期待がかけられている背景には、ハーバーマスにとって、後期資本主義期の社会福祉国家の現実における政治的公共圏とは二つの傾向が競合している場であって、両者の間でまだ決着はついていないという判断がある。[31] ひとつは市民的公共圏の解体形態としての操作的・示威的パブリシティーの傾向であり、もうひとつは上記の意味での社会国家的な規範を反映した批判的公共圏の再組織化の傾向である。後者が貫徹されていく度合いによって、現代社会の民主化の度合い、つまり社会的政治的権力の理性化の度合いが測られると、ハーバーマスは考える。彼はアムビヴァレントな状態にある公共圏を理論的にも実践的にも救出しようとしているのである。

三　『コミュニケイション的行為の理論』への公共圏の措定

1　コミュニケーション的行為の空間としての公共圏

ハーバーマスは一九八〇年代に入って、それまでの思想的営為を一旦集大成して『コミュニケイション的行為の理論』[32](*Theorie des kommunikativen Handelns*, 1981)を発表する。『公共性の構造転換』の公表からは一九年の歳月が経っている。その間の著作においても公共圏のテーマは取り扱われてきたが、ここではそれらを順に追っていくことはせず、現段階でのハーバーマスの理論において公共圏がどのように位置づけられているかを検討したい。

『コミュニケイション的行為の理論』においてハーバーマスは、自らの理論的パースペクティヴの形成過程を明らかにする上で、過去および現代の様々の理論との交渉過程を記録している。その交渉により様々の概念装置が精緻化され、理論構造の抽象化度は格段と高くなった。それは間違いのないことだが、同時に『公共性の構造転換』にすでに原型がみられ、そこから継承されてきた重要な概念戦略もある。そのひとつはすでに指摘した空間概念による編制である。その特徴の第一は、社会的行為および関係の空間的把握である。(33) それは『公共性の構造転換』では圏や領域という表現を中心になされていた。第二は、社会関係の機能の分化に従って、つまり社会関係の自立化に従ってその空間が分割されていくというメカニズムへの着目である。第三は、空間と空間の間に相互作用、呼応関係、応答関係、総じていえば交換関係を認め、空間秩序の再編成がそこから発生するという想定である。

さて、『コミュニケイション的行為の理論』ではどのような空間の配置構図が提示されているであろうか。それをここではそれぞれの用語の理論史的な由来や背景については立ち入らずに記述していくこととする。まず設定されるのはここでも二つの空間である。それはともに行為領域(Handlungsbereich)という概念であって、それぞれ「生活世界」(Lebenswelt) と「システム」(34) と命名されている。両者の分離はそれぞれの行為領域における行為の合理性の原理の違いによるものであり、一方の生活世界では言語によるVerständigung (了解または相互理解)を志向するkommunikative Rationalität(コミュニケーション的合理性あるいは対話的合理性)が、他方のシステムでは成果の達成を志向する目的合理性(Zweckrationalität)が原理である。ハーバーマスはこの両者を没交渉的なものとしてではなく、相互連関のなかに捉える立場に立つ。

それぞれの内部についてみると、生活世界は社会的に (sozial) 統合された行為領域であり、そこでは文化、社会、人格という構造成分によって、文化的再生産、社会的統合、社会化という再生産の機能が果され、その意味での合理化が行われる。[35] この生活世界は社会的な空間としてみれば、私的領域(Privatsphäre)と公共圏(Öffentlichkeit)から構成される。私的領域は家族、隣人関係、自由なアソシエーション(連帯関係)に支えられ、その制度的な核は生産機能を免除され、専ら社会化の課題だけを担っている小家族である。公共圏は私人と公民(Staatsbürger)に支えられ、その制度的な核はマスメディアなどのコミュニケーション網であり、それによって文化享受者としての私人は文化の再生産に、公衆としての公民は世論を媒介として社会的統合に参加する可能性を与えられる。[36]

他方のシステムはシステムとして統合された行為領域であるが、それは貨幣と権力という二つのメディア(媒体)によって制御されるサブシステムである。これはそもそもそれらの制御メディアを通じて生活世界の利益社会的要素から分化して成立したものと捉えられ、資本主義の経済システムと官僚制の国家行政システムの二つから構成される。[37]

このように二分される空間配置についてハーバーマスは、それが分断(Entkoppelung)状態にあることを強調し、しかも両者の間には交換関係が存在することを確認する。その交換関係のメディアはやはり貨幣と権力であり、あるものが一方の領域から他方の領域に流れれば、必ず別のあるものが逆の方向へ流れるという交換が行われているのである。例えば、行政システムから公共圏へと政策決定という権力の影響が流れていくのに対応して、公共圏から行政システムへは大衆の忠誠心という権力の承認が流れていく。[38]

M・ヴェーバーは官僚制化による意味喪失という現象に近代化の社会病理をみたのであったが、ハーバーマスは上述の様々のレベルでこの交換関係の存在を手掛りとして、ウェーバーが果せなかった近代の病理の原因解明をなすことができると主張するのである。『コミュニケイション的行為の理論』においては様々の思想家が引用されているが、ハーバーマスにとって最も重い存在はヴェーバーであろう。何故なら、多くの思想家の場合には彼は自らの概念装置構築上の援助を受けるために引用している傾向が強いのに対して、ヴェーバーとは理論的営為の動機と行為理論の枠組において格闘しているからである。その動機においてハーバーマスは、ヴェーバーの近代の概念を問い直し、ヴェーバーとは別の近代をみようとしているということができる。

2　社会病理を煩う公共圏

近代の社会病理現象の原因を説明するためにハーバーマスの提起する見取り図は、次の三連項の仮説から成っている。

「(p)　近代社会―差し当っては資本主義社会―が成立するためには、伝統から切り離された道徳観念と法観念が制度の面で具体化され、動機の点でも定着されることが必要である。

(q)　だがその資本主義的近代化は、次のようなモデルに従って進行する。まず認知的・道具的な合理性が、経済や国家の領域を越えてコミュニケイション構造をもつ他の生活諸領域の中にまで侵入し、そこにおいて、道徳的・実践的と審美的・実践的の二つの合理性を犠牲にして優位に立つようになる。

(r)　その結果、生活世界における記号《シンボル》的再生産の面でも、さまざまな障害が生じてくる。(39)」

ハーバーマスによれば、ヴェーバーの説明は専ら(p)によってなされ、(r)を論拠に時代診断を行っており、(q)は用いられていない。そこで矛盾にぶつかるというわけである。(q)は確かに説得力のある説明であり、そこにハーバーマス独自のイデーをみることができる。では、この項はどのようにして可能であったろうか。それは、まずハーバーマス自身の指摘から読み取れば、第一は、彼はヴェーバーと異なり、近代化の資本主義的モデルと社会的合理化一般とを峻別したからであり、そのことにより目的合理的行為の合理化とは別にコミュニケーション的行為の合理化を措定することができたからである。換言すれば、近代のなかに対立する二つの合理性の原理を定立することができたからである。第二は、そのコミュニケーション的行為の理論によるアプローチに対応して、社会理論的には生活世界とシステムという二層的なコンセプトを持つことができたからである。

しかし、ハーバーマス自身は気付いているかどうかわからないが、ひとつの隠れた発想がこの(q)を可能にしている。それは空間のメタファーである。それによって価値の越境が記述されているのである。この視点から眺めれば、この著作のなかでは様々の空間のメタファーが採集できるのだが、この(q)の関連でのみみれば、空間のメタファーはさらに継続されて、「内的植民地化」(innere Kolonialisierung)として説明されている。[40] それは、生活世界が形式的に組織された行為領域(システム)によってシステム命令を介して隷従化されていること(Mediatisierung)の隠喩であり、その空間的な表現である。この「システムによる生活世界の植民地化」の結果、生活世界(公共圏もそこに属する)では機能不全が起こり、記号的再生産で様々の病理現象、即ち近代の危機現象が発生する、と説明されるのである。

3　自己組織化された相互主観性としての公共圏

『コミュニケイション的行為の理論』は機能主義的理性批判の書であるが、それは理性のそのように形容される形態を批判しているのであって、理性の全面的批判なのではない。ハーバーマスはその批判によって近代の理性のある部分、つまり近代が約束していまだ果されていない部分を実現へ向って救出しようとしているのである。そのような立場に対しては、今日様々の反対潮流が存在する。全面的な理性批判により近代と訣別しようとする人々、あるいは理性概念とともに理性批判の意図そのものを放棄しようとする人々などとの間でハーバーマスは論争関係に入っている。ハーバーマスにとって、そのような論敵は近代のアムビヴァレントな性格を認めないという点では共通している。論争の書『近代の哲学的ディスクルス』(41)(*Der philosophische Diskurs der Moderne*, 1985)のなかで、公共圏もまた「近代の規範的内容」を可能性としてはらんでいるものとして登場し、そこでは再びその再建が探求されている。それは今回はどのように提示されているだろうか。

今日の新しい抗争《コンクリフト》は、「新しい社会運動」にみられるようにシステムと生活世界の縫い目のところで発生している。それはハーバーマスのいうように、「分配の問題ではなく、生活形式の文法の問題が火種となって燃え上るのである。(42)」生活世界における危機の認識がどこにあるかとなれば、今日発生している諸問題がシステムの制御上の問題のみに還元できるような性質のものではなく、システムの作用では解決できないものだという所にある。その認識に立てば、システムと生活世界の間で行われる交換を減速する装置やその交換を監視するセンサーの構築が課題となる。(43)それによって、生活世界からのインパルスが機能システムの自己制御のなかへと流入できるようにしなければならないし、社会的統合に働く連帯の力がシステム統合に働く貨幣と権力という制御メディアに対抗して自己貫徹できるようにならなければならない。

そこでハーバーマスが求めるのが、「自律的で自己組織化された公共圏」(autonome, selbstorganisierte Öffentlichkeiten)である。(44)この公共圏が複数形で表現されていることは注目しておくべきであろう。この「自律的《オートノーム》」とは、経済システムと並んで今や問題の発生源そのものとなった政治システムから距離をおき、その正当性の調達のために存在する公共圏ではない、という意味である。「自己組織化」については、次の箇所にハーバーマスの考えをよく見ることができる。「日常の実践というミクロな領域から自然発生的に、濃密なコミュニケーションの中枢が形成されてくる。この中枢は自律的な公共圏へと発達し、そして自らを自らで支えかつ高度な次元に達した相互主観性として安定する。ただし、それがどのような程度にまで可能かということは、ひたすら、どのような程度において生活世界のポテンシャルがコミュニケーション諸手段の自己組織化のために、そしてそれらの自己組織化された使用のために活用されるかという点にかかっている。[45]」

そこから一歩進み、「公共圏とは高次元の相互主観性として把握される[46]」ことになる。このような公共圏のうちでも高度に凝集した公共圏においては、全体社会的な意識の接続が可能となり、共同意識(Gemeinbewußtsein)への通路が開かれ得る。ここで使われている「高次元の」とは、言語を介した、言語によって産出された相互主観性ということと同義のものとして用いられていると考えてよいであろう。そしてハーバーマスは、その「言語が主観に先行する超主観的な地位をもつ[47]」という見解を受け入れることによって、公共圏論においても主観哲学(主体中心的理性)からの脱出を試みているということができる。

さて、公共圏の再建は『公共性の構造転換』においては、前述のように、国家論的・憲法論的アプローチと制度論的・組織論的アプローチによって試みられていた。ハーバーマスがそれらを放棄したとは考え難い[48]が、しかし少なくともここにはそれらはみられない。社会学書と哲学的論争の書という違いはあるにしても、やはり公共圏の救出へのアプローチはコミュニケーション論的に転回したといえよう。この二つの時期の間には確かに硬直した社会国家のプロジェクトに対する歴史的な深い幻滅が横たわっている。そこでは公共圏の救出はシステムの制御問題としてではなく、連帯と意味に関わる了解問題として自覚される他はない。この新しい意識状況を背景にして、ハーバーマスが新たな可能性を求めているのが自律した公共圏の自己組織化なのである。しかし、彼はそれを単に規範として求めているのではない。そもそも相互主観性の演じられる場としての公共圏という認識は、観察者のパースペクティヴからではなく、参加者のそれからしか生まれ出ることはないであろう。ハーバーマスの論争は上述の意味の公共圏という規範的な空間を求めつつ行われる、公共圏という現実の抗争の場への参加だということができるであろう。

四　結　び

ハーバーマスの社会認識と理論構成において重要な役割を果しているÖffentlichkeit の概念は空間概念として把握することによりその意味をよく理解することができると、私は考える。そこに本章のトポスがあったし、それ以外にはない。

本章ではそのÖffentlichkeit に「公共圏」の語をあてて、ハーバーマスの公共圏論の展開とその後のコミュニケーション的行為の理論のなかでの公共圏の位置づけを論じてきた。もとよりÖffentlichkeit の概念は多義的であり、他の捉え方もありうる。ハーバーマスの用いるÖffentlichkeit が空間概念であること、そしてそこに妥当性があることをより鮮明に示すために、私は当初、ハーバーマスの公共圏論に言及しつつ、それぞれに独自にÖffentlichkeit を論じた他の社会学者の論考を対象にして比較論を試み、それをここに含める計画であったが、果すことができなかった。別の機会に譲りたい。

さて、終わりに、公共圏を社会空間のひとつのカテゴリーとして認識し、論じることの意義について述べておきたい。第一は、ハーバーマスの社会理論を内在的にみた場合、そこでは空間や場のメタファーが重要な機能を果していることに気づくが、公共圏もそのひとつとして位置づけることにより水準を揃えることが可能となる。

それによって空間という公分母をもとにした相互の価値変換を認める条件が整うのである。こうして、ハーバーマスが描写してみせたように、近代社会の機能的分化は社会空間の分割・再編成の過程として捉えることができたのである。(49) また近代のアムビヴァレンツに対して二つの異なる合理性(目的合理性とコミュニケーション的合理性)が棲むテリトリーをそれぞれに与え、近代の矛盾発生の原因を一方の価値による他方の価値領域の侵犯として捉えることができたのである。以上の点は、『公共性の構造転換』から『コミュニケイション的行為の理論』へ至るなかでの基本的視座の一貫性という点を含めて、本章の記述で明らかになったのではないかと思う。

第二の意義としては、ハーバーマスの社会理論と他の理論との関係に関ることであるが、ハーバーマスの社会理論のなかの空間論的な要素を確認しておくことは、それによって彼の論争相手、とりわけポスト構造主義との間に生産的な接点を設営することになるだろうという点を指摘しておきたい。これは本章の直接の範囲からはずれるものであるが、相互主観性の問題の行方に関ってくる事柄である。

第三の意義とは、ハーバーマスと直接に関係のない問題である。それをひとつの問いに語らせてみよう。ヨーロッパ近代が産出した「自由にして民主的な社会」の審級(Instanz)のひとつとしての公共圏、これを日本社会は果して持っているだろうか。そもそもそこに本章の冒頭で触れたÖffentlichkeitの訳語の困難性にまつわる問題があるのではないかと思う。我々は市民社会の制度としての「市場」、つまり「経済的」社会空間の存在については疑いを挟むことはこれまではなかったといってよいだろう。しかし、ドイツ語文化圏では「公共圏」という名で呼ばれてきた「文化的」・「政治的」社会空間の存在については、共通の知覚が過去にあったとはいえないし、そして現在もあるとはいい難い。もちろん、その知覚とは規範的な面と実態的な面の双方に対してである。いずれにしても共通の知覚の薄弱なところでは、それが概念に抽象化されることも、それを表わす用語が流通することも期待できないであろう。市民社会の経済学に対していわば対をなすかのようにして「公共圏の社会学」があり得ること、またあらねばならないことを、ハーバーマスの公共圏論は我々に示唆していると私には思われる。

注

（1） 見田宗介・栗原彬・田中義久編『社会学事典』弘文堂、一九八八年、三八七—三八八頁。執筆者は見田宗介。

（2） Jürgen Habermas, *Strukturwandel der Öffentlichkeit, Untersuchungen zu einer Kategorie der bürgerlichen Gesellschaft*, Neuwied und Berlin : Luchterhand, 1962.（以下 *SÖ* と略記）（『公共性の構造転換』細谷貞雄訳、未来社、一九七三年）。同書はマールブルク大学哲学部教授、ヴォルフガング・アーベントロート（Wolfgang Abendroth）に提出された教授資格請求論文（Habilitationsschrift）に若干の補充を加えて刊行されたものである。

（3） 前掲書『社会学事典』、二八一頁。執筆者は山口節郎。

（4） 筆者はこれまで Öffentlichkeit に対応する日本語として「公的意味空間」の語を提案したことがある。【本書第六章、二〇一頁および二一八頁】、および拙稿「現代コミュニケーションの変動」林進編『コミュニケーション論』有斐閣、一九八八年、一九四頁を参照。しかし、歴史的なカテゴリーとしての Öffentlichkeit には「公共圏」の語をあて、非歴史的に一般化した場合には「公的意味空間」の語を用いることにしたいと現在は考えている。その理由は「公共圏」の方が受容され定着しやすいのではないかと考えられること、また「公的意味空間」には別の役割を担わせて展開させたいと考えていることの二点である。

（5） Hannah Arendt, *The Human Condition*, Chicago : University of Chicago Press, 1958.（『人間の条件』志水速雄訳、中央公論社、一九七三年）。アレントとハーバーマスの関係に言及しつつ「公共性」を論じたものとして次の論文があり、参考となる。木前利秋「理性の行方—問題設定と視座—」、斉藤純一「政治的公共性の再生をめぐって—アーレントとハーバーマス—」藤原保信・三島憲一・木前利秋編『ハーバーマスと現代』新評論、一九八七年。姜尚中「公共性の再興と対話的合理性」藤原保信・千葉真編『政治思想の現在』早稲田大学出版部、一九九〇年。

（6） Habermas, 1962, *SÖ*, S. 15. 邦訳、一三頁。

（7）Ibid., S. 17. 邦訳、一五頁。（邦訳から引用。）
（8）Ibid. 邦訳、一六頁。
（9）Ibid., S. 24. 邦訳、二三頁。邦訳書では「代表的具現の公共性」と訳されているが、村上淳一「ハーバーマス『公共の構造変化』」『法学協会雑誌』第八四巻・第四号、一九六七年四月、四九〇頁、に「示威的公」と訳されているところから示唆を受け、ここでは「示威的公共圏」とする。
（10）Habermas, 1962, *SÖ*, S. 25. 邦訳、二三頁。（邦訳から引用。）
（11）Vgl. Ibid, S. 30-38. 邦訳、二八—三五頁。
（12）Ibid., S. 38. 邦訳、三六頁。
（13）Ibid., S. 39. 邦訳、三六頁。（邦訳から引用。）
（14）Ibid., S. 45. 邦訳、四九頁。
（15）Ibid., S. 43. 邦訳、四七頁。
（16）Ibid., S. 65-66. 邦訳、六九頁。
（17）Ibid., S. 43-46. 邦訳、四七—五〇頁。
（18）Ibid., S. 94-96. 邦訳、一〇四—一〇五頁。
（19）Ibid., S. 109-110. 邦訳、一一八頁。
（20）Ibid., S. 110. 邦訳、一一九頁。（邦訳から引用。）
（21）Jürgen Habermas, *The Structural Transformation of the Public Sphere, An Inquiry into a Category of Bourgeois Society*, tr. Thomas Burger & Frederick Lawrence, Boston : MIT Press, 1989, Cambridge: Polity Press, 1989. 英語の全訳がこの時期に至るまで刊行されなかったことは妙ではあるが、しかし、この時期に出されたことは逆に今日の英米言語圏における「批判理論」の受容の高まりを証明しているように思われる。また、トーマス・マッカーシー（Thomas McCarthy）が「序文」で示唆しているように、この英訳出版が現代思想の様々な展開や研究動向と関連づけて捉えられていることも興味深い。彼は、見出し語だけでいえば、フェミニスト社会理論、ロールズの正義論、文芸批評、比較社会史、参加の政治社会学、コミュニケーションおよびメディア研究、批判的法理論などを挙げている。一九六二年刊行の原著のアクチュアリティーがここにある。それをマッカーシーは、同書は依然として paradigmatic であると表現している。

(22) Terry Eagleton, *The Function of Criticism, From the Spectator to Post-Structuralism*, London : Verso, 1984.（『批評の機能―ポストモダンの地平―』大橋洋一訳、紀伊国屋書店、一九八八年）は、ハーバーマスの公共圏の概念を利用して書かれた批評論であるが、そこでイーグルトンは bourgeois public sphere と表記している。従って、それは邦訳では「ブルジョア公共圏」と訳されている。イーグルトンの立場にとって、これは適訳といえる。

(23) Habermas, 1962, *SÖ*, S. 173. 邦訳、一九八頁。

(24) Ibid., S. 193. 邦訳、二二五頁。（邦訳から引用。）

(25) Ibid., S. 195. 邦訳、二二八頁。

(26) Ibid., S. 239. 邦訳、二六九頁。

(27) Vgl. Ibid., S. 171 u. 203. 邦訳、一八四および二三五頁。

(28) Vgl. Ibid., S. 248-250. 邦訳、二七七―二七九頁。

(29) Ibid., S. 268. 邦訳、二九六頁。（私訳による。）

(30) Ibid., S. 269. 邦訳、二九七頁。この箇所でハーバーマスは注を付し、ドイツ連邦憲法裁判所のテレビジョン判決（一九六一年）も同じ意味で解釈されることができるとしている。この第一次放送判決は「放送の自由」について、個人権的解釈（禁止命令的解釈）と社会権的解釈のうち、後者の方の立場から解釈し、制度的保障論を展開したものである。これについては、【本書第六章】を参照されたい。

(31) Habermas, 1962, *SÖ*, S. 274-275. 邦訳、三〇一―三〇二頁。

(32) Jürgen Habermas, *Theorie des kommunikativen Handelns*, Bd.1-2, Frankfurt am Main : Suhrkamp, 1981.（以下 *TkH* と略記）（『コミュニケイション的行為の理論』上・中・下、平井俊彦・M・フーブリヒト・川上倫逸・徳永恂・脇圭平他訳、未来社、一九八五、八六、八七年。）

(33) ここで私にとってなお曖昧で不明なのは、行為と関係と空間という三つのファクターの関連についてである。田中義久「コミュニケーション行為と社会関係」ＮＨＫ放送文化調査研究所『放送学研究』三六号、一九八六年三月、一三五—一三六頁【同『行為・関係の理論』勁草書房、一九九〇年、一二四頁以下】で田中が指摘しているように、それぞれに独立して重み積ねられてきた田中とハーバーマスの理論的営為には確かに「いくつかの興味ぶかい類縁性が含まれている。」むしろ私にとって興味深いのは、その類縁性を認めた上で、ハーバーマスが行為理論の枠組にあるのに対して、田中は〈行為—関係〉の重層構造の枠組を提起しているという違いの方である。ハーバーマスが空間化するのは「行為」であって、そこで行為領域を想定する。彼は「関係」についてほとんど言及しない。しかし、行為空間だけでは空間概念の構成としてはまだ何か不足なような気が私にはする。むしろ、行為領域としての成立とは、関係の自立化なのではないだろうか。とすれば、ハーバーマスが空間のメタファーで捉えている様々の行為領域とは、自立化した関係の場のことだとはいえまいか。他方、田中はユクスキュルの「環境世界」といういわば空間的概念に着目し、そこからパラダイム転換の糸口を見いだそうとしているが、〈行為—関係〉過程の理論構成のなかに空間概念を直接的に内在化させて展開させようとはしていないように見受けられる。むしろ、そこでは「関係」の概念が空間処理の役割を果しているといえるかもしれない。いずれにしても、秩序化される空間とは、行為空間なのか、関係空間なのか、あるいは〈行為—関係〉空間なのかという問題が、私にあっては未解決である。

(34)　この「システム」について系譜をたどれば、すでにみたように『公共性の構造転換』でハーバーマスは公でも私でもない新しい再政治化されたひとつの社会圏の成長を指摘していたが、「システム」とは、この社会圏の転形したものとみなすことができるであろう。

(35)　Habermas, 1981, *TkH*, Bd. 2, S. 212-216. 邦訳（下）、四八—五一頁。

(36)　Ibid., S. 471-472. 邦訳（下）、三〇八—三〇九頁。

(37)　Ibid. 邦訳（下）、三〇八—三〇九頁。

(38)　Ibid., S. 472-473. 邦訳（下）、三〇九—三一〇頁。

(39)　Ibid., S. 451. 邦訳（下）、二八八—二八九頁。（邦訳から引用。）

(40)　Ibid., S. 489-547. 邦訳（下）、二八九、三二七—三八四頁。

(41)　Jürgen Habermas, *Der philosophische Diskurs der Moderne, Zwölf Vorlesungen*, Frankfurt am Main :

Suhrkamp, 1985.（以下 *PDM* と略記）（『近代の哲学的ディスクルス』I・II、三島憲一・轡田収・木前利秋・大貫敦子訳、岩波書店、一九九〇年。）

(42) Habermas, 1981, *TkH*, S. 576. 邦訳（下）、四一二頁。なお、ハーバーマスはこの新しいタイプの抗争のうちに、解放の潜在力と抵抗や退却の潜在力とを区別している。そして今日、市民的・社会主義的解放運動の伝統に立っているのは、フェミニスト運動だけであると位置づけている（Ibid., S. 578. 邦訳（下）、四一四頁)。

(43) Habermas, 1985, *PDM*, S. 422. 邦訳（II）、六二二頁。

(44) Ibid. 邦訳（II）、六二三頁。

(45) Ibid., S. 422-423. 邦訳（II）、六二三頁。（私訳による。）

(46) Ibid., S. 435. 邦訳（II）、六三九―六四〇頁。

(47) Ibid., S. 438. 邦訳（II）、六四三頁。

(48) ハーバーマスは『コミュニケイション的行為の理論』の終わりの部分で「マスメディアと大衆文化」に触れ、そこでマス・コミュニケーションおよびマスメディアの持つアムビヴァレントな潜在力(解放的なそれと権威的なそれ)を強調している。その際同時に、ホルクハイマーとアドルノのマスメディア理論を批判して、それが非歴史的で、市民的公共圏の構造転換を考慮していないこと、私営か、公法上の法人か、国営か、という放送事業体の組織構造の違いや、番組編成や受け手の習慣や政治文化の違いなどという国ごとの差異を考慮していないこと、を指摘している(Habermas, 1981, *TkH*, S. 572. 邦訳（下）、四〇八―四〇九頁)。このことからみてもハーバーマスは実証的な制度・組織論の視点を維持しているといえよう。

(49) この点で、平田清明・山田鋭夫・八木紀一郎編『現代市民社会の旋回』昭和堂、一九八七年は、経済学の立場からする興味深い共同研究である。そのなかで平田清明「現代資本主義と市民社会」は、「現代市民社会の空間形成」について論じ、そのようなアプローチが「今、相互に共通の言葉で語られる総合的な社会科学を形成しようとしている」という認識を述べている(同書、二四頁)。

第二章　公的意味空間論ノート

一　はじめに

「マスメディアは何を語り、何を語ってこなかったか」という問いが、特集テーマ〈社会の情報化とメディアの歴史意識〉の発案者から私の前に提起されている。その問いは何を語っているのか。一九九〇年の日本および世界の出来事と状況を前にして、その問いが「何を」について個別的な回答を求めているのではなく、問いそれ自体としてマスメディアの歴史意識の所在を問いかけていることは自明のことである。そして、その問い方に戦略的意図が込められていることもまた明瞭であろう。その戦略的意図に対して私は空間論という戦略で応じることにしたい。主語を中心として問題にするのではなく、主語の行為が行われる場を問題の中心に据えるのである。それが何故戦略的かという点についてはここでは触れない。それは本章が示そうと試みる結論のひとつでもあるから。

本章では「公共圏」あるいは「公的意味空間」という語を登場させ、次の第二節ではまずこの空間の知覚について述べ、第三節ではその空間に対する認識とその空間を通じての実践という問題について論じてみたい。あらかじめ弁明をしておくと、第二節では空間の知覚は「私」の身体を介しての経験という契機を抜きにしては語れないので、「私」を登場させることにした。この第二節は三つの経験のオムニバスから成っている。そのような前段階を明かしておく方がその後に来る第三節の論述を展開しやすくなるし、また第三節の論旨に対する読者からの理解も得られやすいのではないかと考えたからである。「私」を登場させずに論じるべきだという考え方も当然ありえようが、この際はマテーリエがそう運動させるのだと了解していただきたい。第三節では実証性がないとの批判を免れないかもしれないが、仮説のオムニバスとして受け止めていただきたい。本章はもとより試論の域を出るものではないが、同時代のアクチュアリティとの関わりを求めてこれを提出する。

二　経験と言葉

1　Öffentlichkeit と視線

異郷での滞在が時間と空間に対する感覚を鋭くさせるということは、多くの人々が経験するところであろう。馴れ親しんだ場から離脱して他所に移動したとき、身体は時間と空間に敏感になる。そこで感得されるのは、〈場〉には各々に固有な時間の流れ方と空間の構造があって、両軸の交わるところにその場特有のマナーを持ったいわば磁場が作り出されるということである。そのような場に身体は置かれ、経験は発生する。

私がドイツ滞在中に知覚したある場があった。それはそれまで知ることのなかった枠組であり、その地ではÖffentlichkeit と名付けられていた。そのドイツ語はユルゲン・ハーバーマス著『公共性の構造転換』(1)などにみられるように「公共性」と邦訳されていたし、またその訳語は今日まで一般に鉤括弧をつけて邦語論文で用いられてきた。しかし、私には、両方の記号が同じ概念を指示するものとはとても感じられなかった。その上、別に主として公法学的な概念で用いられる「公共性」(2)という日本語があって、両者の混同は避けられず、しかもその日本語の「公共性」の意味内容には二重性がある。さらに両方の概念が論理上関連する部分があるだけに一層のこと複雑な混乱がみられる。当時 Öffentlichkeit を訳す必要もなかったので、そのままにしておいたが、それがひとつの場のことであり、その訳語を考案することはその概念の秘密を解くことと同じ作業になるはずだと予感していた。やがてその言葉を日本文のなかに登場させる必要が生じたとき、私は「公的意味空間」という長ったらしい言葉を一旦案出した。(3)その後、日本語への定着性を望む観点などから「公共圏」の方が簡潔でよいだろうと考えるようになり、現在に至っている。そして、「公的意味空間」は歴史から離れて一般化した抽象概念とすることにした。

元にもどれば、ドイツという地理的空間にあった私の身体は公共圏という名の見えざる空間を知覚したのであった。その知覚は、同地での時間の流れ方や空間の構造を私の身体が受容していく度合いに応じて、別言すれば、それらによって私の身体が変えられていく度合いに応じて明確になっていった。公共圏の知覚にとって重要なのは視線である。見えざる公共圏を見ようと意図する視線と公共圏から視られていると意識させる視線、その双方の視線が交差するところに公共圏は実在している。

エッフェントリッヒカイト、即ち公共圏という用語はもちろんハーバーマスの専管事項ではない。ただし、公共圏というカテゴリーを西欧近代の発生史のなかから抽出し、それを概念装置にまで高め、それを使って近・現代の社会構成の構図、変遷過程、そして可能性を提示してきたのはハーバーマスその人である。「空間概念としての「Öffentlichkeit」というテーゼを立ててハーバーマスの公共圏論を捉え直す試みを私は別の場所で行ったので、(4)ここでは詳細を繰り返さないが、ハーバーマスにとって公共圏とは国家と社会の分離という近代成立の基本構図において、その両者の間に存在して媒介項となる空間なのである。それは中世の終焉・近代の端初の時期に新興ブルジョアジーの小家族の内部空間（親密圏）の中に発生し、フマニテートあるいは近代の理性という遺伝子を宿していた。やがてそれは文芸的公共圏へ、さらに政治的公共圏へと発展し、遂に近代の組織原理となる。つまり議論する公衆によって作り出される世論によって支配が合理化されるという自由主義的《リベラル》法治国家モデルである。しかし、ハーバーマスの意図は理念型の抽出にのみあるのではなく、むしろ問題意識の所在は、この空間として拡大してきた公共圏が、現代の後期資本主義ないし社会（福祉）国家の段階のなかで如何に構造的、機能的変化を遂げ、「脱政治化」の故に衰弱してきたか、そしてその公共圏の再建のためにはどのような理論的・実践的な可能性があるかというところにある。

私がかの地で知覚したというのは、衰弱したといわれはするものの、なおパブリックなるもののベクトルが作用する公共圏であった。その磁場のなかで「都市の空気は人々を自由にする」といわれたあの自由と緊張の感覚が理解できるような気がしたし、またディスクルスへと促される自分を感じることもできた。そして、他者のディスクルスがまるでテーブルの上に切られていくカードのように看て取れるという感覚を抱きもした。

ところで、今日英米言語圏でも、公共圏という概念による捉え方が受容されてきているように私には見受けられる。遅ればせながら一九八九年になってハーバーマスの *Strukturwandel der Öffentlichkeit*（邦訳『公共性の構造転換』）の英文全訳が *The Structural Transformation of the Pubilc Sphere* として刊行されたことが、(5)それを物語っているといえるし、またその刊行がこの概念の受容に拍車をかけるだろうと予想される。ハーバーマス経由のÖffentlichkeitの訳語として以外には従来英米語圏にpubilc sphereの語の流通はなかったのではないか[6]。その用語の役割に重なるものであって、これまで広く流通してきた用語・概念はpubilc lifeであったといえよう。ハーバーマスを論じた英米言語圏の書物のなかにpubilc lifeの語を標題に含めているものがあること、そしてそのような著作がハーバーマスを内在的に受容し、着眼点を共有していることは決して偶然ではない[7]。パブリック・スフィアは、パブリック・ライフに新しい光をあてる光源として採用されているのである。

さて、日本語圏はÖffentlichkeitに相当する用語・概念をもっているだろうか。『朝日新聞』夕刊に間欠泉のように登場する加藤周一の『夕陽妄語』はどの回をとってみても、日本語が記号として持っていないこのÖffentlichkeitを巡って書かれているように私には思われる。そこにPublizitätの概念を加えてもよい[8]。それは「言論」を巡って、といったのでは狭きに失する。例えば、一九八九年三月一六日掲載分では「文学の役割」と題して『明治文学全集』(全九九巻、筑摩書房)の完結が取りあげられている。そこで彼は、小説などの「狭義の文学」が三分の一に過ぎず、大部分は『三酔人経綸問答』や『文明論之概略』を含む「広義の文学」であることに注意を促し、次のようにいう。「異説が栄え、制度が定まらず、日本国の全体がどこへ行くべきかを考えていたとき、知識人たちは政治に強い関心をもち、文明とその歴史を省み、国外の思想にも注意を向けていた。彼らは演説し、新聞に書き、書物を出版し、あらゆる手段で意見を発表し、手段そのものを改善しながら、聴衆と読者を説得しようとしていた。その言説の全体が、広義の明治文学にほかならない。その言説のなかから詩歌と架空の物語だけを拾いだしたのが、狭義の明治文学である。」加藤は現代日本に言及するために明治の日本を参照していることを明かしつつ、この「広義の文学概念」が歴史的選択や価値判断に関わるが故にその意義を強調し、「もちろん社会の方向を決定するのは、明示的な言説だけではない」と断った上で、「しかし明示的な言説の多様性なくして、民主主義社会の成立することはない」と述べている。加藤がいう「広義の文学」とは、それを空間化してしまえば、正しくハーバーマスのいう「文芸的公共圏」と「政治的公共圏」を合わせたものであり、「明示的な言説」の全体とは、言説空間として空間化してしまえば、「公共圏」に他ならない。

『夕陽妄語』は一見任意の、あるテーマを論じていく。それは目的であるようであって、実は目的ではない。私に見えるものは、言説を公示する行為が作り出す帰結であり、即ち彼の自己制御されて重層的な文体が公共圏をラッセル車のように切り開いていく様である。その時その時の公共圏を開き押し広げることこそが、そのPublizitätという行為の目的として加藤には意識されているに違いない。とはいうものの、その空間は彼によってもカテゴリーとして名付けられないままなのである。その空間の存在が日本語圏では共通意識として知覚されていないからであろうか。

2　「自粛現象」と repräsentative Öffentlichkeit

物理的空間とともに意味的空間もまた身体を介して知覚される。「昭和の終わり」という事件のなかで私はそのことを経験し、ある意味空間の存在と作動を認知した。その知覚の記憶は私の身体からいつでも呼び出すことができるが、例えば『マスコミ市民』[9]は記録の保存によって私の記憶の保存をバックアップしてくれる。この事件の過程は、『朝日新聞』の見出しをとれば、一九八七年九月一九日の「天皇陛下、腸のご病気」に始まり、一九八八年九月二〇日の「天皇陛下、ご容体急変か」を経て、一九八九年一月七日に全国紙五紙が揃って「天皇陛下崩御」と統一した大見出しを並べて終わる。この一年四カ月弱の期間、特に最後の一一一日間にわたる期間、昭和天皇の身体が八七歳の寿命を終えて死へと向かって行く時間的経過のなかで、「崩御」という言葉の選択と公示をもって終わるその頂点へと向かって、ひとつの意味空間が組織化されていった。その意味空間の構造はその上向差別的言語によって象徴化されたのであった。その際、日本新聞協会加盟一般日刊紙八二紙のうち、大勢に反して「ご逝去」の言葉を本紙の大見出しに選択したのは、わずかに五紙であった。七日夕刊で『苫小牧民報』、『長崎新聞』、『沖縄タイムズ』、『琉球新報』、八日朝刊で『南海日日新聞』(名瀬市)である(『新聞研究』一九八九年五月、五六頁の資料から)。それらの名前は、地理的空間における中心からの距りと歴史的経験における差異が支配的なものとは別の意味空間を設定しうるという関係を告げているように思われる。

ひとりの象徴的人間の臨終までに残された時間、それに連動したひとつの時代(区分)の終焉、という時間軸を強調した提示が満ちみちていくなかで、意味空間はあるベクトルをもったそれへと組織化され始め、表舞台へと浮上し、迫り出していった。この磁場のなかで「自粛現象」[10]が発生する。逆にいえば、顕在化した「自粛現象」によってその磁場は肉眼で観測可能になったのである。そこで私が観測したものは、ある意味空間による権力作用であった。その意味空間を仮に天皇制的意味空間と呼んでおこう。その空間の権力作用は、自粛行為を決定し、あるいはそれに同調した人々と、自粛行為の結果を強制されたり、あるいはそれに抵抗した人々とでは、事情は当然異なる。前者の人々の場合には、例えば自粛行為に加った映画館支配人が「右翼やマスコミが怖いわけでもない。世間全般ですね」[11]と語っているように、それは「世間」という意味空間から天皇制的意味空間への乗り換え、あるいは衣替えであったといえよう。後者の人々の場合では、天皇制的意味空間が拡大したその分だけ公共圏という意味空間が収縮を迫られたという認識になろう。いずれにしても、「自粛現象」とは行為へと顕在化とした部分に過ぎず、それは水面下で同時期の公的意味空間が天皇制的意味空間にエンクロージャーされていったことを例証したものだといえよう。

「昭和の終わり」は確かに象徴的人間の自然死を中心に据えて構成されたが、「平成」の始まりの舞台は人為としての儀式のシリーズによって構成された。「剣璽等承継の儀」「即位後朝見の儀」「大喪の儀」を経て、婚約発表以来の「紀子さんブーム」を十カ月間続演した後、一九九〇年六月二九日に行われた礼宮の「結婚の儀」、その「ブーム」の陰で並行して準備され、同年一一月一二日行われた「即位の礼・正殿の儀」と「大嘗祭」、それらの性格に違いはあるとしても、そこでは儀式を主催する側と儀式の観客《オーディエンス》となる側の関係が繰り返し設定されたという点においては同じことである。儀式はそれを観る者たちを必要不可欠とする。積極的観客、消極的観客、偶発的観客、強制される観客などと様々であったが、日本という地理的空間にあって観客の一員とされることから完全に逃れることは極めて困難であったろう。儀式を見る体験が裸眼によろうが、ブラウン管を通したものであろうが、儀式を視線によって支えるという役割において変わるところはない。その視線の数を現代日本のマスメディア・システムは極大化することに首尾よく機能するのである。マスメディアが否応なく私を観客ないしは受け手の一員に組み込んでしまうのである。ここに作り出された意味空間はハーバーマスの用語を借りれば、repräsentative Öffentlichkeit（「代表的具現の公共圏」[12]または「示威的公共圏」）に類似している。それは中世封建制下の公権力（領主、教会）が臣民の前にその支配権力を顕在化させた意味空間であった。ハーバーマスは、近代の政治的公共圏が後期資本主義および社会（福祉）国家の作り出す新しい条件のもとで構造転換を遂げ、その結果新しい公共圏が広告機能や操作的パブリシティ機能を担うようになり、広報活動（PR）の場へと機能転換してしまった事態を「公共圏の再封建化[13]」と呼んでいる。何故なら、新しい公共圏は「代表的具現の公共圏」を模倣し、公衆からの拍手喝采を求めて威信や知名度を展開する場となっているから。

現在我々の前に作り出されているものは確かにこの「代表的具現の公共圏」に類似している。儀式は観客が見たいように見たいだけ見ることができるのではなく、主催者が見せたい分だけ見せたいように幕を開けたり閉じたりして見せるのである。しかし、この国ではこの種類の「公共圏」の造成は「再封建化」とはいえない。何故なら、この国の近代化とはこの「代表的具現の公共圏」の類似物を組織原理としてきたものといえるからである。戦前と戦後の間には憲法制度上は確かに明確な断絶はあるが、しかし「代表的具現の公共圏」の類似物が作動してきた点では連続しているのではないだろうか。

さて、それでは「自粛現象」にみられた天皇制的公的意味空間にせよ、儀式と観客の関係にみられる間接的で電子化された「代表的具現の公共圏」の類似物にせよ、そのような権力作用の磁場は誰によって作られているのかという問いが出され、それに答えることを求められるだろう。それに関連してそもそも actor や Täter を特定できるのかという問いもあろう。しかし、それらの問いに直ちに実証的に答えることは私にはできない。その代わり、次のことを述べておきたい。磁場というメタファーにさらに依拠することが出口を与えるように思われるのだが、それによれば、そこで作動しているのは粒子という主体であると同時に、波動という状態でもあるということである。空間という枠組で捉えることにより開かれる展望とは、前者のみではなく、後者も含めて両方を対象にすることが可能になるはずだという点である。

3　kommunikativ と informativ

この節の最後に、「情報化」という用語との関連で私の言語経験を語っておきたい。一九六〇年代の後半に登場し、その後の日本の経済社会発展のキーワードのひとつとなった「情報化」とは、私の認識では、高度成長期の終盤にさしかかった日本の経済成長を情報通信技術の劇的発達を中核的要因としてさらに持続させ、そのための諸資源を有効かつ効率的に開発し管理するための戦略的概念であった。それは技術的合理性と政治・経済システムの論理（目的達成的合理性）の結合として捉えることができた。その結合の狙いは、情報通信技術を媒介とした経済成長による国民総合であったといえよう。

ダニエル・ベルの「脱工業社会」と日本の「情報化社会」は姉妹関係にあるかのように見えるが、「情報化」も日本発の概念として世界でそれなりのキャリアを歩んできた。多摩ＣＣＩＳ（郵政省主導による同軸ケーブル情報システムの実験で、東京多摩ニュータウンで一九七六年に開始）やＨｉ―ＯＶＩＳ（通産省主導による光ファイバーケーブルの双方向画像伝送システムの実験で、奈良県東生駒で一九七八年に開始）などの技術的ショーウィンドウの成果や産官学の技術・社会的コンセプトが、一九七〇年代を通じて「情報化」の概念を冠して世界へと発信されていったが、旧西ドイツにおける私の経験ではその概念に対して思い入れや誤解を含めて興味深い錯綜がみられた。それはまず「情報（化）社会」の訳語に現われる。今日ではすでに、概念内容の異同は別として Informationsgesellschaft に落ち着いているが、七〇年代後半には他に kommunikative Gesellschaft や informative Gesellschaft などがみられ、私に驚きと異和感を与えた。「情報化」を私は日本語感覚で Informatisierung と訳してみたが、当時ドイツの大学ではそれはドイツ語ではないとして受け入れられなかった。その後、標題にその非ドイツ語を掲げた本が出版されるのだが、それはフランスのいわゆる『ノラ・マンク・レポート』のドイツ語訳（一九七九年刊）であった。[14] しかし、Informatisierung の語は普及せず、代わってある程度流通したのは、同書で用いられている Télématique の語のドイツ語表示の方であった。

さて、kommunikativ（英語の communicative）と informativ（英語の informative）はどう違うのだろうか。コミュニケーションは行為の概念であり、情報は資源の概念であるというのが私の前提である。そこまではよいとしても、それらの名詞が形容詞となると途端に日本語に移しにくくなる。その問題に直面しているのが、とりわけkommunikativである。その言葉を今日ハーバーマスはキーワードとしているわけだが、その著作*Theorie des kommunikativen Handelns*の邦訳では『コミュニケイション的行為の理論』となっている。(15) kommunikativを一旦名詞に直し、それに「的」をつけて形容詞化しているのだが、トートロジーのような異和感が残る。そこで概念を内容的にみて、佐藤慶幸は「対話的行為」または「対話的コミュニケーション行為」という訳語を提出している。(16) 内容的にみるのであれば、ハーバーマスの用語を接続して「了解志向的コミュニケーション行為」でもよいと私は思う。いずれにしても、言語構造に相違があるからには、完全に満足のいく解決はありえない。むしろ、ここで確認しておきたいことは、kommunikativという形容詞にはコミュニケーションという行為の動機・過程・結果を含む全行程のあり方が関っており、コミュニケーションという行為の理念に発した価値が付着しているということである。それならば、コミュニケーションの行為とはどう定義するのか。狭義には意味の伝達と交換であり、広義には意味の表出・伝達・交換・共有・記憶であると私はしたい。狭義の方は一般に流布されているものだが、その定義にはなく、しかし広義の定義には含まれている構成部分こそ、つまり表出と記憶こそkommunikativの含意する内容にとって本質的なものといわなければならない。公的意味空間論ではこの広義の概念を必要とするであろう。

次に、informativという形容詞の意味を考えてみると、情報性の高い、情報量の豊かな、つまりその情報のもつ資源価値が高いということであり、あるいは情報資源がよく活用されているということを指しているといえよう。ここでもやはり価値的評価が付着しているということができる。

以上の説明から、私の認識していた「情報(化)社会」に対してそれら二つの形容詞を使ったドイツ語訳が出されたことに私が当惑した理由が理解されるであろう。では、理念としての「情報化」はおくとして、現実としての「情報化」とは何であり、その価値とは何であろうか。ハーバーマスは前出の著書で近代(それに含まれる現代とともに)の行為領域を、国家行政と経済から成る「システム」と、私的領域と公共圏から成る「生活世界」に分断されたものとして捉え、前者の行為原理を目的達成的合理性、後者のそれはコミュニケーション的合理性(即ち了解志向的合理性)として概念化した。つまり、近代の合理性(価値)とは前者ひとつなのではなく、この二つがあって分裂しており、しかも「システムによる生活世界の植民地化」によって目的達成的合理性がそれとは別の合理性を基準とする「生活世界」に浸透し、その結果様々の社会的病理現象、即ち近代化の矛盾を発生させていると考えるのである。この思考枠組を借りるならば、「情報化」の価値とはどちらの合理性であろうか。「情報化」の理念としてはアムビヴァレントでありうるだろう。しかし、現実にはそれはこれまでのところ目的達成的合理性に荷担し、情報というモーメント(物理的・技術的および象徴的モーメント)を介して「システム」のさらなるシステム化、さらに「生活世界」のシステム化へと向かってきている。つまり現実の「情報化」はテクノロジーとイデオロギーの結合物であり、それは近代の枠内で、近代化の矛盾の構造を再生産しているのである。

しかし、「情報化」が理念としては〈近代〉と同様のアムビヴァレントな性格を持ちうることを、端なくもかの kommunikative Gesellschaft の訳語が示している。今思えば、あの時の驚きとはこのことをも含んでいたのでもあった。とはいえ、現実には「情報(化)社会」とは kommunikative Gesellschaft が意味する「相互了解志向的コミュニケーション行為に基礎を置いた社会」というイメージからは程遠く、否むしろその反対物をさえ意味しているのではないか、と我々の日常感覚が感じとっているという事実に変わりはない。

三　認識と仮説

1　公共圏の不在——天皇制の空間

日本近代が西欧近代の公共圏に相当する意味空間を産出しなかったことと近代天皇制が空間的構造を持っていることとは、密接な関係がある。前者についてはは公共圏に相当する概念の不在がそれを物語っていよう。後者についてはこれまで種々の表現で指摘されてきた。例えば、一九四六年に丸山眞男は、「天皇を中心とし、それからさまざまの距離に於て万民が翼賛するという事態を一つの同心円で表現するならば、その中心は点ではなくして実はこれを垂直に貫く一つの縦軸にほかならぬ。そうして中心からの価値の無限の流出は、縦軸の無限性（天壌無窮の皇運）によって担保されているのである。[17]」（傍点は原文）と表現した。「中心的実体からの距離が価値の基準になる」が、しかしその実体である天皇は「決して無よりの価値の創造者なのではなかった」し、「主体的自由の所有者」でもなかった。別のものでは、杉山光信が次のように整理している。「折原脩三は、筧克彦（戦前の『国体論』のイデオローグで憲法学者でもあった—原文からの引用）の『みくらだなのかみ』の学説を整理しなおして、もう少しわかりやすい『天の真名井』の観念から説明している。『天の真名井』とは『古事記』からとられた観念であるが、『天上から円光が落ちており、そのスポットライトのなかに人影がなくて、ただ座だけが白じらと浮き上がっている』、そのようなイメージを思い浮かべればよい。筧克彦によると、天皇とは皇祖神から永遠に続いているこの『天地全一の大生命』であり、その『座』なのである。この座につくのは自然人・個人人格としての天皇ではあるが、個人としての天皇は具体的な身体とともに消滅する。決して変化しないという意味で本当に存在するのはこの『天皇の座』だけなのだ。そして、この『座』だけが本当の実在であるから、そこから真・善・美などの価値が湧出する(……)ということになる。[18]」

丸山のも折原のも空間のメタファーを作動させている表現である。これらを接合して敷衍すると、次のようになろう。同心円よりもかなり歪んだ磁力線によって描かれる権力作用の磁場の極(中心)には行為主体の不在があり、「座」のみがあるという空間的構造がある。これは時間軸の無限化による時間性ないし歴史性の無化によって担保されているものである。この「座」と周辺の間には交換関係が成立しており、「座」に向かっては空間のなかに発生する歴史性(主体的行為は歴史意識によって担保されるものである)が吸入され、代わりにそこからは非歴史的な真・善・美の「価値」が流出してくる。非歴史性の中心にはもとより行為主体は不要であり、〈時間―空間〉の全体構造から時間性が剝奪されていくにつれ、空間の真中に時間の穴があくのである。void の形成。日本近代はこの装置、つまり時間の無化による空間支配の装置を成立させたのである。そして、象徴的世界における意識の空間支配は、物質的世界における地理の空間支配へと投影されずにはおかれなかったのである。

このような空間的構造を持つ近代天皇制がどうして公共圏の不在と結びつくといえるのであろうか。この点で上山春平の次の言説は大変興味深いものがある。「今の日本は国家組織の中枢に近い人々がけがれた印象を与えている。その中から選ばれた人が国の中心にいたのでは、やりきれない思いになる。しかし幸い、われわれはそういう汚さから無縁で真っ白な方を中心におくことができる。これは国の姿として実にありがたいことだ。[19]」これは的確に構造を言い当てた、心情溢れる表現である。しかし、「やりきれない思い」を補償してくれるその仕組みを「ありがたい」とする地点からは、その「無垢」と「汚れ」が連動している構造の代償《コスト》を問い質す想像力は生まれない。その相互依存の構造においては、「無垢」の存在は汚れた政治権力の活動を信用保証しているのであり、「汚れ」の存在はそのままに存続を許容されているのである。即ち、近代天皇制は現実の社会関係に対して何ら主体的な行為の倫理的規範を与えるものとはなっていない。むしろ、結果的にせよという条件を付そうが付すまいが、そのような規範の形成を阻んでいるのである。void の作用。（だからこそ、システムとしての近代天皇制と現代資本主義国家の経済システムとの間に倫理的コンフリクトは存在せずにすんでいる。）上山が描写するような意識の空間配置のもとで、結局は〈私〉（もちろん「個」ではない）の無限拡大が許されているのである。

この連動関係のなかにあって〈私〉から行為規範が生まれない構造は、安永寿延による「日本的市民社会における公私の論理」の分析によっても明らかにされている。安永によれば、「天皇を最高の頂点とする」公性を持った〈公＝国家＝官〉対〈私＝個人＝民〉の二元的対抗関係がまずあって、その各次元の内部では三者が癒着し未分化であり、それが両次元に相互媒介的に作用して、三者の分節化が抑えられている。[20]しかし、その対抗関係は実はタテマエであって、〈私〉が〈公〉へと収斂を目指すため、返って両者の境界が曖昧になり、公私混合と公私未分化が日常化し、「結局、国家は公の名において個人の『私』性を否定しようとしながら、むしろ逆に『私』性を密かに培養するといった矛盾をもたらす。[21]」即ち、問題はこのねじれた二重構造にあるのである。

こうした構造が優勢であるとき、公共圏が形成されることは極めて困難である。何故なら、その磁場のなかでは中心にせよ、周辺にせよ、行為者の主体性は問われないし、公開された言説による相剋と合意の形成という手続きは最初から基礎を失っているからである。そこでは公共圏という行為と意味の空間はその成長のチャンスを奪われ、天皇制的意味空間に横取りされてきたのであり、天皇制的意味空間を肯定する側からみれば、公共圏はそれに献上・寄進されてきたともいえよう。日本の公的意味空間における様々の病理現象の多くは、この公共圏の不在によって説明することができるのではないか。その最大の病理は歴史意識の薄弱さであろう。過去の歴史に対する責任の意識、現在の歴史に対する参加・形成の意識、未来の歴史に対する選択の意識を歴史意識とするならば、それは真・善・美の価値意識に裏付けられたものである。そのような価値意識は主体的行為および相互行為の経験のなかから発生してくるものである。そのような行為の空間こそが公共圏なのである。従って、このような価値意識の発生器であり、歴史意識の貯蔵庫である公共圏の不在が歴史意識に病理を引き起こすのは当然のことといえよう。

2　「情報化」の時間軸と空間軸

アンソニー・ギデンズは、「多くの社会理論は社会行動の時間性のみならず空間性をきちんととりあげることに失敗してきた[22]」と述べている。その原因は、彼によれば、時間についてはそれと社会変動が同一視されてきたためであり、空間については社会構造の概念が空間的イメージとして普及したためと、社会学者が地理的決定論に陥る危険を避けようとしたためであるという。そして、それらはいずれも構造主義や機能主義の著しい特徴である共時態／通時態あるいは静態的／動態的などの区別の産物である、としている。そこでギデンズはそのような分離から訣別し、時間と空間を統合して、「時間―空間関係を社会的相互行為の全体的な構成に内在的なものと捉える[23]」ことを主張し、また社会分析における空間的要素の重要性を指摘している。

我々はここで、日本語圏において時間性、空間性を内在化させた社会理論として少なくとも二人の出自の異なるアプローチを取り上げることができる。第一は、田中義久の「行為・関係の理論」にたつ「方法論的『関係』主義[24]」である。田中は《自然》―《人間》―《社会》の連関を全体的に捉えるうえで二つの《慣性系》を設定する。「外的自然」―「人間的自然」の準備枠組としての《Aの慣性系》、「役割」―「社会関係」の準備枠組としての《Bの慣性系》である。この《慣性系》こそ〈時間―空間〉を統合した概念と解釈することができる。その際、〈時間―空間〉は物理的・自然的なそれと社会的なそれへと分離できないし、または分離する必要もないであろう。田中が《Aの慣性系》と《Bの慣性系》の間にパラレリズムと投影関係を認めていることはそのことを暗示している。即ち、田中によれば、《Aの慣性系》では〈近代〉のニュートン力学にみられる《Object》―《Subject》の関係枠組を脱して、すでにアインシュタインの相対性理論の枠組に入っているのに対して、《Bの慣性系》では一九八〇年代まではニュートン力学の枠組に相応する「方法論的『個人』主義」の段階に留っていた。しかし、その後それを脱して成立しつつあるのが「方法論的『関係』主義」のパラダイムである。その本質は、「まさに《個人》と《社会》との中間領域にあり、日々に両者を媒介している境位―すなわち、《社会関係》の境位―の問題性」[25]に焦点を合わせることにある。その「境位」、即ちその空間では、〈近代〉の主観哲学の枠組はもはや有効ではないし、むしろ逆にその旧枠組を超えるために新しく空間が設定される必要があったといえるのである。つまり、田中の《関係》主義の視座とは、《関係》概念によって共同主観性ないし相互主観性の作動する〈時間―空間〉系を開設しようとするものだと解釈してよいのではないだろうか。

第二は、吉田民人の「社会情報学」の一環である「情報空間論」と「情報進化論」である。それによって吉田は「マス・コミュニケーション内在理論の視座転換」[26]を提起している。吉田理論の特徴は新しい認識のためのカテゴリー体系の構築という目的をたて、そのために概念の分節化と厳密な定義付けという方法を自覚的にとるというところにある。吉田の基礎視角は〈情報―資源処理パラダイム〉であり、これは〈情報―情報処理―情報空間〉と〈資源―資源処理―資源空間〉のデュアリズムから構成されている。ここで「資源」とは物質・エネルギーと同義とみてよい。吉田は前述の方法により前者の系を後者の系から引き離して、その徹底的な抽象化を進めた。彼によれば、〈有意味の記号集合〉が〈情報〉であり、その集合が狭義の〈情報空間〉である。〈情報処理〉とは、情報の空間変換とみなされる〈情報伝達〉、情報の時間変換とみなされる〈情報貯蔵〉、〈担体変換〉・〈記号変換〉・〈意味変換〉を縮約した狭義の〈情報変換〉の三局面から成る概念である。この〈情報処理〉の集合が〈情報処理空間〉であるが、これと先の狭義の〈情報空間〉を合わせて、広義の〈情報空間〉と定義する。さらに、〈情報空間構成〉の概念をたて、情報空間が一定の情報処理プログラムによって構成されていることを想定している。さて、以上の定義群から明らかなように、吉田の〈情報処理空間〉とは〈時間―空間〉を内在化させたものだということができる。吉田はこれをさらに〈個体的情報処理空間〉と〈社会的情報処理空間〉に二分している。ここで興味深いのは、吉田はそれらが「相互に別個・自立の情報空間である」[27]ことを強調しているのだが、しかしやはりそこにパラレリズムと投影関係が認められることである。田中の場合には物理的自然から社会的自然への投影であったが、吉田の場合には生物的自然から社会的自然への投影ということができるだろう。それは吉田が生物進化史と社会進化史をパラレルにみていることからも傍証することができる。従って、吉田の〈情報処理空間〉には生物(学)的な〈時間―空間〉が投影しているということができるし、また現代におけるその認識の最先端にはDNA情報空間があることも想起しておくべきであろう。吉田が「擬似環境論」を〈環境論〉の範疇に留まるものとして批判し「マス・メディア型情報空間」の概念を導入したり、または〈生きられる空間〉における〈共同主観性〉に言及するもの、空間を〈主体〉のアイデンティティの「場」とみる見方が反映しているといってよい。生物有機体の〈自己組織性〉は〈社会的情報処理空間〉の〈自己組織性〉に転位され、ここでも〈近代〉の〈主体〉概念は問い直されているのである。

さて、「情報化」も時間性と空間性で捉えることができるのではないだろうか。吉田民人に「情報(化)社会」という用語が登場しないことは注目に値する。彼が「情報化装置」というとき、それは感覚器官やマスメディアを平列して指しており、有意味の記号を知覚するための装置という意味であって、「情報化社会」の「情報化」とは概念として全く別のものである。後者の「情報化」の「情報」とは、むしろ物質・エネルギーに並ぶ財あるいは資源《リソース》としての情報ではないだろうか。そうすると「情報(化)社会」とは「資源処理空間」の問題となる。この時吉田なら、そのルートこそ、彼が〈概念―術語〉体系の未開発の故に批判している「コミュニケーション総過程論」への接続であるというかもしれない。それにもかかわらず、「情報(化)社会」の〈時間―空間〉構成の問題は対象とされなければならないので、敢えて仮説を提出したい。吉田の術語を改造しつつ援用すれば、それは「社会的情報処理空間」の「制度的特性」ないし「構成プログラム」の問題だということができる。仮説の入口は、情報の資源処理は時間軸と空間軸の駆動で行われるものであろうということである。〈近代〉の資源処理は線型的時間の稼動により均質的空間を作り出してきた。「情報化」も現在このパターンで進行しているということができる。情報資源の時間的ファクターが取り出されて時間軸で回転する「情報化」(時間の極小化による支配)は、結果として、それを回転させる側に新しい空間支配を与えている。例えば、金融機関のオンライン・システム、軍事情報通信システム(C^3I)、多国籍企業のグローバル・プライベート・通信ネットワーク、衛星による「国境を越えるテレビジョン」などを想起すればよい。「社会の情報化」はこの構成プログラムで進む限り、〈近代〉の枠から外れることはあるまい。〈近代〉の枠を超えうる構成プログラムとして考えられるのは、「情報化」の空間軸を駆動させて多様な空間の共存を造成し、その結果新しい時間意識、非線型的時間のモードを生み出すことであろう。そこに構成されるのは〈コミュニカティーフな行為空間〉であり、〈パブリックな意味空間〉である。それは田中のいう《関係》主義の視座からみえる空間だといえるだろうし、吉田のいう「共同主観化の技術的基礎」

が制度的妥当性と結合した社会的情報空間でもありうるのではないだろうか。「情報化」とは、社会的時間と社会的空間の組織化の問題であって、〈時間―空間〉のどの軸を主軸とするかという点でアムビヴァレントな変動のモーメントを内包していることを指摘しておきたい。

3　社会的共同性の空間的編制

(1)　日本における公共圏の構築

日本近代の公的意味空間は、一方で天皇制的意味空間という、いわば〝ブラックホール〟の存在によって歪められ、他方で資本制生産第一主義で回転する「システム」が送り出してくる制御媒体である貨幣と権力によってメディア化されて歪められている。その相乗作用を受けた日本的〈近代化〉のなかでは、異った他者との共同性を組織原理とする領域は辺境へと追いやられてきた。日本近代はその領域を命名するほどまでには育てなかったが、西欧近代の名称を借りて公共圏としよう。ハーバーマスにとっては〈近代〉のプロジェクトは未完であり、そこでこれまで埋もれていた「了解志向的なコミュニケーション行為の合理性」を活性化し、「システムによる生活世界の植民地化」を押し止める一環として、脱政治化し機能不全に陥っている公共圏を再建するという展望をたてることができでる。しかしながら、我々にとって完成すべき〈近代〉とはあるのか。活性化すべき合理性の内実とは何か。それらの問いにいま答えられようが、答えられまいが、現在ともかく必要なのは日本の「生活世界」および「システム」に異った他者との共同性を志向した組織原理を内在化させることである。そのためには公共圏の構築が不可欠となる。その行為と意味の空間は知覚されなければならず、見えなければならない。

その構築にとって何が必要だろうか。空間的に作動する天皇制的意味空間は空間分割され、そして歴史化されて時間軸に移されるべきであろう。それはその意味空間を自らの真・善・美の源泉としようとする人々の道を阻みはしないし、返って〈近代化〉との妥協によるその変形から解放されることはその人々にとっても歓迎すべきことであろう。近代の政治経済システムとの連動関係を解除されて初めて、天皇制的意味空間が本当に価値規範の源泉になるのかどうか、行為に相互主観的な規範を与えるのかどうかは判明するに違いない。さらに、〈私―個人―民〉の癒着関係を解除し、分節化しなければならない。それを通じて、〈私〉の内部より〈公〉を析出させ、それらの境界の意識化により公的領域と私的領域の空間分割を作り出すことができるだろう。

そのような空間分割のためには媒介物としてどうしても我々の内部に存在する何ものかが必要である。それは第一には我々の日常生活にあるコミュニカティーフなるものの再認識と組織化であり、第二には日本の歴史の古層にあるコミュニカティーフなるものの発掘とその現代への蘇生であろう。第一についてのチャンスは常に存在する。それを前提とせずして、そもそも他者との共同性が想定されることはありえない。この局面での「情報化」の空間的編制力については、悲観的な断言を避けて、なお未知数としておこう。第二については、例えば、日本中世に「無縁」「公界」「楽」という同一の原理、その様々の〈場〉、それを生きた人々の存在があったことに照明をあて、そこに西欧近代のものとは別に成立した「自由」と「平和」をみようとする網野善彦の仕事にみることができる。網野は、その原理として主従関係、親族関係などの世俗の縁と切れている点を中心に据え、そこから不入権、地子・諸役免除、自由通行権の保証、平和領域、私的隷属からの解放、貸借関係の消滅、連座制の否定、老若の組織という八つの特徴をまとめている。(28) 仏経語から転化した「無縁・公界・楽」というこれらの言葉は日本民衆の自由・平和・平等の理想への本源的な希求を表現したものだとし、網野はさらに次のように述べている。

「もとより、ギリシャ・ローマの市民の民主主義とキリスト教の伝統をもち、ゲルマンの未開の生命力に裏づけられ、中世を通じて深化し、王権との闘いによってきたえられてきた西欧の自由・平等・平和の思想に比べれば、『無縁・公界・楽』の思想は体系的な明晰さと迫力を欠いているといわれよう。とはいえ、これこそが日本の社会のなかに、脈々と流れる原始以来の無主・無所有の原思想(原無縁)を、精一杯自覚的・積極的にあらわした『日本的』な表現にほかならないことを、われわれは知らなければならない。」[29]

ハーバーマスが市民的公共圏という歴史的カテゴリーにリベラル・デモクラシーの組織原理の地位を与え、その発生現場を新興ブルジョアジーの小家族の親密圏に求めたように、そしてその親密圏に存在したフマニテートの普遍的価値と「コミュニケーション的合理性」という行為基準の現代への再生を企てるように、網野の「無縁・公界・楽」という歴史的カテゴリーは果たしてそのような役割を担うであろうか。ハーバーマスの市民的公共圏論と網野の「無縁・公界・楽」論の間には、後者に歴史的過程の複雑性が付きまとうものの、動機と論理において確かにある種の親近性が認められることは興味深い事実として指摘しておきたい。そのうちのひとつは、両者が共通して取り出しているカテゴリーがアジール(Asyl ― 消極的には避難所、積極的には公権力の暴力に抵抗する根拠地)に属するものであり、それらの特色は原理と空間の結合した〈場〉だということである。ところが、正にその点から鮮やかな対照が始まる。というのは、ハーバーマスの場合はそのような〈場〉の発生の原点に財産の私的所有者が立っているのに対して、網野の場合には「有主」「有縁」の世界に対する「無主」「無縁」の世界に生きる「無所有」者が原点に見据えられているからである。網野の論については、天皇との関係などなお解決されるべき問題は多いとみなければならないが、ここでは「無縁」が関係概念、「公界」が空間概念、「楽」がユートピアの概念であると認められることに注目しておきたい。その整合性のなかに今後のポテンシャルをみることができるからである。いずれにしても我々は新たな社会的共同性の構築にあたっては、自らの生活過程と歴史過程のなかにアムビヴァレントな要素を発見し、それを手掛りにする他はなく、網野の仕事は歴史研究からのひとつの方向を指し示しているといえよう。

(2)　公共圏とマスメディアとジャーナリズム

公共圏とは、私人の生活領域に発し、表象の世界である公的意味空間のなかへと編入される自由の領域であり、その存在によって社会的共同性の編制は可能となる、と定義しておこう。公共圏の概念には公法上の「公共性」の場合と同様に理念と実態の混在したところがあり、この点には注意を要する。公共圏の実体は単一ではなく、同じ広がりのなかでの競合性と、ローカルな公共圏(地方的公共圏ではなく、現場公共圏)から世界公共圏までの重層性を持つ。今日の世界の動きには、一方でこの両端の公共圏の浮上と、他方で国民国家の地理的空間と一致した広がりを持つ公共圏の限界・動揺・沈下・再編などがみられる。それらの動向には、市場的空間や民族(あるいは共通言語)的空間の再編制の運動がオーバーラップしており、単純ではない。また、公共圏のヘゲモニーを巡って支配的公共圏に対して対抗公共圏の形成がみられる。今日の「新しい社会運動」は対抗公共圏の概念で捉えることができる。

西欧における公共圏の発展経路をハーバーマスにならって、宗教改革による信教(内面)の自由―商品所有者の小家族の自立した親密圏―対等な教養人による文芸的公共圏―議論する公衆による政治的公共圏―国家領域に転位して制度化された議会、という経路で捉えれば、そこに意味空間におけるアジールの制度化をみていくことが可能である。「言論の自由」とは公権力への抵抗権であり、公共圏は「亡命」(Asyl, asylum)を認められた言説の〈場〉であった。ところが、この近代の制度の原点に立つ公共圏が、国家と社会の分離から相互浸透へという展開によって構造転換を遂げたことも、すでに述べたように、ハーバーマスの指摘した通りである。そこでは国家と経済より成る「システム」と、私的領域と公共圏から成る「生活世界」の相互浸透が起こり、公共圏は生活に根差した政治性という意味とともにその独自の空間を失っていったのである。しかしながら、人間社会を民主的社会として存続させていこうという価値的前提に立つ限り、公共圏の行方に無関心ではいられない。現代における公共圏は、親密性(プライバシー)の保存を前提とした上での社会関係の公開性、そして主体性の保持を前提とした上での他者との共同性を原理として、人為的に新しく組織化されなければならない。その際、「言論の自由」は、公権力の言論内容への介入阻止という抵抗権としてばかりでなく、開かれた言論の場の造成と保障を要求する積極的権利としても構成される必要がある。

さて、そのような公共圏の設営にあたって、マスメディアとジャーナリズムはどのように関わるであろうか。まず両者は混同されるべきではない。前者はシステムであり、後者は意識活動である。まずマスメディアについて述べれば、ホルクハイマーやアドルノのように「文化産業」(30)としてのマスメディアの支配力を前にして公共圏に破産宣告をするか、またはハーバーマスのようにマスメディアによって作られる公共圏になお「アムビヴァレントな潜在力の根拠」(31)を認めるか、によってマスメディアへの対応は変ってくる。ただし、そこに対立関係のみをみて、どちらかに組して判定を下す立場に立つよりも、むしろ前者における批判の完膚無きまでの徹底性があったからこそ、それを受けて、その対象の救出へ向かおうという動機が後者において生まれたのであろうという関係の方をみたい。その前提でハーバーマスの認識に立てば、公共圏の原理にそったマスメディアの構成原理と組織構造が要求されることになる。(32)それは新奇なことではなく、近代の解放的な制度的理念がいまだ実現されていないことを指摘し、その貫徹を求めることである。その組織構造ではまず外部的には、マスメディアが公共圏を作り出すインスティテューションであるという規定に立って、法制度的、市場構造的な枠組を編制しなければならない。その際、各メディア制度の理念の明示的構築、制度の理念と組織体の実態の混同の排除、理念に照らした実態の実証的検証、それに基づく法制度および組織体の改革という経路で政策が展開される必要がある。そのような政策の実現過程そのものが公共圏の成長に結びつくわけであるが、しかしその実現過程そのものは最初から公共圏を必要条件とするという矛盾をかかえているのも事実である。次に内部的には、組織体内部にも公共圏を作り出さなければならない。それは、外部の大公共圏の構成要素であるオーディエンスが内部的公共圏へ実質的に参加できる仕組を確保すること、組織体内部に自由空間を編制し構成員に保障することによって可能となるはずである。このような組織的枠組によってマスメディア・システムは、市民社会(この「市民」はブルジョアではなく、シティズン)のフォーラムないしアレナとなるための必要条件を得るであろう。以上をまとめれば、マスメディア制度の構成理念の基本には公共圏の概念が必要不可欠であり、そしてマスメディア制度の形成のためには国家ではなく社会に足場を置く公共圏の実体が必要不可欠だということである。

しかし、それではまだ十分ではない。何故なら、いくら整備されたマスメディア・システムがあっても、そこにジャーナリズム活動が無ければ、公共圏は作り出されないからである。たとえ「情報化」によってマスメディア・システムの拡充があっても、ジャーナリズム活動のポテンシャルが退行すれば、公共圏は収縮する。先述のマスメディアのアムビヴァレントな性格とは、畢竟このジャーナリズム活動如何にかかっているのである。それでは公共圏の設営のためにジャーナリズムにはいま何が求められるのか。ジャーナリズムはその言葉の内部に時間性を表わす語を含むことをもって、従来時間の概念で語られることが多かった。そして、実態においても時間性の追求に忙しい。(忙しいことにかけては記憶の消去についても同様である。)しかし、構造転換を遂げた後になお公共圏の再生に関わろうとするジャーナリズム、あるいは公共圏の未発達のなかで現在なおその構築に関わろうとするジャーナリズムにとって必要とされるのは、時間意識ではなく空間意識である。それは空間的歴史意識と空間的現在意識といいうる。

戸坂潤はドイツ新聞学や東京帝国大学新聞研究室の成果を吸収しつつ、ジャーナリズムの根本原理はAktualität にあると規定し、そこから新聞現象の根本概念をジャーナリズムの持つ日常性と政治性に求めた。(33)アクテュアリティは訳しにくい言葉であるが、彼は「現実行動性―時事性」と訳した。私見によれば、アクテュアリティとは「現在にとっての意味」と解されるが、現在とは時間性と並んで空間性をもって構成されるはずである。ジャーナリズムは「いま」「ここで」の言説空間のヘゲモニーにコミットしているのであり、それゆえに「現在にとっての意味」を担うのである。

このような空間意識の活動によってジャーナリズムは、公共圏という空間――記憶の貯蔵所であり、政治意識の発生器である公共圏、公開性と共同性を組織原理とする公共圏――を切り開く活動であると定義されるものになるであろう。それによってジャーナリズムは生活世界に発し政治性を帯びたトポスを再び獲得するのである。いまジャーナリストおよびエディターにとって必要なのは、言説を手段としてヘゲモニーを巡って展開される抗争の場である公共圏のなかにおいて自分自身が表現行為に携わる者であり、それと同時に他者一般のためにそのような多様性・多元性を備えた公共圏という空間を造形する者であるという意識である。「マスコミ」と擬似主体化される日本のジャーナリズムの病理のひとつの原因はマスメディア中心主義にあるが、そこからの離脱は以上のような社会的な〈場〉に依拠した意識を所有することから開始されるであろう。

以上の考察を受けて、この項の最後に、〈公共圏〉と〈マスメディアの「公共性」〉の弁別と両者の関係についてまとめておきたい。マスメディアというシステムはジャーナリズム活動にその舞台を用意するものであり、そのジャーナリズム活動は公共圏の伸縮や内部構造に決定的な影響を持つものである。正にそれ故にマスメディアの「公共性」(公法学上の、あるいは一般的な意味での公共的性格のことであり、しかも小林直樹のいう「市民の共通の利益」〔注(2)を参照〕に関わる性格ということ)は発生する。換言すれば、マスメディアは――ジャーナリズム活動の存在を介することによって――民主的な市民社会(civil society)にとって必要不可欠な制度的空間である公共圏の存在様式如何に重大な役割を演じるものであるが、正にそれ故にマスメディアには「公共性」(公共的役割への自己認識)が要求され、また「公共性」(公共的存在としての社会的承認)が付与されうるのである。従って、その際、マスメディアの実態が他の様々の要因によってこのような規範から許容範囲を越えて乖離していくとき、そのシステムの正当性は衰微していくものといわなければならない。

四　おわりに

近年様々の領域で空間への感受性が高まってきている。[34] それは何を物語っているのであろうか。私のみるところ、それは〈近代〉の頂点がもたらした空間閉塞に対する知覚の反映であり、その閉塞状況に対する対抗戦略の模索の徴候である。「システム」が線型的時間のモードで時間軸の回転を加速させていくなかで、我々は至る所に何と殺伐とした均質的な空間を持つことになってしまったのか。さらに、いまや「システム」は目的としての時間支配、結果としての空間支配から、目的としての空間支配にも戦略をシフトさせてきたようである。風景において、都市空間において、建造物や家屋において、また家族、地域、学校、職場へと広がるそれぞれの社会空間において、そして表象の行き交う意味空間において、均質性は支配的となった。境界は撤廃され、その内部にあったアウラは霧消し、空間をみる我々の視線は当所なくさまよい、力なく痩せ細ってきた。とりわけこの国にあっては、アジールなどの次元の空間にも見あたらない。それらのことを我々は空間閉塞として知覚するのである。「システム」が空間軸を作動させて空間支配（空間の収奪）に乗り出したことを察知したとき、それに対抗するためには我々もまた空間戦略をとらなければならないという認識が生まれる。コミュニケーションの空間論はそのような認識に裏付けられたひとつの探求である。

注

（1） Jürgen Habermas, *Strukturwandel der Öffentlichkeit, Untersuchungen zu einer Kategorie der bürgerlichen Gesellschaft*, Neuwied und Berlin : Luchterhand, 1962.（『公共性の構造転換』細谷貞雄訳、未来社、一九七三年。）

（2） 近年これを論じたものとして、小林直樹「現代公共性の考察」日本公法学会『公法研究』第五一号、一九八九年十月がある。小林はそこで（i）共同社会の成員に共通の必要な利益があること、(ii)原則的な共同消費・利用の可能性が全成員に開かれていること、(iii)それらを前提として―採算などの理由から―主として公的主体による作業や管理が行われること、の三点をもって「公共性」の暫定的規定としている（三四―三五頁）。それはインフラストラクチャーの概念に近いものといえよう。小林はさらに国家の見地から主張される（国家的）「公共性」と、市民の共通の利益として要求される（市民的）「公共性」の対立、即ち二重構造の問題を指摘し、後者を擁護して「市民の共通の利益」に「公共性」の意味内容をみている。

（3） 【本書第六章、二〇一頁および二一八頁】、および拙稿「現代コミュニケーションの変動」林進編『コミュニケーション論』有斐閣、一九八八年、一九四頁。

（4） 【本書第一章を参照。】

（5） Jürgen Habermas, *The Structural Transformation of the Public Sphere, An Inquiry into a Category of*

Bourgeois Society, tr. Thomas Burger & Frederick Lawrence, Boston : MIT Press, 1989, Cambridge : Polity Press, 1989.

（6）ハーバーマスとは関わりなく、Joshua Meyrowitz, *No Sence of Place, The Impact of Electronic Media on Social Behavior*, New York : Oxford University Press, 1985 は public spheres の語を用いている。メイロウィッツの同書はゴフマンとマクルーハンの理論を相互補完的に結び付け、両者の統合を意図したものだが、コミュニケーションの空間論のひとつということができる。

（7）例えば次のものがある。John Keane, *Public Life and Late Capitalism*, New York : Cambridge University Press, 1984. John Forester (ed.), *Critical Theory and Public Life*, Cambridge : MIT Press, 1985.

（8）Publizität を基本概念とする学問がドイツ語圏内における Publizistik である。その語を小野秀雄は「公示学」と訳した。小野秀雄『増補　新聞原論』東京堂。一九六一年—初版一九四七年、七頁。これにならえば、Publizität とは「言説の公示」あるいは「言説を公示する行為」と呼ぶことができる。

（9）『マスコミ市民』第二四六・二四七号、一九八九年三月—「ドキュメント『昭和』の終わり、全報道記録」（記録・作成　中奥宏）。

（10）朝日新聞社会部『ルポ自粛、東京の一五〇日間』朝日新聞社、一九八九年を参照。

（11）「一億総自粛を〝強制〟したのはだれか」『朝日ジャーナル』一九八八年十月十四日号、一七頁。

（12）ハーバーマス、前掲書（邦訳）、一八頁以下を参照。

（13）ハーバーマス、前掲書（邦訳）、二六四および二六九頁を参照。

（14）原著は、Simon Nora, Alaim Minc, L'Information de la société, rapport à M. le Président de la République, Paris : La Dokumentation Française, 1978. 各国語訳の標題は次の通り。*Die Informatisierung der Gesellschaft*, Frankfurt : Campus Verlag. 1979.『フランス・情報を核とした未来社会への挑戦』産業能率大学出版部、一九八〇年。*The Computerization of Society*, Cambridge : MIT Press, 1980.

（15）Jürgen Habermas, *Theorie des kommunikativen Handelns*, Bd. 1-2, Frankfurt am Main : Suhrkamp, 1981.（『コミュニケイション的行為の理論』上・中・下、平井俊彦・M・フーブリヒト・川上倫逸・徳永恂・脇圭平他訳、

未来社、一九八五、八六、八七年。)

(16) 佐藤慶幸「対話的コミュニケーション行為と公共性—ハーバーマス理論を中心に—」田野崎昭夫・広瀬英彦・林茂樹編『現代社会とコミュニケーションの理論』佐藤智雄教授古稀記念論文集、勁草書房、一九八八年、一七五—一九五頁。【同『生活世界と対話の理論』文眞堂、一九九一年、一六五頁以下。】

(17) 丸山眞男「超国家主義の論理と心理」『増補版　現代政治の思想と行動』未来社、一九六四年、二七頁。

(18) 杉山光信「現代保守主義と天皇制」『思想』第七九七号、一九九〇年一一月、一七五—一七六頁。

(19) 「座談会　天皇問題を語る」『朝日新聞』一九八九年一月一六日(東京本社第一二版、一七面)。なお、上山春平はこれと同様の趣旨を次のようなバリエーションで述べている。「天皇制は、国制の頂点に聖域を設け、権力競争に汚れやすい政治家たちをシャット・アウトする。その聖域から権力とのかかわりを最大限に排除したのが、今日の天皇制である。非権力的という点では、世界の君主制のなかで最も徹底したケースといえるかもしれない。」(同「思想の言葉・アリストレテスの国家論と天皇制」『思想』第七九七号、一九九〇年一一月、四頁。)

(20) 安永寿延『日本における「公」と「私」』日本経済新聞社、一九七六年、六九—七〇頁を参照。

(21) 安永寿延、前掲書、七四頁。

(22) アンソニー・ギデンズ『社会理論の最前線』友枝敏雄・今田高俊・森重雄訳、ハーベスト社、一九八九年、二一三頁。

(23) ギデンズ、前掲書、三頁。

(24) 田中義久「現代文化と《関係》主義」見田宗介・宮島喬編『文化と現代社会』東京大学出版会、一九八七年、三五—六〇頁を参照。〔同著『行為・関係の理論—現代社会と意味の胎生—』勁草書房、一九九〇年に所収。〕

(25) 田中義久、前掲論文、三九頁。

(26) 吉田民人「マス・コミュニケーション内在理論の視座転換—Disciplineとしての社会情報学への途」田野崎昭夫・広瀬英彦・林茂樹編『現代社会とコミュニケーションの理論』佐藤智雄教授古稀記念論文集、勁草書房、一九八八年、二一—四一頁を参照。〔同著『情報と自己組織性の理論』東京大学出版会、一九九〇年に所収。〕

(27) 吉田民人、前掲論文、三〇頁。

(28)　網野善彦『増補　無縁・公界・楽—日本中世の自由と平和—』平凡社、一九八七年—初版一九七八年、一一六—一二五頁を参照。

(29)　網野善彦、前掲書、一二九頁。

【言葉の革新として、古い地層から言葉を発掘して、現代に蘇生させるという方法をとるならば、「公共圏」に代わって「公界《くがい》」というかつてあったヴァナキュラーな表現をここで採用することが可能ではないか、とも考えたが、しかし言葉のルールは一人では決められない。無論、「公共圏」ではなく「公界」を使おうという場合には、西欧近代の「公共圏」、日本中世の「公界」という対比に明らかな、それぞれの起源における時代および社会構成の違いを越えて、ということを自覚した上でのことになろう。】

(30)　Max Horkheimer, Theoder W. Adorno, *Dialektik der Aufklärung, Philosophische Fragmente*, Frankfurt am Main: Fischer Taschenbuch Verlag, 1988.（『啓蒙の弁証法、哲学的断想』徳永恂訳、岩波書店、一九九〇年。）そのうち、「第四章　文化産業—大衆欺瞞としての啓蒙」を参照。原著の初版は一九四七年、アムステルダムで刊行。

(31)　ハーバーマス、前掲書『コミュニケイション的行為の理論』下（邦訳一九八七年）、四〇九頁。

(32)　この認識に立つものとして、石川明「放送の公共性と放送の自由—西ドイツの公共放送の場合—」ＮＨＫ放送文化調査研究所『放送学研究』第三九号、一九八九年、また、ＢＲＵ編「イギリスの放送における公共サービスの理念—基本原理—」前田満寿美訳、『放送学研究』第三九号、一九八九年、などがある。

前者は、ドイツの公共放送制度を素材としてはいるが、論文標題についての一般理論ともなっており、そのため〝日本の公共放送の場合〟に対するクリティークとしても読むことができる。

後者は、一九九〇年一一月の新放送法成立をもって一応結着した英国の放送制度改革論議のなかで、サッチャー政権の「規制緩和」路線に批判的立場から一九八五年にピーコック委員会に提出されたものである。その第四原理として、「放送者は国民的同一性の観念や共同体との特別なかかわりを認識すべきである」という項目を立てており、この原理について参加した専門家の意見として、「公共サービス放送は、エレクトロニック・コミュニケーションのこの時代に、民主主義体制の中核となる『公共空間』の概念を具体化しようとする一つの試みである。『公共空間』というのは社会的相互作用の場であり、その中で理性ある公衆によって世論が形成され、動員される。理性的な話合いのルールによる討論の場であり、参加者すべてがあらゆる情報を手に入れることができる。意見相違の解消は力づくではなしに根拠に基づいた筋の通った議論を通して行われる。討論の目的は、公衆の福利のためのコンセンサスづくりである」(九九頁)とし、以下三頁にわたる引用文を掲載している。訳者は「公共空間」と鉤括弧を付しているが、原文はpublic sphereであり、強調符号はない。この引用文はハーバーマスの公共圏論を援用して展開された公共サービス放送論であり、論旨からみて執筆者はニコラス・ガーナムであると考えられる。彼にはこの問題に関して別に次の論文がある。Nicholas Garnham, The Media and the Public Sphere, in Peter Golding, Graham Murdock and Philip Schlesinger (eds.), *Communicating Politics, Mass Communication and the Political Process*, Leicester University Press, 1986, pp. 37-53.

(33) 戸坂潤「新聞現象の分析―イデオロギー論による計画図―」『全集　第三巻』勁草書房、一九六六年、一二五頁および一三一―一三四頁を参照。

(34) 中村雄二郎『場所(トポス)』弘文堂、一九八九年、は現代の様々の領域における〈場所〉〈場〉〈トポス〉の問題を通底させて捉える試みとして興味深い。

第三章　グローバルな公共圏は可能か

――国際コミュニケーション政策における〈外部―内部〉の視座と視界――

一　はじめに

多メディア時代における国際コミュニケーション研究、なかでも政策研究について、その方法と課題を論じよ、というのが私に与えられたテーマである。そのテーマに含まれている二つの用語について考えを述べることから始めたい。第一は「政策」であるが、これを検討するには一般に、誰が(行為主体)、自己の置かれたどのような状況を背景として(外部的布置状況)、どのような目標の達成を目指して(目的・価値)、どのような手段および論理を用いて(資源)、行動しているか(過程)、という枠組みに立つことになる。つまり、様々のアクターによる政策実現のための実践過程が分析の対象となる。しかし、研究としてのコミュニケーション政策(政治)はそのような過程分析のみに留まらない。むしろ、コミュニケーションの規範理論の批判的考察にこそもうひとつの重要な意義があるといえよう。第二は「国際」であるが、この言葉だけでは表わしきれないという状況と認識が進み、表現は分化してきた。英語表現の多様性でみれば、旧来の部類では inter-national と world(-wide) がある。前者はnationを基礎として「国家間の」ということであり、後者は抽象的集合としての世界を思い描いている。新しい部類ではtrans-nationalとglobalがあるが、前者は「国家ないしは国境を越えて」ということであり、nationの外側にあって国家・国境を無力化していくものの姿を表わしていると考えられる。後者は「地球規模の」ということであり、そこには単一の地理的・具象的空間の広がりが意識されている。おそらく、月から地球を眺めたという人類の集合的経験、また人工衛星からの地球写真に接する日常的経験から形成された人々の意識がその用語の近年における多用には反映しているに違いない。今日「国際コミュニケーション」というとき、その「国際」とはこれらすべての形容詞を含んだものと考えざるをえないだろう。

さて、与えられたテーマに対して本章では、まず四つの歴史的事例を取り出し、それらのなかに問題を位置づける。次に、そこから得られる構造的な問題を四点にまとめて検討する。そして、研究主体の視点から「方法と課題」について述べ、以上の帰結として最後にグローバルな公共圏について考えてみたい。全体を通じていえば、本章では二つのキー概念が用いられている。いわば二つの光源である。その第一は公共圏の概念であるが、これは公開性と共同性を組織原理とし、かつ国家空間や市場空間から区別された社会的コミュニケーション空間のことである。(1) その第二は〈外部―内部〉の関係軸であり、これに依拠して展開されているところが多い。

前もって本章の限界と限定を明らかにしておけば、それは紙幅の都合と筆者の能力の限界からして歴史的事例にしても構造的問題にしても手続を踏んだ分析と論証の記述とはなりえていないということである。それを目指すためには、それら八つの項目のうちのいずれかにテーマを限定すべきであったろう。本章ではむしろ、与えられたテーマが「方法と課題」であるため、国際コミュニケーション政策研究というプロブレマーティクについて、先の二つの光源によって私のスクリーンに映し出された見取り図を写し取ることに目標を限定した。

二　国際コミュニケーション政策における四つの事例

1　東西冷戦終結と東欧変革のコミュニケーション過程

一九九一年もまた歴史を作りながら暮れていった。「ソヴィエト社会主義共和国連邦」は消滅し、「独立国家共同体」が成立した。一九八九年末の東西冷戦終結から二年、一方の主体であったソ連邦は解体してしまった。第二次世界大戦後の国際関係を規定してきた体制イデオロギー間の地政学的対立構造が終結に至るプロセスをひとつの政治的コミュニケーション過程としてみるとき、その終結の端初に全欧安保協力会議(英語CSCE、独語KSZE)をみることができるだろう。一九七五年の「ヘルシンキ宣言」は東西で等しく成功と評価されたが、その「情報」の節の前文は次の三つのテーゼにまとめられる。(2) ①国家間および国民間におけるより多くの知識とよりよき理解が信頼形成のために役立つ。②マスメディアは国際的な知識と理解の促進のために重要な、かつ潜在的にポジティヴな役割を果す。③以上の意味で、自由で包括的な情報の流通とメディア分野でのより多くの協力(ジャーナリストの活動条件の改善を含む)が国境を越えて行われることが望まれる。最後の③に見る通り、「自由で包括的な情報の流通」は、後述するユネスコのマスメディア宣言よりも早く、東西間の情報秩序規範ではすでに成文化されていたのである。勿論、「ヘルシンキ宣言」の具体化には困難がつきまとった。しかし、CSCEは「宣言」後も断続的かつ長期的に今日まで継続されてきたプロセスであり、そのなかで双方がコンセンサスと信頼を形成し、妥協する能力を培っていったのである。そして、その国家間交渉のプロセスは確かに社会的現実に対して力を持った。CSCE無くしては東欧・ソ連邦内部での変革の端初となった独立自治労働組合「連帯」の運動は無かったといわれる。

そのポーランドなどの変革における内生的要因を、川原彰は「『市民社会』の発展に支えられた漸進的な政治的変動」[3]にみた。それを主導した「新しい漸進主義」は、「連帯」が追求した「二重民主化プロジェクト」に表われているように、「国家の統制外に自律する市民社会それ自体の民主化と、国家権力の民主化の双方を課題」[4]とした。そして、「一九八九年東欧革命」の突破口となった四月の「円卓会議」は、「『市民社会』の主導性の下に党＝国家の改革を促し、両者の『社会契約』＝『妥協による協定』によって民主化を実現させる」[5]というシナリオの実現であった。その国の放送人にして研究者K・ヤクボヴィチはポーランドの変革をJ・ハーバーマスやN・ガーナムに依りつつ公共圏の概念で捉えた上で、そこでの「新情報秩序」について論じている。[6]彼によれば、「連帯」は一九八〇年八月に党政府との間に結んだダンスク協定以来、社会化とアクセスをキー概念とする新情報秩序の実現を目指してきた。社会化とはマスメディアを社会が自己の利益にかなうよう直接コントロールすることであり、アクセスとは「コミュニケートする権利」とほぼ等しい意味だという。彼らはコミュニケーションをempowerment（自らへの権限と能力の付与）としてみている。しかし、その制度化に対する抵抗の壁は厚い。「連帯」が「円卓会議」で主張した放送社会化のための三段階計画（第三段階では、政府から独立し、政治的・社会的に重要なすべての組織によって構成される政策決定機関を構想していた）は通らなかった。[7]

ポーランドの変革が下からの革命であったとすれば、一九八五年以来のソ連邦におけるゴルバチョフ改革はその人の主導による上からの改革であったといえよう。「連帯」という運動体の名称そのものが正しく市民社会原理を表現する象徴言語であったのに対して、「ペレストロイカ」「グラスノスチ」「新思考外交」「欧州共通の家」はあくまで権力を持つ者から発せられた政治言語であった。「グラスノスチ」のルーツは一九世紀の帝制ロシア時代にあり、皇帝ニコラス一世やアレクサンダー二世のもとでの政治改革に際して用いられたという。[8] ゴルバチョフにとってグラスノスチはペレストロイカのための手段であった。彼がグラスノスチに期待した作用をまとめれば、①指導層と国民の間の信頼関係の創出、②ペレストロイカ過程への国民の組み入れ、③虚偽でない直接的な情報による指導層の情報環境の改善、④諸外国からの信頼感の獲得と諸外国の交渉意欲の増進、⑤(一九八八年一二月の国連演説から登場した)西側のコミュニケーション革命へのアクセス、であった。グラスノスチの意味の方も政治過程に応じて多様であった。そこには、政治・経済・社会過程をコントロール可能にするための透明性、現在と過去の事実と真実を手に入れるための知る権利、民主化の具体的表現としての批判の法的保障、新聞・表現・宗教の自由、団結・デモの自由と自由選挙、芸術・学問の自由、倫理的原理としての真実性・正直さ、などが含まれている。[9] グラスノスチは上からの市民社会原理の導入であった。

現実には、注意深く開かれた扉はそれを開いた者の意図を越えて大きく開かれていった。グラスノスチは自律化してしまったのである。そのひとつの帰結は民族意識の顕在化であった。鶴木眞によれば、「ソ連邦内の諸民族の民族意識の高まりによりロシア人の大ロシア・ナショナリズムを刺激し、それが民衆レベルでのひとつの表現形式として『パーミャチ』に見られる反ユダヤ主義として噴出する状況をも持つに至った。[10]」民族主義というものは内と外を区別し、その内部に帰属しているという意識を人々に植えつけるために、外部に仮想敵(Feindbild)を作り出すものである。マスメディアはたやすくその幻影の流通回路となりうる。鶴木がいうように、ブルジョア民族国家に対するプロレタリア国際主義による「解放の神話」は崩れてしまったのだろう。その共産主義国家の理念と現実の矛盾問題を放擲したまま、現にソ連邦は独立国家の単位へと解体し、一一個に分解した。高度に人為的構成物が〝自然状態〟に近づいたということなのだろうか。それは今後どうなるのか。小単位にもどって国民国家の枠のなかで市民社会理念と市場経済機構の実現のプロセスをやり直そうとするのか、抑圧された民族意識のルサンチマンを発散させることになるのか、あるいはまったく新しいプロセスを歩む国家群となるのか、どのような透明性も今のところ存在しない。

2　欧州統合のなかの放送政策

その終わりに「第二世界」が消滅した一九八〇年代を通じて、「第一世界」の内部ではいわば市場の地政学的な変動が進み、三極構造が形成されていった。日本の貿易黒字続伸、米国の債務国への転落のなかで、ECは一九九二年末までの市場統合という具体的目標のもとに一九八〇年代前半までのユーロ・ペシミズムを脱して日米への対抗圏として糾合されていった。EC委員会を中心とする加盟国家間の濃密な交渉および意志決定過程は、国境を越える妥協の技術と譲歩の手続を洗練させた。その経済関係を巡る場とは別に、しかしそれと密接に関連して、もうひとつのコミュニケーション過程があった。それは欧州の分断の歴史を克服しようとする意識関係を巡るものである。その努力は何よりもまず敵対者イメージ(仮想敵)の縮減と解消に注がれたといえよう。個別的には旧西ドイツによって近隣諸国、特にフランスとの間で、さらに東方のポーランドおよびソ連邦との間でそれが進められていった。全体的には欧州評議会という制度がその場となった。それは誇張していえば、欧州規模の「市民社会」の広がりを制度化したものといえるだろう。市場圏の内側のサイズを大きくしようとする時、確かに経済的国境は撤廃されて市場統合されなければなるまい。それと並行してその圏内において民族を越えて市民社会の価値の共有があるのならば、国民国家の政治的国境はもはや意味がなくなるだろう。統合された市場空間の範囲に合わせて国家空間の範囲を広げて一致させようということになる。一九九一年一二月のマーストリヒトEC

首脳会議は通貨統合と政治統合による「欧州連合」設立のための「ローマ条約改正」に合意した。そこに成立が見込まれているものは無論、もはや国民国家ではなく超国家となろう。

さて、小林宏一が指摘するように、「このEC統合という動きが、現時点でヨーロッパのみならず世界大での放送の国際化を促進する主要因のひとつとなっている。[11]」欧州は放送の国際化による問題状況の縮図を呈し、また様々の問題状況に対応するメディア政策の実験場ともなっている。域内共通政策をみるとき、EC委員会の「国境のないテレビ放送に関する指令」と欧州評議会の「国境を越えるテレビ放送に関する欧州協約」が起源においてそれぞれ経済的視点と文化的視点という異った立場を持ちながら、一九八九年に双方が成案を得るまでの過程において相互に接近して妥協していった事実は興味深い。双方とも欧州制作番組比率を、EC指令はそれに加えて独立プロダクション制作の番組比率を、法的拘束力ははずしたものの努力目標として定めている。つまりそれらは域内の産業あるいは文化を保護するための外部へ向っての障壁であり、その標的である米国からGATT違反の批判を浴びている。[12]

この二つの国際規範を比較して論じた村瀬真文によれば、EBU(欧州放送連合)加盟の公共サービス放送事業者は一九八九年三月の「宣言」のなかで、自らの「役割は、既に国内的に提供している『公共的な場』をヨーロッパの次元に拡大し、全ヨーロッパ的な『公共的フォーラム』を作ることである[13]」と指摘したという。それは自らが来るべき汎欧州的公共圏にとってのインスティテューションたろうとする自己認識を表明したものであろう。果してその成算はどうか。そこで国の内部に目を転じれば、例えば連邦制国家の故に分権的放送制度をとるドイツではバイエルン州政府および他州政府が先述のEC指令は越権行為であるとして連邦政府を連邦憲法裁判所に提訴している。公共放送機関のARD(ドイツ放送連盟)とZDF(ドイツ第二テレビ)はこの提訴を支持して、これまで文化的・社会的視点に立った憲法判決に支持されつつ歴史的に形成されてきた国内放送秩序が市場モデルに基づく経済優先思想によって危険にさらされているという見解を繰り返し出してきた。[14] ここにジレンマがある。政策主体としての州政府は権限を奪われることに抵抗しているだけであり、「Überfremdung」(外国文化の過剰)や「文化的アイデンティティ」の概念を用いた議論は口実に過ぎないのか。市場圏と公共圏を重ねようとする考え方は市場圏の側のたくらみであって、公共圏には独自性があるはずなのか。それは決して欧州だけの問題ではないし、またなかった。

3　「NWICOよ、さらばか?」——取り残された南北問題——

「NWICOよ、さらばか?」——一九九〇年七月号の *Media Cultur & Society* の特集タイトルはこう問いかけていた。「新世界情報コミュニケーション秩序」(以下NWICO)は役割を終えたのか、もう過去のものなのか。NWICOは「情報の地政学」[15] 的秩序を巡るひとつの運動としての性格を持つが、それは国家間交渉としてはユネスコを場として展開され、すでに二〇年以上の歴史[16]を持った。

まだNWICOが熱い争点であった頃、内川芳美は第二次世界大戦後の国際的な情報流通問題の時代区分と各時代の特質を次のように描いた。[17] 第一段階は戦後から一九七〇年までで、米ソ冷戦の東西問題を基調とし、第二段階は一九七〇年のユネスコ第一六回総会から一九七八年までで、東西問題と南北問題が重なり合った形の時期であり、第三段階は「マスメディア宣言」[18]が採択された一九七八年のユネスコ第二〇回総会以降で、「南対西の関係図式を基調とした南北問題性の顕在化」に特徴がある、とされた。この時代区分の仕方を引き継いでいけば、その第三段階は一九八四年末の米国ユネスコ脱退の実行で終わり、それ以降が第四段階ということになるであろう。第三段階は一九八〇年のマクブライド委員会報告書[19]の提出を挟み、NWICOを巡る概念構成の努力や研究活動が精力的に行われた時期である。しかし、NWICO論議に不快感を持つ米国のレーガン政権は一九八三年末に脱退声明を出すことになる。第四段階は米国・英国(他にシンガポールも)の脱退を受けて、対立する理論問題から離れてコミュニケーション開発援助(IPDCの計画)という実際的問題へのシフト、即ちユネスコの脱政治化を特徴とし、一九八七年における事務局長のムボウ(セネガル)からマヨール(スペイン)への交代で決定的な方向転換を遂げた。さらに一九八九年の冷戦終結で東西問題的要素は完全に消滅したといえよう。ユネスコ事務局長はNWICOから手を引き、運動としてのNWICOは、一九八九年にジンバブエでやっと開催にこぎつけられた「マクブライド・ラウンド・テーブル」を除いて、もはや国際的なプレゼンテーションの舞台を失ったのである。このような状況は問題の解決どころか、「その最も暗く、最も意気消沈した時代に到った[20]」ことを意味している。

周知のように、NWICO論争の最大の焦点はグローバルな情報流通の不均衡に対する「第三世界」からの異議申し立てにあった。その「第三世界」諸国と、free flow of information を体制原理とする米国およびそれに同調する西側諸国との間の妥協は、マスメディア宣言第一条にいう、「情報の自由な流れと、(情報の)より広く、より均衡のとれた流布」という二つの必要性を並記することで成立した。かなりの困難を伴ったこの定式化は、しかし、前述の通り、東西間ではヘルシンキ宣言ですでに一九七五年に合意をみていたのである。

この論争のなかで「第三世界」諸国は自地域への欧米の資本主義の膨張とその大衆文化やメディア技術の浸透との間には連動関係があると捉え、「文化帝国主義」がその批判的記号となった。彼らはJ・ダルシーに発する「コミュニケートする権利」の概念を援用して、その際国家にもコミュニケーション過程の権利主体としての位置づけを与え、国家が介入して均衡性を作り出すべきことを主張した。グローバルな不均衡を批判したNWICOの正当性を支持しつつ、しかし批判的にこの論争を振り返るとき、C・ローチは欠陥あるいは修正すべきこととして次の三点を指摘している。[21] 第一は、「文化帝国主義」論には「第三世界」のエリート主義が反映しており、階級分析とナショナル・エリートへの批判的視点に欠けていた。彼女はNWICOは決して大衆運動ではなかったと指摘する。第二は、NWICOのエリート主義的な性格はそこに女性のイッシューが欠落していたことからも証明される。第三には、別の道としてディリンケージを挙げる。それは資本主義とナショナル・エリートの連環から脱出することを意味し、新しいアクターとしてのピープル（People）の自己信頼に活路を求めるものである。ここでは民主的社会主義のプロジェクトとしてNWICOの再起がなお考え続けられている。

さて、冷戦終結はNWICO問題にどのように作用するであろうか。広くいえば、冷戦終結の南北問題への帰結という問題である。「第二世界」が消滅し、またNIESの抬頭など「第三世界」の分化が進むなか、なお「第三世界」という概念は存在するのか。六〇年代末以来、開発と低開発の原因について説明し、お互いに対立してきた様々の理論は根拠を失うのではないか。U・メンツェルは「『第三世界』の終焉と大理論の破綻」[22] という論文で、極めて自己反省的にこの問題を取り扱っている。彼は、「第三世界」や「南北問題」という概念は、植民地からの独立という共通の利益がなくなって以来、各国ごとの経済的出発条件や政治システムの相違、発展の分化過程の進行――各国の文化的・歴史的多様性はいわずもがなだが――などの理由で、もはや何の意味も持たなくなったという。そして、「それらの概念が存在するのは、政治的プロパガンダ、西欧知識人の頭の中、開発・低開発についての大理論のなかだけである」といい放っている。三つの世界ではなく、資本主義システムがドミナントなひとつの世界しかなくなった今日、そのなかでの不均衡や不公正を問い、そのシステムの民主化を探る理論とはどのようなものか、旧理論の破産宣告をしてもまだ見えてはこない。

4　湾岸戦争における情報政策と情報様式

中東湾岸危機はもともとアラブ諸国内部の歴史的問題であった。けれども、その地帯がOPEC諸国でもあるが故に、外部にとってその危機は石油の地政学的な秩序にとっての危機となる。だからこそ、その秩序に依存している日本は秩序回復のための戦費分担を要求されたし、それを支払うのが当然という認識を持った。しかし、湾岸戦争の石油地政学的な意味は背後へと隠された。それに代って秩序の敵サダム・フセインのパーソナル化が徹底され、秩序を乱した者を征伐し、弱き国クウェート(決して民主的国家とはいえない)を救えという構図が作られた。日本では、あからさまに自国の利益のためにとはいわずに、「国際貢献」という政治の言葉が流通させられ始めた。

そして短い戦争が終ってみると、戦争報道に対する情報統制の実態が明らかになってきた。米国政府および軍によって徹底した「国家によるメディアのコントロール、内容の検閲、ジャーナリストへのライセンス」が行われていたのである。これらの項目こそは、「情報の自由な流れ」の立場に立つ米国の政府や新聞(例えば「ニューヨーク・タイムズ」)がNWICOの主張を非難するときに挙げてきた項目そのままではないか。ここに「情報の自由の流れ」を外部世界に対して要求する者たちの便宜主義ないし機会主義を見ることができる。NWICO論争の故にユネスコを脱退した米国・英国の内部における政府および企業の秘密主義については、ドウニングの論文(23)を証拠として参照すればよい。

さて、我々が〝直接〟目にしたのは「リアル・タイム」といわれる戦争のテレビ実況中継であった。我々はその「リアル」にいい知れぬ疑いを持った。それは電子メディア・ネットワークの内部というヴァーチャル・スペースのなかを流れる「リアル・タイム」であって、その外部——仮に「リアル・スペース」と呼ぼう——ではその「リアル・タイム」は決してリアルではなく、むしろヴァーチャルなのではないかと思われた。そして、その「リアル・タイム」が如何に見事に戦争のための操作的パブリシティの手段として機能し、戦争プロパガンダ(戦争のCM)の新しい意味作用の「情報様式」(M・ポスター)を提供したかということは、熱烈な戦争支持へと転じた世論調査の数字が直ちに教えてくれた。

ところで、一連の東欧の変革では、西側から越境するマスメディア情報の存在——その影響があたかも変革の動因であったかのように誇張したマスメディアの我田引水もみられたが——があり、そして我々自身が目にしたのは「現実として存在する社会主義」崩壊の実況中継であった。向こう側でもこちら側でも自由のCMの「情報様式」が提供されていた。このような状況を前にしては、ポスターのように「記号システムとしてのテレビCMは、解放のプロジェクトに対して両義的な関係を持っている(24)」という以外、他にどのような手があろうか。その際ポスターは、J・ボードリヤールがハイパーリアルという彼の概念を特定のコミュニケーション実践から社会の全体性へと拡張し、それで統合してしまうことに批判を加えたのであった(25)。それから時を経ずしてボードリヤールは「湾岸戦争は起こらなかった(26)」という言説を投下した。「出来事よ、おまえはほんとうに存在するのか?」と一般化して問うとき、彼は同様にして「ソ連邦崩壊は起こらなかった」ともいうのであろうか。

三　国際コミュニケーション政策における構造的問題

1　情報コミュニケーション技術の所有・支配の問題

ポスト構造主義者たちが如何に場所なき場所での意味作用に関心を集中させようとも、下部構造の問題は決してなくなるわけではない。そこに依然として存在しているのは、手段の所有および支配関係を巡る政治経済的問題である。技術開発能力と財政負担能力(資本)に依拠する技術の所有は、地球上で偏っている。そして、今日の情報コミュニケーション技術の場合、次のような特質を押さえておく必要がある。その発展に支えられてシェアを伸ばしてきた電子メディアが古典的とみられる印刷メディアから技術上明確に区別される点は、情報分配技術(配給技術)のモードにおける、生産点での複製か、消費点での複製かという相違にあるということができるだろう。即ち、電子メディアでは複製機能の場所が情報の生産点から情報の消費点に移転したのである。そのため、電子複製機器ないし信号再生装置(ラジオ・テレビ受信機、ビデオデッキ、電話機、ファックスなど)が消費点の数ほど大量に生産され、販売されなければならず、そこに大きな販売市場が登場することになった。その前提には、パッケージ系メディアを除き、消費点にまで信号を届ける伝送路ネットワークがインフラストラクチャーとして必要であり、莫大な資本が投下されなければならない。そして、そのネットワークを通じて、端末によって複製されるべきもの(ソフト)が配給される。そこでソフトの生産部門が産業化し、ソフトの流通市場が形成される。そのようなハード(ネットワーク設備と端末機器)もソフトも商品であるが故に、ニーズが存在し、あるいは人為的に創出される限り、その市場はどこにでもあり、グローバル化していく。こうして電子メディアの隆盛こそは、情報コミュニケーション技術の所有(ハードとソフトの開発・生産能力の所有)の偏在とハードとソフトの販売市場の遍在という分裂を先鋭化させてきたのである。その分裂を自己の利益に転化してきたアクターが多国籍企業に他ならない。その際、国家は国際関係で技術基準標準化や周波数分配の交渉などで自国アクターへの支援を動機として活動する補助者に過ぎない。TDF(越境データ流通)を巡るGATT交渉も同様の局面である。

技術の支配は単に技術の所有を意味するだけではない。技術は開発主体の枠組のイデオロギーを反映する。技術は制度化された力を内に含み、その技術が投入される場の関係に対して規定力を持っている。その意味で技術は決して中立的ではない。例えば、外部から通信衛星技術を受容するということは、その技術を資本主義的に所有し、ハード・ソフト市場を支配する者たちの価値が文化として内部に浸透してくることをも意味する。導入する側での、技術をあくまで道具に限定しようとする主体性への努力は大旨幻想に過ぎないというのが、冷厳な事実である。[27] そのことは、しかし、先進工業国と「第三世界」と東欧とを問わないのであり、今日至る所で進んでいることは、ハード・ソフトの生産・流通におけるtransnationalization、情報通信メディア事業形態のprivatization、ソフト内容のcommercializationである。

2　情報コミュニケーション関係と自由・人権の問題

情報コミュニケーションにおいて技術(手段)の局面と対をなすのが、関係の局面であり、そこでは関係の実態と規範が問題となる。そこでの規範とは実態の関係を説明したり、あるいはそれを維持または変更しようとするために用いられる概念装置だといえよう。コミュニケーション政策の場合、そのような規範は情報コミュニケーション関係における自由と多様性という二つの価値を巡って展開され、自由論と権利論で構成されてきたということができる。

国際コミュニケーション政策で登場してきた概念としては、「情報の自由（な流れ）」[28]、「コミュニケートする権利」[29]、「文化的アイデンティティへの権利」[30]の三つを挙げることができる。三つともＮＷＩＣＯ論争のなかで使われた概念であるが、無論そこに限られたものではない。第一はずっと古いものであるし、第三は欧州内部や米国・カナダ間でも争点に登場し、地理的には今や普遍的に用いられる概念だといえる。現実の国際コミュニケーション政策の場でこれら三つの概念が道具として使われるとき、そこには国内レベルのコミュニケーション政策の場合を上回る錯綜と混乱がみられる。そして、概念上の錯乱が整理されないまま、結局、情報コミュニケーション関係を支配できる者、手段を持てる者がいずれの概念を使おうとも自らの利益を貫徹してきたように思われる。

それはともかく、概念の錯綜の理由を考えてみたい。近代的自由権（人権）はもともと国家からの個人の自由として獲得されてきたものである。さらに社会福祉国家への移行とともに、それらの権利の実現が保障される制度を要求することもその権利（あるいは自由）のうちに含まれるという考え方（情報の自由の場合であれば、情報の多様性の保障）も出てきた。この自由と多様性の規範を巡っては国民国家の枠内のレベルでも論議はまだ絶えない。この自由と権利の問題が国際レベルへ拡張され、転移されたとき、どういうことが起こるのか。一言でいえば、国家の位置づけと関与が問題となって、錯綜が大きくなってくる。この問題を整理するためには、三つの概念ごとに自由ないし権利の主体（担い手）における三つの種類（個人、集団、国家）と、国内と国際の二つのレベルとの間でマトリックスを作って考えることが役立つだろう。国内レベルの権利主体は個人と集団であるが、国際レベルではそれらに国家が加わってくる。即ち、国家が自らを偽人化して、本来個人と集団に付与されてきた

「人権」が「国家主権」にも転用されることになる。国家が国際社会で「情報の自由」や「コミュニケートする権利」や「文化的アイデンティティへの権利」を主張し、それを論拠として対外政策を展開するということはどのようなことであろうか。それらの概念は政策の正当性を示威し、政策への支持を他者から獲得するための規範として役立てられてきた。政策目標は別にある。外部で活動する自国アクターの「自由」への支援、国内支配層の利益、国内産業・雇用の保護、国内文化の保存によるマイノリティの保護あるいはナショナリズムの維持、国内支配体制の維持などである。そこで国家は何ものかのエージェントになっていることが多い。そこから規範と行動とに便宜主義が生まれてくる。

とはいうものの、政策主体としての国家の「善き」動機と「悪しき」動機を区別して捉えることも必要であろう。その「善悪」の判断基準は「人権」であり、しかもその国家が内部と外部で無差別にその理念の実現に努めているかということで、取り敢えずその信憑性が判断できる。例えば、国内で独占排除など情報の多様性のための政策をとりながら、国外では「情報の自由」だけを他国に向って主張していないか、国外で他国に向って情報の多様性や均衡性を主張しながら、国内では個人の「情報の自由」にすら抑圧的な態度をとっていないか、国外に対して自国の文化的固有性を主張しながら、国内において自由な文化発展を抑えていないか、などである。

これら三つの概念の理論化の面では、仮に国家の「善き」動機を認める場合、その規範から導かれる権利は国際法上どのように保障されうるのか、あるいは国際レベルでの人権に関わる一切の規範について国家の主体的関与を否定すべきなのか、個人・集団の人権は国民国家の枠内では国家が保障するわけだが、その枠外ではその人権は何によって保障されるのか、などという論点を明らかにしなければならないと思われる。

3　〈中心—周辺〉の枠組みと〈外部—内部〉の視座

コミュニケーションと開発（発展）に関する理論的パラダイムは、J・セルヴァース[31]もいうように、近代化理論と従属理論（依存理論）であった。前者は近代化と成長を、後者は従属と低開発を組み合わせた。前者は古く根の深いものであり、後者はラテン・アメリカに発し、一九六〇年代中葉以降支配的となった。一九八六年の論文でセルヴァースは、社会科学におけるこの二つのパラダイムが相互に排除する関係から相互に補完する関係へと移っていく傾向を認め、そこに新しい第三のパラダイムが発生してきたと述べている。彼はそれを「これまでとは別の、多次元的な開発（発展）」と呼び、いくつかのシフトの方向を示した。そこには、実証主義的、数量的、比較論的アプローチから規範的、質的、構造的アプローチへ、内因性から外因性[32]を越えてグローバリズムへ、などの方向性が含まれている。

さて、従属理論は世界システム論やマルクス主義的なポリティカル・エコノミーなどとともに批判的研究[33]——S・アミン、A・マテラルト[34]、I・ウォーラスティン、H・シラーなどの名を挙げることができる——を構成しているが、そこに共通してみられるのは〈中心—周辺〉の枠組みであろう。世界的な資本主義システムのなかでは資本蓄積の進んだ近代的部分（center）に対して近代化されていない部分（pripherry）は従属関係に立たされる。このような〈中心—周辺〉の枠組みは、実は、近代化の波が高い所から低い所へと広がっていくことを想定する近代化理論にも当てはまるのではないだろうか。近代化理論は中心から見える視界と情景であり、従属理論は周辺から見える視界と情景であるという大きな違いがあるだけだといえるかもしれない。ただし、従属理論の方は二次元的な地理的布置構造のイメージにより強く依存している。そこに前述の「文化帝国主義」のキーワードが登場する余地がある。帝国主義とはいわば、資本の運動によって拡大していく市場空間に合わせて国家空間を軍事力によって拡張し、双方の空間を強引に一致させよう、同期させようとする国家の行動様式である。主権の及ぶ空間たる領土の上には労働力・農産物の供給地と商品の販売市場が広がり、その下には天然資源が眠る。「文化帝国主義」とは、この一九世紀に発する帝国主義という歴史的概念を借りて二〇世紀後半の国際的な文化的従属関係を表現した比喩なのである。実態を想起するとき、その比喩の説得力は否定することはできない。

しかし、そこにひとつの陥穽を見ないわけにはいかない。それは「文化帝国主義」が〈周辺における中心〉の、即ち「第三世界」のエリートの論理として機能しうるということである。そこに国民国家の〈外部―内部〉の視座を持つ必要性が持ち上ってくる。そして、そのことは、「第三世界」ばかりでなく、「第一世界」の国民国家についても変わるところはない。こうして〈中心における中心〉と〈周辺における中心〉の間の対立と協調の関係が捉えられるし、それらとは別に〈中心における周辺〉および〈周辺における周辺〉を区別して取り扱う道が開かれる。即ち、国民国家の〈外部―内部〉の視座とは、国際・国内レベルにおける権力関係ないし階級関係を捉えることを可能にする軸だといえよう。それによってセルヴァースのいう多次元性のパラダイムは可能となり、そして国家を超えたグラスルーツの可能性を視界のなかに収めることができる。

4　国民国家と経済市場と公共圏の三つの空間

「国民国家の揺らぎ」というフレーズがしばしば使われるようになって時が経つ。それは一体何であり、国際コミュニケーション問題とどう関われるのか。国民国家（民族国家、nation-state）と経済市場と公共圏という三つの観念とその三つの空間を想定し前提として、それらの関係のなかでその問いを捉え、シェマティクとなることを自覚しつつ、敢えて以下のように解釈してみたい。現象としてみれば、国民国家の揺らぎはその空間の内部と外部を分つ境界を越え、または超えるものたちの活発な運動、境界内部での新しい原理の発生、その境界そのものの再設定(線の引き直し)、などとして現われている。また、そこにはそれら三つの空間の間の重なりやズレ、そしてそこに発生する相互干渉などのダイナミックな関係をみてとることができる。

では、その揺らぎの原因はどこから来るのか。まず、nation-stateの揺らぎとは、〈国家―民族〉という軸の上でのスカラーの移動とみることができる。一方の軸端の民族は歴史的言語を主たる基礎とした共同体であり、もう一端の国家は人為的構成物としての権力機構である。その揺らぎとは国民国家そのものの自立した変化が原因というよりも、むしろ三つの空間のうちの他の二つの変化に起因しており、揺らぎ、即ち軸上でのスカラーの移動はその帰結に他ならない。〈国家―民族〉の軸上で当該の国民国家がどこを暫定的な定点とするかは、その軸と交差するもうひとつの軸、即ち〈経済市場―公共圏〉の軸によって決まってくるのである。従って、国民国家の揺らぎとはケースごとに多様であり、スカラーを民族の極へ向って下降するケースもあれば、国家の極へと上昇して人為性の度合を高めるケースもある。もう一度確認すれば、〈国家―民族〉のタテ軸と〈経済市場―公共圏〉のヨコ軸が交差する所にひとつの国民国家は定位される。後者のヨコ軸では空間のカテゴリーが用いられているが、これを非空間化するならば、〈市場経済―市民社会(civil society, Zivilgesellschaft)[35]〉の軸へと変換することができる。

第二節の記述と部分的に重複するところがあるが、以上の「シェーマ」でいくつかの事例の説明を試みてみよう。

①「現実として存在する社会主義」あるいは「全体主義」の国家群では、経済市場を党官僚の行政命令によって計画経済化し、公共圏を正統教義と異端排除によって価値独占化することにより、双方の空間をミニマムにま

で封印していた。（その裏世界には、ヤミ経済と地下出版が根を張った。）それは、〈国家―民族〉軸のみで問題を解決しようとする試みであり、しかもその際民族の極点からできる限り遠ざかり、国家の人為性にできるだけ近づこうとした所に自らを定位していた。その人為的な定位を担保していたのが共産党であり、その共産党と国家の一致体制であった。このようなシステムの変革プロセスは東中欧と旧ソ連邦では異ったものとなった。歴史的条件が違っていたからであろう。国民国家の歴史があった東中欧（ポーランド、チェコスロバキア、ハンガリー）では封印されていた公共圏という空間（変換すれば、市民社会）の復活が、その空間のアクターたるべき自由な連帯関係に基づく様々のアソシエーションによって試みられ、担われた。この変動が〈国家―民族〉の軸上における定点を民族の極の方向へと徐々に下降させるという結果をもたらしたということができる。

他方、国民国家を否定する super state として成立していた旧ソ連邦においては、当初〈国家―民族〉軸上の定点を動かすことなく、国家をペレストロイカするため、その手段として経済市場と公共圏という二つの空間の封印が国家によって慎重に解かれた。しかし、その国家の意図に反して公共圏の空間は自己解放のプロセスへと突入し、その瞬間的圧力によって遂に〈国家―民族〉軸上の定点は民族の方へと大きく突き動かされた。それを押しもどそうとしたクーデターの失敗とその帰結としての共産党の解散から時を待たずして、高度に人為的構成物としてのソ連邦は分解してしまった。けれども、経済市場と公共圏の二空間は内発的な制度化からはなお遠く、脆弱といわなければならない。

②国民国家の長い伝統を持ち、同時にその否定的な歴史をも経験してきた西欧諸国では、西欧の経済的没落を避けるため国境を越えた単一の経済市場を構成する必要に迫られ、また文化的ペシミズムから脱却するため西欧の価値理念を共有した公共圏を形成する必要に迫られていた。双方の空間を活性化し、かつそれぞれを境界のな

いひとつの単位に統合するという政治的な努力が傾けられ、その準備が整った結果、遂に国民国家間の政治的合意によって〈国家—民族〉軸の各定点を一致して人為的に上昇させることが決定された。こうして「欧州連合」という super state が今世紀末に成立する見通しとなった。つまり、ソ連邦無きあと、唯一の超大国となった米国に並ぶ、二つ目の、しかし人為性のグレードの一層高い超国民国家が生まれようとしているのである。それは多民族・多言語を内包し、インテグレートしようという政治空間の成立となる。そこでの民族はネイション(nation)としてよりも、エスニシティ(ethnicity)という枠組みを強く打ち出して生きることになるのであろう。

③「第三世界」の内部はますます多様になっており、ひとつの構図では決して語れないのだが、ここでは敢えて「新世界情報コミュニケーション秩序」との関連でみてみよう。多くの「第三世界」諸国は脱植民地化により国家主権を獲得して独立したものの、その政治的独立は形式的なものに留まっていた。何故なら、国家レベルに対応する経済市場も公共圏も外部要因によって規定されており、内部要因に規定される空間は民族や「部族」と密接したレベルのところにあって、分裂状態にあったからである。「第三世界」諸国の政府は外部に存在する世界経済市場と世界公共圏に対しては自己決定権を主張し、外部秩序の変更を要求した。それは帝国主義による植民地支配という歴史に規定されたグローバルな不均衡と不平等に対する正当な異議であった。けれども、それぞれの国家の内部における経済市場と公共圏については不問に付されていた。その二つの空間の実態と可能性、そこでのエリートと民衆の間の権力・階級関係が問われなければならない。

④この「シェーマ」で日本をみるとどうか。日本という国民国家は〈経済市場—公共圏〉の軸の上では経済市場の極に極めて近く、公共圏の極に遠い所に立っており、そのような地点で〈国家—民族〉の軸が交差しているといえよう。つまり、経済市場の過剰と公共圏の不足があると取り敢えずいっておこう。さらに、〈国家—民族〉

軸上のスカラーについて考えてみるとき、果して日本には「国民国家の揺らぎ」と呼びうるものがあるのか、むしろそれがないことの方が特色なのではないかという思いがする。つまり、〈国家―民族〉軸上を移動するモーメントがなく、それが封印されているのではないか、ということである。

しかし、ここで正直に告白すれば、すでに③でこの「シェーマ」が必ずしもうまく働かないことを感じていたが、この④ではシェーマの説明能力に疑問が持たれてくる。〈経済市場―公共圏〉の軸というけれども、日本におけるその経済市場とは西欧的な「都市」空間とは異なったアジア的「都市」空間と重なっているものではないか。そのような「都市」空間に「市民社会」の影は薄い。ということは、そこでは公共圏の概念の有効性が揺らぐことになる。〈経済市場―公共圏〉という軸と近似したものであって、しかし本質的に異なる軸がそこに重複して隠れているような気がする。それが見えないのはこの「シェーマ」の限界ではあっても失敗だとは考えないが、別のシェーマによればよく説明できる別の情景がみえるのかもしれない。だが、私にはそれはまだ考えられない。

四　日本の研究者として――方法と課題――

1　方法としての当事者意識

奇妙な標題かもしれない。しかし、方法論の問題として実証主義研究と批判的研究の論争をここで取り上げるつもりはない。日本という国民国家に在籍する研究者として反問せざるをえないことに、例えば、何故我々はNWICO問題に対して当事者意識が薄かったのか、何故CSCEに対して関心が乏しかったのか、何故欧州統合を日米への経済的対抗措置としてのみ見たがったのか、という点がある。そこには国際コミュニケーション政策は外部の問題であって、我々は当事者ではないという意識が多かれ少なかれあったのではないだろうか。そのような意識においては内部から外部を一方的に眺めている視線だけが走っている。しかし、「国際コミュニケーション研究は、日本人研究者にとっては結局、一方の極である日本社会をどう捉え、世界社会の中にどう位置づけるかにかかっている[36]」ということができる。〈外部─内部〉の視座に意識的に立つことが、固定した国民国家の枠組みに規定された国際コミュニケーション政策研究から離脱し、傍観主義から脱却する道となるだろう[37]。E・F・シューマッハーは「(……)問題があるのは豊かな社会であって、貧しい社会ではない[38]」といった。それは、貧しい社会の貧しさを作り出している原因は豊かな社会にあるということと同時に、豊かな工業社会の生活様式こそが病んでいて貧しいのだという二重の意味となっている。周辺の問題は中心の問題であり、中心の問題は周辺の問題である。同様に、外部の問題は内部の問題であり、内部の問題は外部の問題である[39]。結局、我々に求められる当事者意識とは、我々自身が国際コミュニケーション問題に内包されているのだという参加と自己責任の意識ではなかろうか。それによって機会主義的、便宜主義的な論理を打破するための視点も得られることになろう。

2　外部における内部要因の作用の検証

課題として挙げたいことは次のようなことである。まず、内部要因が外部に出ていって、そこでどのような作用をしているのか――プラス貢献とマイナス貢献――を検証しなければならない。内部の構造が外部に持ち出されるからである。例を挙げれば、情報コミュニケーションに関わる政府間機構（IGO）における日本政府の思想と行動、日本のODAによるメディア・情報通信開発援助の政策と実態、同じくそこにおける非政府組織（NGO）の活動と現実、情報コミュニケーション分野の日本の多国籍企業の活動とその製品・商品・サービスの作用、日本発のトゥーリズム(40)(海外旅行および探検、海外観光投資)の作用などに対する批判的かつ実証的な検証が求められる。これらについて我々は多くを知らない。それは同時に、日本における開発ジャーナリズムの課題でもある。

3　内部における外部要因の帰結の検証

次に、外部的要因は日本的な国民国家性の内部においてどのように取り扱われ、どのような現われ方をし、どのような帰結をもたらし、またはもたらしていないか、という方向からの検証である。日本は世界人権宣言やユネスコ・マスメディア宣言を承認した事実がある。そのことは日本の内部に首尾一貫した帰結を生み出しているだろうか。先住民族アイヌ、在日韓国・朝鮮人、「外国人労働者」、このようなマイノリティの存在によって、日本の国民国家性はその無自覚さを覚されて、炙り出されてくる。国際コミュニケーション政策上の規範の日本の内部への帰結を考えるとき、例えば次のように自問してみよう。社団法人北海道ウタリ協会は自らが編成に参加する定時放送番組を持っているか、在日韓国・朝鮮人コミュニティはＦＭ免許を取得して放送番組活動を行なうことができるか、「外国人労働者」向けに各国人が参加した各国語による定時ラジオ番組はあるか。それらを認めることは部分的に内部における主体の変革を意味する。そして、自らが変わらずに、自らの制度を変える努力をせずに「国際化」はありえない。

国際レベルで外部の〈中心―周辺〉を問題としたならば、同時に内なる〈中心―周辺〉に目を向けなければならない。そこには政治・経済・文化の首都一極集中と中央集権的官僚機構がある。日本こそ国民国家内部の〈中心―周辺〉枠組みを極端に進めてきたのであり、周辺からの反乱を押え込む情報コミュニケーション秩序を構築してきた。「新日本情報コミュニケーション秩序（ＮＪＩＣＯ）」こそが追求されてしかるべきであろう。

国民国家の不可視の国境を再生産する糧は仮想敵＝敵対者イメージであった。それを人々に繰り返しコピーさせることにより〈内と外〉を区別する意識の壁は作られてきた。最近注意を引かれるのは、内部での慢心と外部への軽蔑という意識傾向が進んできたことと並んで、自壊したソ連邦に代わるべき仮想敵が探されていることである。それは米国となるのか、「外国人労働者」となるのか。日本のマスメディアは仮想敵の再生産に荷担するのか、それともその縮減と解消に作用しようとするのか、神経質に注目する必要がある。

五　おわりに——グローバルな公共圏は可能か——

国際政治では新しい世界秩序なるものが模索されている。それは国家間、地域間の新しい役割補完関係と市場再配分のことではないのか。今、国民国家の枠組に規定されない国際コミュニケーション政策に求められているのは、地政学的な新しい秩序であるよりも、むしろ偏在する新しい構造ではないかと考えられる。いわば、グローバル・コミュニケーション・ストラクチャーである。それは何故求められ、どのようなものでありうるのだろうか。今日の顕著な特色は、資本主義の市場経済原理で作動する空間、即ち経済市場のグローバルな拡大である。経済世界はひとつのシステムで支配されつつある。そのための手段として情報コミュニケーション技術が決定的に貢献していることは明らかである。しかし、そこでバランスを失して遅れをとっているのは、民主主義の市民社会原理で作動する空間、即ち公共圏の成長だといわなければならない。必要なのは、経済市場のグローバル化に対して公共圏のグローバル化が拮抗することである。何故なら、当然のことながら、市場経済原理は決して自動的に民主主義を保障するものではないからである。意識的にか、無自覚的にか、応々にしてあたかもその反対であるかのようにいう言説がみられるが、決して両者は正比例の一対の関係にあるのではない。

それでは、ひとつのグローバルな公共圏はありうるだろうか。その制度化はどのようにして可能なのか。米国CNN、あるいはNHKによって構想されたGNNなどのグローバルな電子メディア・ネットワークがそのためのインスティテューションとなるのか。そうではないと思う。政治的なるものの発生現場として機能する公共圏は場を必要とする。アソシエーションやグラスルーツが運動する自律したローカルな場（生活世界の現場）にこそ規範は宿るのである。必要なのは、公開性と共同性という、市民社会のコミュニケーションを組織する原理に支えられた自律したローカルな公共圏が確固として無数に作られ、存在することである。その政治的に機能するローカルな公共圏のグローバルな並存状態があり、またそれらがグローバルにネットワークを組むとき、グローバルな公共圏は可能となるだろう。しかし、それは単一の空間として想定されるのではなく、多層的、多次元的なスペースから成るストラクチャーを持ったものであろう。それは限りなく遠方から眺めたときにのみ、仮にひとつにみえるに過ぎない。

注

（1）「公共圏」(Öffentlichkeit, public sphere) はハーバーマスに依拠した概念である。その概念に対する筆者の次の規定が本章の基礎にあるので再掲する。「公共圏とは、私人の生活領域に発し、表象の世界である公的意味空間のなかへと編入される自由の領域であり、その存在によって社会的共同性の編制は可能となる、と定義しておこう。（……）公共圏の実体は単一ではなく、同じ広がりのなかでの競合性と、ローカルな公共圏（地方的公共圏ではなく、現場公共圏）から世界公共圏までの重層性を持つ。今日の世界の動きには、一方でこの両端の公共圏の浮上と、他方で国民国家の地理的空間と一致した広がりを持つ公共圏の限界・動揺・沈下・再編などがみられる。それらの動向には、市場的空間や民族（あるいは共通言語）的空間の再編成の運動がオーバーラップしており、単純ではない。また、公共圏のヘゲモニーを巡って支配的公共圏に対して対抗的公共圏の形成がみられる。」【本書第二章、七七頁。】

（2）Norbert Ropers, Die Medien- und Informationspolitik zwischen Ost und West im Rahmen des KSZE-Prozesses, in *Publizistik*, 34. Jg. 1989/Heft 3, S. 267-283, S. 267.

（3）川原彰「一九八九年東欧革命へのパースペクティヴ」日本新聞学会『新聞学評論』四〇号、一九九一年四月、一一三頁。【同『東中欧の民主化の構造―一九八九年革命と比較政治研究の新展開―』有信堂、一九九三年、一六七頁以下に所収。】

（4）前掲論文、一二九頁。

（5）前掲論文、一二三頁。

（6）Karol Jakubowicz, Musical chairs? The three public spheres in Poland, in Peter Dahlgren and Colin Sparks (eds.), *Communication and Citizenship*, London : Routledge, 1991, pp. 155-175, p. 169.

（7）その後のポーランド放送改革の曲折については次を参照のこと。Karol Jakubowicz, Perspektiven des Rundfunks in Osteuropa, in *Media Perspektiven*, 2/1991, S. 70-76.

（8）Tomasz Goban-Klas, Gorbachev's Glasnost : A Concept in Need of Theory and Research, in *European Journal of Communication*, Vol. 4, No.3 (1989), pp. 247-254, p. 248.

（9）グラスノスチの作用と意味のまとめは次を参照した。Paul Roth, Der Glasnost-Prozeß in der UdSSR, in *medium*, 20. Jg. 1990/Heft 2, S. 48-51, S. 48.

（10）鶴木眞「グラスノスチ、反ユダヤ主義、マスメディア―解放の神話の崩壊―」日本新聞学会『新聞学評論』四〇号、一九九一年、一四四頁。

（11）小林宏一「放送およびその関連領域における国際化の諸相とその背景」ＮＨＫ放送文化調査研究所『放送学研究』四〇号、一九九〇年三月、一一頁。同論文は放送国際化の要因と作用について整理された見取り図を与える。

(12) 米国内の反応をまとめ、その際米国内部における矛盾を指摘しつつ、この問題に対する欧州側からの見方を述べたものとして、Hans J. Kleinsteuber, Unfaire Handelspraktiken oder Kulturpolitik? Die Reaktion in den USA auf die Eigenproduktionsquote der EG-Fernsehrichtlinie, in *Media Perspektiven*, 9/1990, S. 459-557.

(13) 村瀬真文「放送の国際化時代における放送の公共的機能―西ヨーロッパの放送に関する二つの国際規範をめぐって―」ＮＨＫ放送文化調査研究所『放送学研究』四〇号、一九九〇年三月、五四頁。

(14) 最近の見解としては、Gemeinsame Stellungnahme von ARD und ZDF vom 9. Juli 1991 zu dem beim Bundesverfassungsgericht anhängigen Verfahren der Bayerischen Staatsregierung und weiterer Landesregierungen gegen die Bundesregierung zur EG-Fernsehrichtlinie, in *Media Perspektiven*, Dokumentation II/1991, S. 73-94.

(15) アンソニー・スミス『情報の地政学』小糸忠吾訳、ＴＢＳブリタニカ、一九八二年。

(16) 一九八七年までの歴史については、Christian Breunig, *Kommunikationspolitik der UNESCO, Dokumentation und Analyse der Jahre 1946 bis 1987*, Konstanz : Universitätsverlag Konstanz, 1987. 一九九〇年までの動向については、Colleen Roach, The movement for a New World Information and Communication Order : a second wave?, in *Media, Culture & Society*, Vol. 12, No. 3 (1990), pp. 283-307.

(17) 内川芳美「新世界情報・コミュニケーション秩序問題」『マス・メディア法政策史研究』有斐閣、一九八九年、四七五―四九六頁。（論文初出は一九八一年一月。）

(18) マスメディア宣言の仮訳は、日本新聞協会『新聞研究』、一九七九年二月号、五六-五七頁に掲載されている。

(19) ユネスコ「マクブライド委員会」報告『多くの声、一つの世界』永井道雄監訳、日本放送出版協会、一九八〇年。出版社によれば、同訳書は二刷通算で五〇〇〇部印刷され、一九八七年三月以来在庫なしの状態で、増刷の予定はないという。

　他方、ユネスコでは一九八八年に同報告書の全文英語版の印刷を停止、各種団体から増刷を求める決議に対しては財政難を理由として答えていた。しかし、左注(20)のＷＡＣＣが財政援助を申し出、同報告書の市場への供給は保証されることになった。(Roach, 1990, p.289.)

(20)　これは、NWICO問題にNGOとして熱心にアンガージュマンしてきたプロテスタント組織のWACC（世界キリスト者コミュニケーション協会）およびドイツのGEP（プロテスタント言論共同機構）の認識である。Hans-Wolfgang Heßler, Über die Mühsal einer globalen Verständigung. Zum Stand der Diskussion über eine neue Welt-Informations- und Kommunikationsordnung, in Wolfgang Wunden (Hrsg.), *Medien zwischen Markt und Moral, Beiträge zur Medienethik*, Stuttgart : J. F. Steinkopf Verlag, 1989, S. 231-254, S. 234.

(21)　Roach, 1990, pp. 296-304.

(22)　Ulrich Menzel, Das Ende der "Dritten Welt" und das Scheitern der großen Theorie. Zur Soziologie einer Disziplin in auch selbstkritischer Absicht, in *Politische Vierteljahresschrift*, 32. Jg. 1991/Heft 1, S. 4-33.

(23)　John Downing, Goverment secrecy and the media in the United States and Britain, in Peter Golding, Graham Murdock and Philip Schlesinger (eds.), *Communicating Politics : Mass communications and the political process*, Leicester University Press, 1986, pp. 153-170.

(24)　マーク・ポスター『情報様式論』室井尚・吉岡洋訳、岩波書店、一九九一年、一二六頁。「テレビCM、そしてより一般的には情報様式におけるメディア領域は、消費者主体を言語的に構成することによって不自由さの範囲を拡大すると同時に、あらゆる形態の中心化された主体を脱構築することによって、言説の新たな段階の自由へと開くものなのだという両義性の指摘である。」（同訳書、一二七頁。）

(25)　前掲書、一二〇頁。

(26)　ジャン・ボードリヤール『湾岸戦争は起こらなかった』塚原史訳、紀伊国屋書店、一九九一年。

(27)　Javier Esteinou Madrid, The Morelos Satellite System and its impact on Mexican society, in *Media, Cultur & Society*, Vol. 10, No. 4 (1988), pp. 419-446.

(28)　浜田純一「『国境を越える放送』と情報の自由」NHK放送文化調査研究所『放送学研究』四〇号、一九九〇年三月、五九―六八頁。

(29)　「コミュニケートする権利」についての邦語文献としては、そのジレンマをつとに指摘した田所泉「『コミュニケートする権利』の現段階」日本新聞協会『新聞研究』第三四一号、一九七九年一二月号、八四―八七頁、その概念の理論化に関してなお一箇の文明批評の域を出ていないとみた内川芳美「コミュニケートする権利の概念」同著前掲書、五一一—五二九頁(論文初出は一九八三年)、NWICO論争の対立構図に巻き込まれた状況からその概念を救出することに焦点を当てた桂敬一「コミュニケートする権利の発展について」日本新聞協会研究所『年報』第六号、一九八四年、六四—八五頁、【同『日本の情報化とジャーナリズム』日本評論社、一九九五年、二四七頁以下】などの論考がある。あるいは、「コミュニケートする権利」には触れずに、古典的言論の自由論を脱却して新しい枠組への転換を説く塚本三夫「『言論の自由』論の現代的枠組—『新世界情報秩序』をめぐる問題状況との関連で—」東京女子大学社会学会紀要『経済と社会』第一六号、一九八八年、一六—三五頁、がある。

(30) Eibe Riedel, Recht auf kulturelle Identität - Ein normativer Rahmen für eine "Neue Weltinformations-ordnung"? -, in Johannes Schwartländer und Eibe Riedel (Hrsg.), *Neue Medien und Meinungsfreiheit im nationalen und internationalen Kontext*, Kehl am Rhein : N. P. Engel Verlag, 1990, S. 239-266. リーデルは、この権利は国際法上の新しい権利の登場であるが、しかし、その内容と限界については目下国際法には何らのコンセンサスも存在しないとしている(同論文、二五四頁)。

(31) Jan Servaes, Development Theory and Communication Policy : Power to the People!, in *European Journal of Communication*, Vol. 1, No. 2 (1986), pp. 203-229, p. 225.

(32) メンツェルもこの区別を用いている。内因性とは国際分業を肯定した上で国家介入による国内志向の経済成長政策をとるケインズ主義の開発政策のことであり、外因性とは「第三世界」の問題を「低開発」や「従属」という外因的な概念を用いて説明し、問題が内部の近代性の弱さに起因するのではなく、植民地化と強制された国際分業体制という外部から引き起こされたプロセスに起因するとみる広い意味での従属理論を指している。また、彼は従属理論が脱植民地化して比較的長い期間を経ているラテン・アメリカで起こったことは決して偶然ではないと指摘している。(Menzel, 1991, pp. 5-6.)

(33) 邦訳としては、アルマンド・マテラルト『多国籍企業としての文化』阿波弓夫訳、日本エディタースクール出版部、一九九一年。(原著は一九七四年刊。) 最近のものとして、アルマン・マトゥラール「第三世界におけるインフォマティクスとマイクロエレクトロニクス革命」ジェニファー・D・スラック他編『神話としての情報社会』岩

倉誠一他監訳、日本評論社、一九九〇年、二八七—三二六頁。

(34) 批判的研究の鳥瞰図を示すものとして、Gerald Sussman and John A. Lent, Introduction: Critical Perspectives on Communication and Third World Development, in G. S. and J. A. L. (eds.), *Transnational Communications, Wiring the Third World*, London: Sage Publications, 1991, pp. 1-26.

(35) ハーバーマス(Jürgen Habermas)の *Strukturwandel der Öffentichkeit*（邦訳は『公共性の構造転換』細谷貞雄訳、未来社、一九七三年)は出版社の変更により、内容不変の新版（Frankfurt a. M.: Suhrkamp, 1990）が出されたが、彼は、それに寄せた序文のなかでZivilgesellschaftの言葉に触れて、「本書の中心的な問題設定は、今日では『市民社会（Zivilgesellschaft）の再発見』というタイトルで受け止められている。」(四五頁)と述べている。しかし、そのZivilgesellschaftという言葉は、一九六二年に初版が刊行された同書のなかでは用いられていなかったものである。彼はさらにその新版序文で、ヘーゲルやマルクス以来一般的なsocietas　civilisの訳語としてのbürgerliche Gesellschaftとは違って、この間に使われるようになったZivilgesellschaftという表現の通常の意味は、もはや労働・資本・財貨の各市場を通じて制御される経済(Ökonomie)の圏を含んではいないという言い方で、両者の区別に言及している。そして、そのツィヴィール・ゲゼルシャフトの制度的な核心を形成するものが、アソツィアツィオーンだと述べている(四六頁)。同書本文中ではbürgerliche Gesellschaft(これまでの訳では、市民社会)の意味の二重性が未分離になっていたが、Zivilgesellschaftの語を採用することによって、この分化・区別が可能になったということができる。今日の我々にとっては一層のことであるが、ブルジョア・ソサイアティとシヴィル・ソサイアティを概念的に区別し、その上で両者の関連の仕方について考察することが必要なのである。従って、訳語においても、いや日本語の語彙そのものとして、従来のように「市民社会」というひとつの言葉だけではなく、それら二つの概念を区別する用語法が必要なことはいうまでもない。本章で「市民社会」という場合、それはシヴィル・ソサイアティを指している。

　なお、この二重性の問題については次で指摘したことがある。【本書第一章、特に三五—三七頁。】

(36) 鶴木眞「国際コミュニケーション研究を振り返る—八〇年代の議論とパラダイム選択—」日本新聞学会『新聞学評論』三九号、一九九〇年、七三頁。

（37）同様のことは日本の国際報道についてもいえる。林陽子「傍観報道から脱却を―日本の南ア報道を振り返って―」日本新聞協会『新聞研究』第四八二号、一九九一年九月号、六二―六五頁、の指摘は鋭い。

（38）E・F・シューマッハー『スモール・イズ・ビューティフル』小島慶三・酒井懋訳、講談社学術文庫、一九八六年、二〇三頁。

（39）大畑裕嗣「韓国の情報化批判と日本―国際情報流通論との関連で―」東京大学新聞研究所『高度情報社会のコミュニケーション―構造と行動―』、一九九〇年、三九一―四一三頁、は日本に内部化されている情報社会論を韓国という外部の視点から批判し、相対化しているとみることができる。

（40）アンソニー・スミスによれば、「観光事業は、訪問先の文化をすべて売り物と考え、その社会のイメージ、象徴をゆがめ、喜怒哀楽の情を解きほぐし、一つの暮らし方を産業にまで転換する。不動産市場は、地元民が自分たちの土地を入手できなくなるほどに歪められてしまう。最悪の場合には、文化というものが、主体から客体へ、独立的なものから従属的なものへ、見るものから見られるものへ転換されるのだ。」(前掲訳書、八〇頁。)

第四章　「放送の公共性」から「放送による公共圏」へ

一　はじめに

「放送の公共性」――この語句はその意味内容の明晰さの故にではなく、それを欠くが故に、つまり無限定な多義性の故にこそ、言葉としてのキャリアを積んできた。人々に重用されたことはキャリアの点では幸福であったかもしれないが、それは意味の分裂という不幸に伴われていた。

現実には、「放送の公共性」という言葉は日本の放送政策の形成・決定・実行過程において最も有力なシンボルとして機能してきた。そのシンボルはその意味内容の曖昧さこそを武器として、ある種の意志を代理する機能を担って流通し、政策誘導的な働きをしてきたということができる。そして、そのような政策誘導とそのシンボル言語のそのような方向での利用の仕方に対抗して、同じく「放送の公共性」の言葉を用いながら、しかしそこに別の「公共性」概念を措定する試みが様々になされてきたことも事実である。また、そのような対抗戦略が意識されない、一種の慣用句としての使われ方も多く存在してきた。このような「放送の公共性」の意味を巡る抗争と惰性を前にして考えるとき、とり得る二つの道がそこにはあるだろう。ひとつは、この言葉を放棄することである。もうひとつは強力な意味の確定をはかり、抗争に決着を付ける方向を目指すことである。本章は後者の立場に立っている。

ところで、私は公法学のディシプリンに棲む者ではない。放送制度・政策研究に社会学的・政治学的にアプローチしてきた者である。社会学といい、政治学といい、それぞれの内部には様々な流儀があるわけだが、私のそれへの自己理解をごく簡単に述べておけば、前者については対象を機能と構造から捉え、その運動過程における諸矛盾に着目するものであり、後者については対象を支配・被支配の権力関係において捉えるというものである。本章では公法学が対象としてきた現象に立ち入ることになるが、法学における比較考量の Feinheit の流儀からすれば、乱暴な議論とみられるところもあろうが、まずは出目の違いとしてご寛容いただきたい。

本章の構成は次の通りである。次の第二節では、三人の公法学者の近年の論考を読み、日本における制度的思考の浮上如何について考える。第三節では、「放送の公共性」論議の構図を眺めた後、制度的保障による「放送の公共性」の把握を進めるため、「公共性」から「公共圏」への転換、そして「制度的保障」概念の弁別という二つの問題を取り扱う。第四節では、以上の認識に立ち、それを応用することによって、日本の放送制度における価値規範とその組織過程を吟味し、最後に「公共性」の意味転換を中心に命題をまとめて終章としたい。

二　公法と制度的思考

1　近年の公法学者の論考から

公法学の総論的な論考であって、公法学の外部にある私に接続点が感じられたものがいくつかある。もちろん数多くの文献に目を通した上での選択ではない。それらの論考について、どのようなところに関心が引かれたかについて述べてみたい。

最初は、奥平康弘著『なぜ「表現の自由」か』の巻頭にある同一表題の論文である。著者はなぜ「表現の自由」が特別なのかという争点を「表現の自由の原理論」と呼び、これがアメリカ合衆国の哲学界・憲法学界で一九七〇年代以降、現在に至るまで大いに盛んになったという現象を指摘し、そこでの様々な原理論を紹介しつつ、それらの間の関連性を中心に議論を展開している。まず私の不勉強からの驚きであったのは、合衆国での原理論が「思想の自由市場」という言葉で単純にイメージされる個人主義的・主観的権利的な議論への一辺倒なのではなく、様々の学者がその自由を民主的政治過程の条件問題へと接続させる関係の論理に腐心しているということである。それらの原理論の相関関係を連鎖のシーンとして描き出す興味深い叙述について立ち入ることをここでは省略するが、その連鎖を辿った末に奥平自身が示す結論は次の箇所にみることができる。

「表現の自由は確かに主観的・個人的な性質の顕著な権利である。それに疑いをさしはさむ余地はない。けれども、この権利は——少なくともある種の行使において——他の基本的な諸自由を確保し、よき民主主義的秩序を維持するという、客観的な制度的な目的に仕えるものでもあるという面も見逃すことはできない。表現の自由には、こうした道具的な価値も具わっている点で、他の基本的自由と性格を明らかに異にする。表現の自由における道具的な価値は、副次的なもの、付随的なものにすぎない、といいたい者はいうがよい。けれども、これは、軽視していいということを意味してはならない。かえって、基本的自由としての表現の自由を、実定憲法制度のレベルでさらに具体的に特定させる段においては、この価値——民主主義的な政治過程の手段としての価値――に敬意を表することは不可避であろう。[1]」(傍点は原文。)

ここで重要なのは、表現の自由が価値の問題として、そしてそこにいう二つの価値が緊張関係のなかで捉えられていることであり、またその価値の問題の射程が原理論に留まらず、実定憲法制度のレベルにまで及んでいるということである。正にその帰結として、著者は補正措置(compensating steps)としての制度的保障の必要に言及することになる。

「ここでいう制度的保障は、表現の自由をしかと保障するために必要な司法審査が制度的保障だという意味合いとは、ある種の径庭がある。後者は、個人の権利を確保するための制度的保障という構成で割切れるものがあるが、前者は、まさにそういう構成で足らざるところを補完し補強し、そうすることによって、個人の権利を包括しつつ、しかもそれを超えたところにある価値を確保する目的に仕えるものなのである。[2]」

この引用文中にある二つの制度的保障の意味合いの隔たりについては、概念の相違の問題として本章で後に触れるところがある。補正措置としての制度的保障の意味内容については、そこに先立つ次の箇所が著者の考えをよく表している。

「(……)なぜ一体、個人には表現の自由(あるいはその他の基本権、基本的自由あるいは人権)が保障されねばならないのか、という元々のところに遡って考えてみると、表現の自由は、たんに個人の権利というに尽きない、もう一つの別の道徳的、哲学的な価値を踏まえているのではないかという考えを、私は払拭することができない。その価値たるや、主観的であるよりは客観的なものなのであって、その実現のためには、それに適合的な制度が具わっていなければならないように思う。[3]」(傍点は筆者。)

ここでも確認しておきたいことは、価値と制度が連動して捉えられていることである。

次に、もうひとり憲法学者の論考として、小林直樹の「現代公共性の考察」を取り上げたい。著者は、戦前における「〝絶対天皇主義〟の下で、独特の日本的『公共性』を優位させてきた」歴史の経験と、戦後における「公共の福祉」のイデオロギー性に対する批判の自明性の故に、戦後期に「『公共』とは何かを突込んで分析・検討する者が殆んどいなかった」ことに理解を示した上で、しかし今日の現代的諸条件のもとで発生する新しい問題に対しては「真の公共性」の構築をもって対処しなければならないという認識に立っている。(4)

小林の方法は三段階から成っているとみることができる。第一段階は、「『公共性』の一義的な定義を確定することではなくて、この概念に不可欠なミニマムの要素を確認する作業を通じて、当面ニュウトラルに使いうる概念枠組を捉えることである。」その暫定的な規定として、次のような結論を出している。「公共性の一般的な内容はさし当り、(i)共同社会の成員(国民・住民等)に共通の必要な利益(社会的有用性・必要性)があること、(ii)原則的な共同消費・利用の可能性が全成員に開かれていること、(iii)それらを前提として——採算性などの理由——主に公的主体(国家・地方公共団体等)による作業や管理が行われること、の三点に要約できよう。(5)」この規定は公共=事業・施設・政策・サービスなどの用語法の検討から引き出されたがために、インフラストラクチャーの概念規定に近いものとなっているといえよう。従って、それをもって「公共性の一般的な内容」とするには無理があるのではなかろうか。第二段階は、第一の「価値中立的枠組を前提としたうえで、民主社会における理念としての公共性——そこでの〝真の公共性〟——の考察」となる。そこではイデオロギーとしての「公共性」が問題となるわけだが、その際小林は「国家の見地から主張される(国家的)『公共性』と、市民共通の利益として要求される(市民的)『公共性』」を分別し、両者の対立関係をみる。第三段階では、以上の二つの枠組みに立って、「複雑多様の具体的事象に即して、ザッハリッヒに個別の問題を検討し、そのうえで全体的な把握に達する」ことを目指す。その個別問題としてこの論考は環境問題と情報関係を論じたところで終わっているが、それら個々の場で「現代国家における主要な価値対立の構図を画き、その一つ一つの問題を明らかにし、――ここでは公共性の視点から――、解決や調整の枠組を作る試みが必要」であるという認識では一貫している。つまり、価値と具体は連動されて、実践的課題へと至るのである。ただ、そこでの困難はやはり「公共性」概念の問題であって、「公共性」の「公共」の部分については第二段階で一応の弁別がなされているけれども、その「性」の部分、即ち「公共的なる」何が抽象化された概念なのかという考察はなお括弧に入れられたままだと思われる。

最後に、行政法学者の室井力が提唱した「国家の公共性分析」を取り上げることにする。それは「行政法学内部で提唱された方法論上の一つの試み」であり、一〇年に及ぶ歴史を持つという。多数の研究者の論文をまとめた『現代国家の公共性分析』の序説「国家の公共性とその法的基準」において、室井はこの分析を必要とした歴史的背景として、大阪空港訴訟や名古屋新幹線訴訟などの公害訴訟のなかで「それらの公共事業・施設の『社会的有用性』のみをもって公共性を論じる当局側の論理に対して、それらによって損なわれる被害者の生活環境や文化などの公共性が対峙せしめられることによって、『公共性』論議に新たな局面が拓かれた」ことと、臨調型行財政改革に直面してあらためて国や地方公共団体の「公共性」が問われたことの二つを挙げている。(6) このような歴史的背景を動機としていることでは、財政学者である宮本憲一の「公共性論」(7)とも共通している。

室井が行政法学に独自なものとして対象とするのは、「行政の公共性」を中心とした「現代国家の公共性」である。そこでは法的基準に基づいて「立法、司法および行政のそれぞれの組織と活動について個別的・具体的分析・検討を行なうと同時に、それらの共通する性格と特徴を一般的にも論ずる」ことが企図されている。(8) その際に室井が提唱した「公共性の法的基準」とは、その構成をまとめれば、次のようになる。その第一は人権尊重主義を内容とする実体的価値的公共性であり、第二は民主主義を内容とする手続的制度的（技術的）公共性である。前者は目的、後者は手段であり、両者は密接不可分の相関関係にある。第三は平和主義を内容とし、前二者の公共性をともに具現するという。この「法的基準」とは規範である。そこで、規範に対応する実態が存在する。両者はやはり名付けられなければならない。室井の命名では、前者は「市民的生存権的公共性」（または「真実の公共性」）と称され、後者は「超市民的特権的公共性」（または「虚偽の公共性」）と称される。内容的には、前者は「近代市民国家における市民的公共性の現代国家における発展形態」であり、後者は「部分的利益を公益と偽装しつつ実現せんとする」ものだとされる。この「公共性」の二元論は前述の小林のそれと共通したものがある。このような構図の下に、室井は法律学の課題とは「公共性の虚偽性＝現実を認識・暴露しつつ、公共性の真実性＝理念を深化し、実現することに向けた法律学的営為」に取り組むことだという。

以上のようにみてくると、室井の「公共性分析」とは実態としての公共性と規範としての公共性との対立関係のなかで、三原則から構成される「法的基準」（即ち、これは憲法的価値のことである）によって定義される後者によって前者を批判的に検証しようという設計だといえる。その設計思想には合理性が認められるけれども、しかし、そこでは「公共性」という言葉がカプセルに入れられたまま、意味が開かれていないという印象を免れえない。その言葉を用いる必然性がはっきりと納得できないのである。例えば、「行政の公共性」というとき、その「公共性」はどのように独訳、あるいは英訳できるであろうか。室井を含め「公共性分析」の諸論者もハーバーマスの邦訳『公共性の構造転換』を引用する場合が多いが、その標題における「公共性」の独語はÖffentlichkeitである。もし「公共性分析」の「公共性」がそれと同じだとするならば、「行政のÖffentlichkeit」や「国家のÖffentlichkeit」となろう。しかし、そのような表現は意味をなしえない。仮に意味をなすとすれば、それは恐ろしい事態である。つまり、両者は全く別の概念なのである。ただし、別々の概念ではあるが、相互に関係している。その関係を明らかにすることが重要なのである。先にも述べたように、ここでも「公共性分析」の「公共性」とは何を抽象化したものなのであろうか。設計図のなかの「公共性」という用語は、単に「価値」あるいは「公共的な価値」という言葉で置換することができるものなのではなかろうか。とするならば、「公共性分析」とは〈規範価値―現実過程〉分析と読み替えることが可能であろう。

2　制度的思考の浮上か？

以上三つの論考に私が接続点を感じた理由を一言でいえば、それらに共通して「制度的思考」というべきものが存在するからである。というからには、多義的な「制度」の概念についてここでの定義をしなければなるまいが、取り敢えず、「制度」(Institution)とは人間の態度や行為から析出され自立化した枠組であり、それは他とは区別される当該の枠組に内在する、その制度固有の規範的価値と、その規範が作用する（あるいは作用しない）実態的な過程、即ち制度の社会的現実過程との総体として捉えられるものであるとしておこう。従って、「制度的思考」とは、人間社会に存在する諸制度(いうまでもなく憲法も行政法もそのひとつ)をそのノールムとリアリティの相互関係のなかで捉えて切り離さず、その上でその制度の合理性の基準に基づいてその制度の構成員のためにその制度を最適に構成し、かつ変動を制御しようという思考態度のことである。とはいえ、「制度」という言葉に対しては、制度の物神化や神秘化の悪弊の故に否定的な態度が存在する。そのことは理解できるとしても、しかし、制度が人間の行為に発したものである限り、それは人間によって変更・改善することができるはずのものである。

ところで、先の有力な公法学者の諸論考は日本における「制度的思考」の浮上を物語るものであろうか。日本の公法学界において、あるいは日本の公法的現実ないし公法的実践の世界において――。それらの論考の動機を探るとき、しかし、そこから聞こえてくるのは、そのような思考が不足している現状への批判とその変更への願望を込めた呼びかけである。例えば、奥平は先の論文の始まりで、「日本では、これまで一体、表現の自由の原理論が本格的な争点の的になったことがあるだろうか。私には、なかったように思われる」と述べ、終わりでは、言論の自由の制度的保障を憲法問題から除外してしまうならば、「憲法は現代の問題にはなんの役にも立たないところの、無用の長物に堕することになるであろう。そうあるべきではない、と思うのである」と結んでいる。

しかし、ここで先取りしていうならば、後に触れる石村善治や浜田純一などのように、「言論の自由」という基本権と具体的なマスメディア制度との関係(それは「プレスの自由」や「放送の自由」などとなる)を最初から考察の対象としてきた憲法学者にとっては、制度的思考はある意味で自明のことではなかったろうか。そして、現在、情報コミュニケーション・テクノロジーの発展とその資本主義的な利用による価値産出過程がますます進捗するなかで、マス・コミュニケーション現象や社会的情報現象という経験される現実の方から出発して、「自由」を制度の問題として全体的に考えていくことは不可避のことだと思われる。

制度的思考が公法学のなかで支配的な潮流へと旋回し、それが立法・司法・行政の各過程における行為にも規定的に反映し、〈公法学の理論的営為―公法作用の現実過程〉が架橋される傾向が強くなったとき、経験主義的社会科学は公法学との間に緊張した実り多いインターフェースを持つことができるだろう。無論、それは翻って社会科学の側にとっても制度の変動に対して実践的な課題をより多く担うべきことを意味するのであり、その能力が問われることになるのはいうまでもない。

三　「放送の公共性」の制度的思考による把握

1　日本における「放送の公共性」論議を巡る構図

日本における「放送の公共性」に関する論議は、放送の歴史とともに古く、戦後前期に新しい放送体制が固まっていく過程ではとりわけ「放送の公共性」は様々な価値を帯びながら重要な争点となっていった[9]。そして、その問題は今日に至るまで未決のまま活性化したり沈静化したりしつつ常に底流に存在してきた。

日本で一般に流通しているとみなされる「放送の公共性」の意味内容は、塩野宏の類型化によれば、電波公物論、自然独占論、お茶の間理論、自由競争否定論から成っている[10]。このうち「お茶の間理論」という命名は絶妙であるが、これはさらに小分類されて、視聴覚メディアとしての影響力の強さ、娯楽媒体としての性格の強さ、同時に多数の人々によって居室で受信されるという利用形態、の三つの特質から構成されているとみなされている。塩野はこれらの意味内容は、しかし、放送の特質なのであり、それにもかかわらず、それが「放送の公共性」として語られているとして、そのことの問題性を指摘した。何故問題かといえば、日本語の「放送の公共性」は、「それ自体価値関係的ニュアンスを帯びた言葉であるため、人をして、そこから直ちに何らかの国家的規律を導き出し得ると考える錯覚を生ぜしめる可能性が存する」(傍点は筆者)からである。そして、「この意味からすれば、『放送の公共性』は、『放送の諸特質』という言葉に、むしろ完全に座を引き渡されるべきものであるように思われる[11]」と述べた。

その「錯覚」は無くならなかった。それは今日でも生きており、制度論議の実態においては「放送の公共性」

という言葉はなおも以上のような意味内容によって占められているといってよい。それを以下では「実態論的放送の公共性」論と呼ぶことにする。電波資源の有限希少性と放送の社会的影響力の大きさという二点が日本では一般に（行政当局を含めて）放送の規制根拠とされているが、その内容的意味合いは「実態論的放送の公共性」論によって与えられている。「電波の希少性」という物理的特質を表わす表現は、電波公物論という一種のフィクションと接続しているし、「放送の社会的影響力の大きさ」という社会的特質の表現は、民主主義社会形成のために放送が発揮することのできるポジティヴな能力の大きさのことを指しているのではなく、むしろかの「放送のお茶の間性」を念頭に置き、そのような日常空間として規定された受信場所におけるネガティヴな作用、それへの警戒心を内容としている。その警戒心とは、場合によれば、恐怖感ですらありうる。

この日本における「実態論的放送の公共性」論の意味や機能は、その「公共性」を主張する主体とその動機を吟味することで初めて明らかになってくる。即ち、誰が誰に対して放送のどのレベルにおける「公共性」を論拠として何を達成しようとしてきたかということをみることによって、「実態論的放送の公共性」論のイデオロギー性が明らかになるであろう。その主たる行為主体は日本では国家行政と放送事業者に限られ、そしてその際の「放送の公共性」とは「放送事業の公共性」であった。結論のみをいえば、国家行政は「放送の公共性」の名の下に放送事業者に対して「放送事業の公共性」を論拠に国家的規律による規制を果たしてきた。それは、当然のことながら、放送事業者の自由を拡大するものとしてではなく、それを抑制・制約するものとして機能してきた。他方、放送事業者は「放送事業の公共性」という仮説を受け入れつつ、「放送の公共性」の名の下に国家行政に対して、あるいは他の外部勢力に対して組織の自己保存と自己利益の確保を図ろうとしてきたようにみえる。そこには国家行政やそれと未分化の共同体社会の論理に取り込まれた「日本的公共性」をみることができる。このような「実態論的放送の公共性」論と、後に取り扱う日本における放送の規制主体の態様との間には相関関係があるように思われる。

しかし、「実態論的放送の公共性」論に対抗して、それとは全く違う「公共性」概念を対置し、「実態論的放送の公共性」論およびそれに依拠した放送政策を批判する試みがなされてきた。石村善治の一九七三年の論文「放送の公共性――西ドイツを中心に――」[12]を嚆矢として、そのような論考の特色は、そこでの「放送」とは何よりも放送制度のことであり、そこでの「公共性」とは非国家的・市民的「公共性」を意味し、その社会理論的背景としてハーバーマスの著書『公共性の構造転換』に言及がなされ、具体的な議論の素材としてはドイツ連邦憲法裁判所の判例やドイツの憲法学説が用いられるという点である。そこで求められている「放送の公共性」を「規範論的放送の公共性」と呼ぶならば、「規範論的放送の公共性」論と「実態論的放送の公共性」論の間でこれまで同じ「公共性」という言葉を巡って抗争が行なわれてきたということができる。

「放送の公共性」論に限らず、(旧西)ドイツの判例、学説、政策動向を素材としつつ、そこでの「放送の制度的自由」の概念を対象化する仕事が、これまで憲法学の石村善治や浜田純一[13]、放送制度・政策論の石川明[14]などによって展開され、蓄積されてきた。それらの仕事がその概念にある意味で積極的な評価を与える立場に立っているとみられる一方、行政法学の塩野宏の仕事はその概念にいわば中立的な立場を取っているとみられる。その概念の特色を私なりにごく簡略に約言すれば、放送の価値を民主主義的政治過程において果たされるコミュニケーション機能において捉え、その機能の故に放送に公的な任務ないし役割を認め、それを具体化するために「放送の自由」の制度的保障という観点から実体的・組織的・手続的に妥当で有効性のある実定法を要求するということになる。それらの仕事の内容についてここで詳しく立ち入ることはできないが、積極的見方においては個々の論者のアプローチやスタイルの違いを越えてそこに共通してみられるのは、正に制度的思考に他ならないといえよう。

ところで、性急な設問かもしれないが、そのような営為は日本の〈憲法―放送法〉秩序の〈規範―現実〉関係に対してどのような作用を持ったであろうか。そのことを考えるためには「放送の制度的自由」論の置かれた憲法論的環境条件を考慮する必要がある。(旧西)ドイツでは、栗城壽夫の分析にあるように、[15]一九六〇年代中葉以降公法理論においては「公的なるもの」を巡って、その強調に警戒的な「旧傾向」に対して、その現実化を基本的視座とする「新傾向」の台頭があった。前者は法治国原理のリベラルな理解に立ち、個人的主観性を強調する形式的・静態的な理論であり、後者は社会国家原理と民主政原理を重視し、双方の原理の貫徹のために国家の生存配慮活動と国民の参加を強調する実質的・動態的な理論であると栗城は特徴付けている。この「新傾向」こそ、公法理論における制度的思考の所産である。「放送の制度的自由」論はその大きな潮流の一環であり、またそれに支えられて存在してきたといえよう。それに対して日本では、前節でもみたように、公法学における制度的思考はドミナントな傾向とはいえないようである。とすれば、「放送の制度的自由」論は支配的な憲法学パラダイムからの支援を受けるという状況には至っていないといえよう。[16]しかし、そのことと同時に、「放送の制度的自由」論ないし「規範論的放送の公共性」論に即しても、概念上解決すべきアポリアがあるのもまた確かである。以下ではその受容と支持を阻害していると思われる二つの点を取り上げてみたい。第一は「公共性」の概念に関わることであり、第二は「制度的保障」の概念に関わることである。

2　エッフェントリッヒカイトを巡る「公共性」と「公共圏」の弁別

前述の「公共性」概念を巡る抗争は当事者以外からみてどれだけ認識されていたかとなると、大いに疑問だといわざるをえない。日本において「公共性」一般が論じられるとき、先にも触れたように、ハーバーマスの著書『公共性の構造転換』(17)に言及されることがよくあるが、その「公共性」の原語であるÖffentlichkeitの概念は「公共性」というその日本語では極めて捉えにくいものであったといえよう。日本語の「公共性」が一般的に意味するのは、公共的な(ないし公的な)性格、任務、役割、責任、利益、価値などのことであるが、つまりそのような名詞で表される事柄が「性」のなかに抽象化されているのであるが、Öffentlichkeitとはそのような意味ではなく、公開された、パブリックな意味空間(物理空間と区別された意味で意味空間)のことであると私は考える。このことを明確にするために、私は、「空間概念としてのÖffentlichkeit――ハーバーマスにおける公共圏とコミュニケーション的合理性(18)――」という小論を書き、そこではÖffentlichkeitに公共圏という言葉を与えた。

この場でハーバーマスの公共圏論とその今日に至るまでの展開について詳しく立ち入ることができないが、重要なのは次の点である。彼の市民的公共圏(この場合、「ブルジョア」公共圏)とは、近代成立のための基本構図である私人の領域と公権力の領域の分離という空間分割の構図のなかで、別言すれば、社会と国家の分離という空間分割の構図のなかで、両者の間を媒介するものとして成長してきた社会的空間のことである。そして、それはあくまで私人の領域のなかにあり、従って社会の側に属しているということである。市民的(ブルジョア)公共圏の発生史を図式的にみれば、宗教改革による信教の自由、即ち私人の自由な内面という場所の成立→商品所有者の小家族の自律した親密圏の成立→対等な教養人による文芸的公共圏の成立→議論する公衆による政治的公共圏の成立→それが国家の領域に転位して制度化された議会の成立、という順でこの自由の空間は拡大してきた。こうして、議論する公衆により作り出された公論ないし世論によって支配というものが合理化されるリベラルな法治国家モデルが形成されてきた。この過程における公権力に対する私人の闘争のなかで「表現の自由」は闘い取られ、表現行為が展開される社会的空間、即ち公共圏は拡張されてきた。しかし、社会と国家の分離という構図は、やがて起こる社会の国家化、国家の社会化によって崩れ、社会と国家の相互浸透へと移行する。その結果、公共圏は重大な構造的変動を受け、そのために機能的転換を遂げていく。ちなみに、これがハーバーマスの書名にいう「公共圏の構造変動」のことである。こうして社会国家ないしは後期資本主義の段階のこの現代に成立した構図を、ハーバーマスは後の著書『コミュニケイション的行為の理論』においては、一方に国家行政と経済から成る「システム」を置き、他方に私的領域と公共圏から成る「生活世界」を置き、その両者の間に「システムによる生活世界の植民地化」という従属関係を認め、そこに諸矛盾の発生源をみている。

さて、言説の公開性と他者との共同性を構成原理とする公共圏という空間が操作的パブリシティおよび広告のための空間へと機能転換し、かつての批判機能を失って脱政治化してしまった現代社会において、そこでなおもリベラル・デモクラシーの規範的価値を継承し、民主的な「市民社会」（Zivilgesellschaft, civil society）にとって公共圏が必要不可欠な制度的空間であるという認識に立つ限り、公共圏は規範的にも実体的にも再生されなければならない。そして、そのような公共圏においてマスメディア、あるいは放送は重要なインスティテューションであると考えるとき、即ち公共圏の概念を媒介して放送制度を考えるとき、先の「実態論的放送の公共性」論と「規範論的放送の公共性」論の相剋には少なくとも理論的には決着が付けられるのではないかと考える。「放送の公共性（放送の公共的価値）」の問題は、こうして、市民社会（ないしは民主主義）、公共圏、放送メディアという三者の制度的存立関係のなかで捉えることによって初めて、その意味が明らかになるのである。

3　放送の自由を巡る「制度的保障」概念の弁別

「制度的保障」論にはある種の誤解に基づくのではないかと思われる否定的態度がみられる。それはカール・シュミットが「制度的保障」の概念を用いたことと関連したところがあるようである。[19]また同時に「制度」概念の重層性や「保障」概念の曖昧さも作用していると考えられる。

「制度的保障」という日本語表現は少なくとも二つの別々の概念を意味することができる。第一は、ある既存の制度そのものの存続を保証して引き受けることであり、これは〈制度の保証〉というべきであろう。第二は、ある規範の実現をそのための制度を作ることによって保障することであり、これは〈制度による保障〉というべきであろう。ドイツ語でもGarantieとGewährleistungは必ずしも常に明瞭に使い分けられているとは限らないが、やはり意味に違いをみてとることができる。上記の第一はinstitutionelle Garantieであり、これがシュミットのいう「制度的保障」[20]である。その際彼が対象としているのは、地方自治体(Gemeinde)、職業官吏制度、学問の自由(大学の自治)などであり、それらは既に定まった実体的制度のことである。従って、その場合の制度はEinrichtung(機構、組織)と区別されない面がある。シュミットがその「制度的保障」によって述べているのは、それらの諸制度は立法者による単純な立法によっては廃止することのできないものであって、憲法はそれらの存在に保証を与えているということであり、そして彼は、だからこそそのような意味の「制度的保障」を基本権と混同してはならないと主張しているのである。その主張によって彼が擁護しようとしている標的は、それらの諸制度の方にあるのではなく、むしろ真の基本権の絶対性、つまり基本権が国家に先立って所与として存在しているということ、およびその純粋な基本権の範囲を厳密に限定すること、そして国家が諸制度に対して絶対的優位に立っているということにあったといえよう。次に、上記の第二は、institutionelle Gewährleistungである。

シュミットは、私有財産は私法上の制度として gewährleisten されると規定したワイマール憲法一五三条を取り上げ、それを矛盾した不明瞭な文言であると批判している[21]。それは、当時彼が私有財産は良心の自由や人身の自由などとともに最も純粋な基本権のカテゴリーに入るものであり、従って、それは制度以上のものであり、ましてや憲法律によって gewährleisten されるような相対化された存在ではないと考えていたからである。こうして、第一と第二の「制度的保障」を比較すれば、第一の Garantie の場合、それは憲法の宣言であって、国家は制度に対して何もする必要がないが、第二の Gewährleistung の場合、国家は制度のために何かをしなければならない。

以上の前提で「放送の自由の制度的保障」(institutionelle Gewährleistung der Rundfunkfreiheit) の意味を考えてみると、はっきりするであろう。まず、「放送の自由」とは「表現の自由」などの個人の自由権のカテゴリーに入るものではなくして、それは「放送制度の自由」あるいは「放送の制度的自由」のことだといえる。そして、その「制度的保障」とは「放送の自由」が具体的・現実的に実現されるように積極的な制度を作り出し、そのような手続で「放送の自由」の価値を個々人に保障するということである。それは、国民と国家の間の契約である憲法がそれを保障するのであるから、国民にとっては憲法に基づいて国家に対してそのような制度の約束実現という Leistungen(一般に「給付」と訳されるが、それは Versorgung の概念と混同される虞があるので、むしろ「履行」の方が適切と思われる)を請求する権利として、国家にはそのような制度を立法・司法(裁判)・行政の行為によって具体的に構成し維持する義務として反射してくることになる。このような意味の「制度的保障(制度による保障)」概念はシュミットのそれ(制度の保証)とは明らかに異なったものであり、断絶したものだといわなければならない。

四　日本の放送制度における価値規範とその組織過程の吟味

1　公共圏の設営という要請と憲法規範

日本国憲法が保障するとされる「表現の自由」、「知る権利」、「出版の自由」、「放送の自由」などには二つの側面があるという認識は、これまで様々な名称の対抗軸によって表現されてきた。「国家からの自由と国家への自由」や「消極国家と積極国家」という一般論的表現を越えて、例えば、芦部信喜による知る権利の「個人権的性格と参政権的性格」や「自由権的性格と社会権的性格」[22]、石村善治による表現の自由における「自由の保障と民主主義の保障」[23]、浜田純一による放送の自由の「個人的価値と機能的価値」[24]や「主観的側面と客観的側面」[25]などである。私は放送の自由の「個人権的解釈と社会権的解釈」という名の軸を取ったことがある[26]が、いずれにしてもこれらの事例において、前者は国家に対して禁止命令的な、個人の防御権が問題であり、後者は制度による自由権の保障が問題になる。この点で、日本では憲法の解釈を巡って制度的保障論は劣勢であって、行為主体の個人の自由を中心に置く考え方が優勢であると、これまでみられてきたし、私もそう考えてきた。

しかし、その点を改めて考えてみると、次のようなことに気がつくのである。憲法第二一条から憲法的価値が下降するはずの実定法である放送法の表現をみるならば、そこで放送の自由がいわれるとき、それが放送制度の自由と解釈されていないことは無論であるが、同法第二条の二の「放送普及基本計画」とマスメディアの集中排除原則に関する文言にみられるように、その自由は放送事業者の表現の自由を意味している。それが一般放送事業者という名の商業放送事業者の場合には、その表現の自由とは放送事業の営業の自由と重なることになろう。

その他には、同法第三条に「放送番組の編集の自由」の規定がみられるが、そこでの主体は放送事業者のみであり、従ってその規定の内容は放送事業者の番組編集の自由のことを意味している。こうしてみてくると、そこでは憲法原理に含まれる表現主体の自由は放送事業主体の自由に収斂され、等置されているといえよう。そこではいわば「法人の自由」あるいは「企業の自由」が規定され、その上でそれに対する制約が規律されているといえるのである。憲法解釈では放送の自由を個人権的な自由として理解する立場が優勢とされてきたわけだが、そのような立場は放送事業者が常に個人であることを前提としなければ成立しないはずである。しかし、それはフィクションでしかない。実態は法人である。さらに、そこでは放送の受け手としての諸個人の放送に対する自由あるいは放送による自由は規定されるところがないのである。放送法において個人権的自由とは何なのであろうか。

　ところで、私は放送の自由の個人権的解釈と社会権的解釈は相互排除的に対立するものと考える必要はないのであり、放送の自由の制度的保障論は古典的な個人権的な表現の自由権と相容れないとするある種の誤解が存在するのではないかと考えている。表現行為の主体個人が存在するとき、その諸主体の表現行為が行なわれる場所、即ち社会的空間もまた存在しなければならない。憲法の規範理論が行為主体の自由を保障し、その保障を諸主体に対して公正に現実化することを要求するとき、そしてその要求に首尾一貫して忠実であろうとする限り、コミュニケーション行為の諸主体が運動する、自由で開かれた空間が制度的に構成される必要がある。そのような空間を先には公共圏と呼んだわけである。ここで重要なのは、個人における防御権としての国家からの自由は、当然ながら、この制度的空間においても要求されるということである。確かに国家の立法、司法、行政はこの制度的空間の枠組を保障することに作用しなければならないが、しかし、その枠組とはこの行為領域内部への国家の不介入と社会によるその領域の自己管理を制度化するものであるから、それは国家が自らの手で自らを縛ること、即ち国家の自己抑制の制度化を意味する。このように主体個人の自由なる行為のみならず、自由なる行為のための社会的空間の存立を観念するとき、古典的な自由権の概念と自由権の制度的保障の概念は決して矛盾するものとしてではなく、後者は前者を同じ規範的価値の上に立って、ただし新しい現代的条件(特に技術的・経済的諸条件)の下で、その前者を公正に具体化しようとするものとして捉えられるであろう。

以上のことから明らかなように、民主主義的基本権に基礎を置いて放送制度を構成しようとするとき、公共圏という、国家にではなく社会に足場を置く空間の概念が必要不可欠である。そして、そのためにはそもそも公共圏の実体が必要とされるということも指摘しておかなければならない。憲法第二一条の社会権的解釈のためには公共圏の理念とともに実体も問われるのである。

2　放送法・電波法による「放送の自由」の組織過程

憲法の規範的価値は実定法に貫徹されていかなければならない。問題はその規範理論が明示されていることである。このことを(旧西)ドイツとの比較を通じてみてみたい。

ドイツ連邦憲法裁判所は一九六一年の第一次放送判決以来、「放送の自由」を「放送の制度的自由」と捉えてきたが、一九八一年の第三次放送判決のなかにある、定式化の進んだ命題をここに引用しておこう。

「コミュニケーションのプロセスのなかで自由な意見形成は達成される。それは一方では意見を表明し伝播する自由を前提とするが、他方では表明された意見を認知し、それを情報として知る自由を前提とする。基本法第五条一項は基本権として意見表明の自由、意見伝播の自由、そして情報〔知ること〕の自由を保障しつつ、同時にこの条項はそのプロセスを憲法的に保障しようとしている。その限りで、この条項は主観的権利を基礎付けている。そのことと関連しつつ、この条項は意見の自由を全体的法秩序の客観的原理として規範化している。その場合、主観的権利としての要素と客観的権利としての要素は相互に条件付け合い、支え合っている。放送とは、この憲法的に保障された、自由な意見形成のプロセスにおけるメディウムであり、ファクターである。従って、放送の自由とは第一義的に意見形成の自由に奉仕する自由なのである。現代のマス・コミュニケーションの条件のもとで、それ〔放送の自由〕はこの〔意見形成の〕自由に必要な補完と補強を作り出す。それ〔放送の自由〕は放送による、自由にして包括的な意見形成を保障するという任務に奉仕するのである。[27]」（〔　〕内は筆者による補足。）

そこで最も重要だと思われるのは、コミュニケーション行為主体の自由の問題をコミュニケーション・プロセスのなかで捉え、憲法はそのプロセスに保障を与えているという、いわば社会科学的な認識方法である。そこに制度的保障論は起源を持っているといえよう。

さて、ドイツシステムにおいて「放送の制度的自由」は実定法によってどのように組織化されているであろうか。上位の構成原理として三つを挙げれば、放送の国家からの自由、放送の社会による規制、そして連邦制原理である。それは組織過程においては内部的多元主義、外部的多元主義、そして分権主義というモデルとして具体化されている。どちらの多元主義モデルも規制主体の機関の組織原理であるが、公共放送用の内部的多元主義の場合は、公法的営造物（公法によって設置される特殊法人と理解することができる）としての各放送協会の内部に規制機関たる放送委員会(Rundfunkrat)が置かれ、この委員会のメンバー構成に社会の多元性を反映させようとする。他方、商業放送用の外部的多元主義の場合は、同じく公法的営造物として各州メディア協会（Landesmedienanstalt)が設置され、その組織の決定機関のメンバー構成に社会の多元性を反映させ、そしてその規制機関の外部に多数の商業放送番組事業者を想定する。どちらの多元主義の場合も、規制主体は放送を国家から分離するとともに、同時に自らが社会の多元性を反映する鏡となる機能を与えられている。最後に挙げた分権主義は二つの面を持っている。第一は非中央集権化であって、どちらの多元主義モデルの場合でも、規制主体は州法あるいは州際協定に基づき、州を基礎として成立しているので(単一の州を基礎としているものと複数の州にまたがって成立しているものとがある)、システムのなかに複数の規制主体が存在する。第二はいわゆる「ハードとソフトの分離」であって、ハード、即ち放送用伝送路という技術手段の領域は連邦所管のコモンキャリアであるブンデスポスト・テレコムが一元的に設置・運用する。ソフト、即ち放送番組事業の領域は各州の権限であり、先の二つの多元主義モデルに基づいて各州で制度的に運営される。ここでの放送番組事業者とは公共放送でも商業放送でもRundfunkveranstalterであり、ソフト（放送プログラム）に編集責任を負う「放送の主催者」のことを意味している。このようなシステム構成によって、システムのアウトプットである放送プログラム総体に多様性（内容的な多元性）の実現が期待されているのである。ここでは以上の組織過程におけるモデルからの逸脱や諸矛盾(例えば、過剰な政党の影響力）には立ち入らない。(28)

次に、日本では裁判所によって「放送の自由」の規範理論が制度を構成する指導理念として開示されたり、その規範理論に照らしてその後にとられた実際の立法・行政行為が審判を受けるということはない。裁判所はそのように機能していない。それは裁判所の判決行為に制度的思考が欠けているからであろう。そして、それは言論の自由の原理論の台頭がないことの反映でもあるかもしれない。

日本システムにおける「放送の自由」の組織過程は「放送事業者の自由」の組織過程として現われているとみることができる。一九五〇年公布の電波三法(電波法、放送法、電波監理委員会設置法)によって出発した現在の放送制度の構造は、上位のものとして次の三つの原理に依っていたと考えられる。第一は「ハードとソフトの一致」モデルによる放送事業者の自律、第二は独立行政委員会による規制、第三は放送事業者の財源形態および実数における複数主義であった。第一の原理の構造について述べれば、ここでの放送事業者とは放送用伝送手段（従来は地上波の放送用無線局）を設置・運用し、それを自己使用して伝送される番組に編集責任を負う法人のことをいう。放送事業者はまず電波法に基づき国から放送用無線局の免許を受けることによって初めて、放送事業を放送法の下に営むことになる。そのためこの免許は「施設免許」として捉えられ、それは、「事業免許」との対比において、放送事業者の事業の自立を保つものであり、それがひいては番組内容の自律性を守ることになるという評価がなされ、そのようにしてこの制度の正当性が与えられてきた。そして、その施設（ハード）に対する免許は行政の公平を確保するため国家行政組織法第三条に基づく総理府外局としての電波監理委員会が行なうという体系になっていた。これは国家による免許対象としては放送事業の技術的手段を取り、放送事業そのものは直接その対象にしない、しかし、実際にはハードに対する免許付与を経由して間接的にソフト事業の領域に規律を加えることができるという仕組みである。無論、ＮＨＫの場合は、ＮＨＫ設置法の性格が強い放送法によって放送事業そのものが規制されている。第三の複数主義の原理のもと、初めから公共・商業の二元的放送体制が前提とされた。そして商業放送事業者の数は一般日刊新聞社のそれを上回るまでに多数化が推進されてきた。ただし、放送法の埒外でそれらを系列化したネットワークが形成され、基本的な産業構造を作っているという実態がある。

この三つの原理よりなる基本構造はその後修正を受けていく。私はそのうちで最も重大な構造的修正は次の二つであったと考える。第一は、一九五二年の吉田内閣による電波監理委員会の廃止である。これは行政機構の簡素化と能率化という名目の下、政治権力による放送支配の意志によって行なわれたものということができる。この結果、放送局免許を含む電波・放送行政の権限は郵政大臣に、すなわち国家行政機関に集中することになった。第二は、最近の一九八九年の放送法・電波法改正による「ハードとソフトの分離」モデルの導入である(放送法第五二条の九〜二七)。これはテクノロジーの発展、その商用化に対する経済的ニーズ、貿易収支を巡る国際環境などに適応する必要性から行なわれたものであり、(29) 通信衛星を伝送手段とする放送サービスの導入に道を開いた。次に、項を改めてこの立法行為を問題としたい。

3　最近の立法行為に対する違憲性の疑義

このような構造的修正を「国家からの自由」という古典的な憲法規範からみると、第一の修正後すでに国家行政への権限の集中やNHKに対する立法府と行政府の直接的かつ過大な影響力(即ち、NHK経営委員会の社会的基礎の弱体)などの点で違憲状態の疑いがあったといえる。独立行政委員会の復活を望ましいとする意見も繰り返し表明されはしたが、ただその見解に立つ論者であっても、時を経るにつれて、多くの場合現実政治のなかでのその実現性を疑って早々に譲歩するようになった。

第二の構造修正は、それまでの放送伝送路であった地上波、CATV、放送衛星に通信衛星を新たに加えるという政策をとるにあたって、通信衛星を伝送手段とする放送事業形態を創出したのであった。その法技術は、そのような放送サービス事業に技術的手段たるトランスポンダーを供給する通信衛星事業者を「受託放送事業者」とし、そのハードを賃借して放送サービス事業を行なうものを「委託放送事業者」と規定した上で、どちらも放送法にいう「一般放送事業者」のなかにカテゴライズし、前者の〝ハード事業者〟には、従来の地上波放送の場合と同様に、電波法に基づき郵政大臣が無線局の免許を与え、後者の〝ソフト事業者〟には放送法に基づき郵政大臣が「認定」を与える、というものである。[30]即ち、ここにハード責任を持たないソフト責任だけの放送番組事業者が成立し、それに対して郵政大臣が「認定」と称して言葉は違っていても「事業免許」を与えることになったのである。

この法技術によって成立した構造は、「国家からの自由」の憲法規範に対する違反を明白かつ決定的にしたものといわざるをえない。[31]何故なら、郵政大臣という国家行政機関が「放送の自由」の行使という非国家的領域の行為である放送事業に対して直接的かつ重大な影響を与える権限を有し、それを行使することになるからである。ドイツシステムの場合の第二構成原理である「放送の社会による規制」はここには画然とした形では存在しない。第一の構造修正は「ハードとソフトの一致」モデルをとることが容易であった地上波という技術的条件の下であったから、なお辛うじて甘受された。しかし、そのハード領域を介してソフト領域への規制というルートはあくまで一つの擬制に過ぎない。第二の構造修正で分離モデルをとることになった以上、その擬制はもはや成立しないのである。支えを失い、矛盾したその擬制をなおも維持しようとする国家行政および長期政権政党の側の意図は、かの「お茶の間公共性」論を堅持することによって、言論機関へのコントロールと経済的利益の配分権限を確保しようとするところにあるとみなす他はあるまい。そもそも放送における「ハードとソフトの分離」モデルが検討され始めたのは、放送衛星のためであった。一九九七年以降とみられる次期放送衛星BS—4ではこの分離モデルが導入される予定であるが、そこにもこの問題は波及することになろう。ここに憲法は、新しい技術条件とその社会的利用形態の登場を起因として、新しい放送規制主体の形成を要求するはずである。即ち、その主体は国家行政から社会の側へと移転され、法律によってそのための適切な組織が構成されなければならない。そして、そこでの意志決定過程に公共圏の原理と実体が作用する必要がある。ドイツシステムの形成と変遷のなかでは、「放送の制度的自由」論を反映して、常に規制主体とその組織が俎上にのせられてきたのに対して、日本における放送政策の展開のなかでは規制主体の変更・革新はほとんど等閑視されてきたのであり、これは極めて対照的なことといわなければならない。（ただし一九六四年の臨時放送関係法制調査会答申の場合を除いてもよい。）そのことは制度の発展にとってブレーキとして働いてきたといえよう。

五　おわりに――「放送の公共性」の意味転換へ――

五つのテーゼをもって本章の締め括りとしたい。

(1)　「放送の公共性」は、小林直樹がいうように、国家の見地から主張される国家的「公共性」ではなく、市民の共通の利益として要求される市民的「公共性」に意味転換される必要がある。その際、「放送の公共性」の意味は、民主的な市民社会、公共圏、放送メディアのトリアーデのなかに捉えられるべきであり、市民社会のインフラストラクチャーとしての公共圏の概念を媒介することが必要かつ有効である。公共圏とは公開性と共同性を組織原理とする社会的コミュニケーション空間のことである。[32]そのような公共圏を設営するという機能をもって「放送の公共性」、換言すれば、「放送の持つ公共的価値」と規定することができる。即ち、「放送の公共性」とは、「放送による公共圏の設営」という社会的機能に根拠を持つのである。

(2)　グローバルにリスクの増大する環境世界にあって、また日本システムがその政治過程の不透明性と市場の不公正さを露呈して国際的な不信と批判を受けるなか、そして生活世界において様々に異なった他者との共同性を形成しなければならない状況下にあって、開かれたパブリックなコミュニケーション空間を設営し機能させることは必要不可欠である。正にそれに貢献するということが現代世界において「放送の公共性」が持つ意味となる。そのような規範は社会システムのなかに現実化されなければならず、その課題は社会の安全にとって焦眉なものである。

(3)　日本の放送制度は、情報コミュニケーション・テクノロジーの発展やメディア事業の新たな独占集中化などの現代的条件の進展のなかにあって、制度の構成原理を憲法的視点から再吟味し、新しい規制原理のもとに新しく非国家的な規制機関を作り出さなければならない状況にある。それを引き受けることを憲法は要請している。この現代的条件下では「放送の自由」の制度的保障論に立たなければ、古典的な基本権である「国家からの個人の言論の自由」さえも保障されることは難しくなる。

(4)　従来よく見られるように、自由市場原理に基づくと観念されているプレス制度を基準としてそこからマイナスの距離で放送制度を測定するのではなく、放送制度が公共圏を設営するという社会的機能において優れたメディウムを供給できる可能性を持つと考えるならば、その機能を実現するという目的に適ったシステムを積極的に構成すべきである。それは民主主義的チャンスとして放送メディアを捉え、放送制度の積極的価値を人為的に実現しようとするものである。

(5)　基本権の実現手段としての「放送の自由」を具体化・組織化するという機能と、放送通信分野の技術革新を促進・誘導し、かつ放送産業市場を育成・調整するという機能とは、本来別々のものである。ところが、これらはこれまで郵政省において後者の機能に重点を置きつつ一体化して行なわれてきた。しかし、放送事業体レベルで「ハードとソフトの分離」モデルが導入され、技術的システムの巨大化に伴ってその分離モデルはさらに拡大していかざるをえないという構造変化がある以上、規制主体レベルでも先の二つの機能を分離することが必然的な帰結として求められる。そして、第一の機能はあくまで市民社会が自らの責任とコストで担うべきものである。たとえそれが「効率」の悪いものであったとしても、「言論の自由」は効率の問題ではない。デモクラシーのプロセスは時間と空間(場所)、そして手続的コストを必要とするが、それらを節約し効率化して得られるものよりも、そのことによって失われるものの方が遙かに大きいはずである。そして、二つの機能が分離されて誕生する新しい規制システムを前提として考えるならば、これまでとは全く違った発想と選択の幅を持った放送政策の可能性が開かれると思われるのである。

注

(1) 奥平康弘『なぜ「表現の自由」か』東京大学出版会、一九八八年、五九頁。
(2) 前掲書、六〇頁。
(3) 前掲書、五七頁。
(4) 小林直樹「現代公共性の考察」日本公法学会『公法研究』第五一号、一九八九年一〇月、三一頁。
(5) 前掲論文、三四—三五頁。
(6) 室井力「国家の公共性とその法的基準」室井力・原野翹・福家俊朗・浜川清編『現代国家の公共性分析』日本評論社、一九九〇年、四頁。
(7) 宮本憲一「公共性の政治経済学を—新自由主義=新保守主義を克服するために—」同編著『公共性の政治経済学』自治体研究社、一九八九年、一一頁以下。
(8) 室井力、前掲論文、一〇頁以下。
(9) 津金澤聡廣「放送の公共性・その歴史的検討」日本民間放送連盟放送研究所編『放送の公共性』岩崎放送出版

社、一九六六年、五〇頁以下。

（10）塩野宏「放送の特質と放送事業—西ドイツモデルの分析—」同著『放送法制の課題』有斐閣、一九八九年、一三八—一三九頁。（論文初出は一九七四年。）

（11）前掲論文、一四一頁。

（12）石村善治「放送の公共性—西ドイツを中心に—」ＮＨＫ総合放送文化研究所『放送学研究』二五号、一九七三年三月、六九頁以下。【同『言論法研究Ⅳ（ドイツ言論法研究）』信山社、一九九三年、二〇六頁以下。】

（13）浜田純一『メディアの法理』日本評論社、一九九〇年、に所収の諸論文。

（14）多くの論文のなかで、近年のものとして、石川明「放送の公共性と放送の自由—西ドイツの公共放送の場合—」ＮＨＫ放送文化調査研究所『放送学研究』三九号、一九八九年三月、一二九頁以下。

（15）栗城壽夫「西ドイツ公法理論の変遷」日本公法学会『公法研究』第三八号、一九七六年一〇月、七六頁以下。

（16）この背景に言及したものとして、塩野宏「日本における放送の新秩序の諸原理」同著、前掲書、三五三頁の注（5）を参照。

（17）Jürgen Habermas, *Strukturwandel der Öffentlichkeit, Untersuchungen zu einer Kategorie der bürgerlichen Gesellschaft*, Neuwied und Berlin : Luchterhand, 1962, Frankfurt am Main : Suhrkamp, 1990. 細谷貞雄訳『公共性の構造転換』未来社、一九七三年。

（18）【本書第一章を参照。】

（19）「制度的保障」については、石村善治「人権と制度的保障の理論」『法学教室・第二期』『ジュリスト』別冊二号、一九七三年七月、二二頁以下を参照。【同『言論法研究Ⅰ（総論・歴史）』信山社、一九九二年、三四七頁以下。】その他、カール・シュミットの「制度的保障」概念との関係に論及しているものとして、以下の論文の次の箇所がある。その概念と戦後旧西ドイツの放送法制における制度的保障論との関連を論じたものとして、塩野宏、前掲論文、一〇五—一〇八頁。その概念と旧西ドイツ公法理論における「新傾向」との相違を強調するものとして、栗城壽夫、前掲論文、一〇六—一〇七頁。その概念とプレスの自由の「制度的理解」との相違を確認するものとして、浜田純一「プレスの自由の『制度的理解』について」同著、前掲書、二八頁および三六頁。浜田の同論文は標題テーマについて綿密な検討がなされており、有益である。そこでいう「制度的思考」と本章でいう「制度的理解」には共通したところがあると考えられる。
(20) Vgl. Carl Schmitt, *Verfassungslehre*, Berlin : Duncker & Humbolt, 1970, S. 170ff.(『憲法理論』尾吹善人訳、創文社、一九七二年、二一二頁以下。)
(21) Ibid., S. 171-172. 前掲訳書、二一三―二一四頁。
(22) 芦部信喜「言論の自由の現代的構造―『知る権利』を中心として―」奥平康弘編『文献選集日本国憲法・六・自由権』三省堂、一九七七年、一六二頁以下。(論文初出は一九七四年。)同「『知る権利』の理論」内川芳美・岡部慶三・竹内郁郎・辻村明編『講座現代の社会とコミュニケーション　第三巻　言論の自由』東京大学出版会、一九七四年、三頁以下。
(23) 石村善治「表現の自由の問題状況」日本公法学会『公法研究』第五〇号、一九八八年一〇月、二四頁以下。【同『言論法研究Ⅰ(総論・歴史)』信山社、一九九二年、三頁以下。】
(24) 浜田純一「放送の自由の価値の理論」同著、前掲書、一一五頁以下。
(25) 浜田純一「放送における自由と規制」同著、前掲書、一四五頁以下。
(26) 【本書第六章を参照。】
(27) BVerfGE 57, 319-320.
(28) 【本書第六章、二一二―二一七頁。】
(29) 民間通信衛星事業は一九八五年に実施された電気通信制度改革(電気通信市場の自由化、NTTの民営化)の産物である。その事業体は大手総合商社を中心にして構成され、日本通信衛星(JCSAT)も宇宙通信(SCC)も米国製の通信衛星を調達し、日米貿易不均衡の緩和に貢献した。さらに、遅れて事業認可を得たサテライトジャパン(SAJAC)も米国ヒューズ社からの衛星調達を決めている(『朝日新聞』一九九二年五月二九日)。民間通信衛星事業三社体制により、トランスポンダーの供給過剰が懸念されるが、そのユーザとして放送型サービスの分配事業には期待がかけられている。【日本通信衛星と事業開始以前のサテライトジャパンの両社は、一九九三年八月一七日付で合併し、日本サテライトシステムズ(JSAT)と社名変更した。経営不振のなかで共倒れを避けるため、三社体制

から二社体制へと移った。】

(30)　受託衛星放送局の「免許」は、一九九〇年一二月に日本通信衛星と宇宙通信の民間二社に与えられた。その通信衛星を利用する委託放送事業者への「認定」は、ラジオ(PCM音声放送)では一九九一年二月に四社に対して、テレビでは一九九二年二月に六社に対して下された。

(31)　他に、本稿とは異なる論拠からやはり違憲の疑義を述べるものとして、立山紘毅「委託放送事業をめぐる若干の問題点―とくに放送法第五二条の二四に定める委託放送業務の停止命令について―」『山口経済学雑誌』三九巻五・六号、一九九一年七月、七五頁以下。

(32)　この命題に関しては、【本書第二章、第三章を参照。】

なお、政治学の立場からデューイの公共性の理論に依りつつ「公共空間」について論じたものとして、阿部斉『概説現代政治の理論』東京大学出版会、一九九一年、一二二頁以下の「第五章」を参照のこと。

第五章　公共圏と市民社会の構図

一　言葉の交易・概念の交錯

近年ドイツ言語圏と英米言語圏の間で、ある興味深い言葉の交易が行われてきた。そのシーンが日本語圏在住の私の目に映って観察されてきた。その流れは現在も見られるし、曲折を経ながら今後とも続いていくに違いない。この間、その言葉の交易ルートの東側ではそれらの言葉が現実の運動に投入され、それらの言葉と響き合う革命が遂行されたのであった。その東欧・中欧革命は「遅ればせの革命」(1)と呼ばれた。

その言葉の交易とは次のようなものである。まず、ドイツ言語圏から英米言語圏への流れについて見てみよう。ドイツ語にエッフェントリッヒカイト（Öffentlichkeit）という言葉がある。この言葉はこれまで一般に「公共性」と日本語に翻訳されてきたものである。本章のベースにあって、三〇年程前にユルゲン・ハーバーマスによって出された著作 *Strukturwandel der Öffentlichkeit*（一九六二年）の場合でも、『公共性の構造転換』（細谷貞雄訳、未来社、一九七五年）という邦訳の表題が与えられている。次節において、そのドイツ語が空間的概念のイメージを持つこと、したがってそれを日本語でも「公共圏」という表現で捉えることの方が妥当であること、について説明する手順なのだが、先回りしてここで「公共圏」という訳語を登場させておきたい。さて、そのエッフェントリッヒカイトはハーバーマスの言説とともに英米言語圏に渡り、パブリック・スフィア（public sphere）と訳されてその土地での表現を得た。ただし、この英訳の言葉に力が付与され始めたのは、一九八〇年代の中頃からだといってよいだろう。その影響力の範囲は最初ごく一部の人々の間に限られていたが、徐々に拡大して、やがて一九八九年には先述のハーバーマスの著作は *Structural Transformation of the Public Sphere* としてその全訳が出版されるに至った。全訳の出版としては、まさに遅ればせであった。

遅ればせとはいうものの、しかし、そこには単に時間的に遅れていた仕事を取り戻したということでは片付かないものがある。何故その時期に英米言語圏でパブリック・スフィアという表現を受容した人々がいたのだろうか。そして、何故その言葉が社会的な力を獲得してきたのだろうか。その言葉が担うべきものと期待される意味や役割は、それまでどのような言葉が受け持ってきたのだろうか。そのような問いが持ち上がってくる。そこで着目しなければならないのは、一九八〇年代の英国と米国はサッチャー首相とレーガン大統領によって導かれた新保守主義の時代だったということである。そこでは「小さい政府」・「市場原理の活性化」という題目のもとに、経済、社会、文化の枠組がまさに政府の力で再編成された。それまで人々が「パブリック・ライフ」と表現してきた生活の次元は、この空間的再編成のなかに投げこまれ、その棲み家が波に洗われる事態となる。「パブリック・スフィア」という空間的表現の採用とその概念への力の付与とは、このような時代に対抗して「パブリックなるもの」を再構築しようとする試みの一環であったといえよう。つまり、「パブリック・スフィア」という言葉は時代に遅れてやってきたのではなく、むしろ社会的空間の再編成が行われていると認識される事態および時代に同期し交叉して登場してきたということができるのである。その時代状況という点ではドイツ語圏でも共通したものがあり、そこで見られる公共圏論の再活性化の背景となっているといえよう。ただし、その再活性化とは、この傾向が全体に広がっているという意味ではなく、ある部分においてその傾向の電位が高まっているという意味においてである。

次に、英米言語圏からドイツ語圏へという逆の流れについて見てみよう。そこに認められるのは、次のようなシーンである。ハーバーマスを初めとするフランクフルト学派の批判理論からの影響を受けつつ、英語圏ではシヴィル・ソサエティ(civil society)の表現と概念が再活性化されてきた。その言葉はドイツ語圏へと移入され、英語のままか、あるいはZivilgesellschaftと独訳されて投入されている。そこに今日複雑な波紋が広がっているのである。その複雑さの原因には、G・W・F・ヘーゲルやK・マルクス以来のブルジョア社会(bürgerliche Gesellschaft——これは「市民社会」とも邦訳されてきた)という言葉との間に起こる干渉波の問題があるし、またやりZivilgesellschaftと独訳され、「市民社会」と邦訳されるA・グラムシのsocietà civileの概念との異同の問題も影を落としている。さらに、この方向の流れに関して補足して想い起こしておくべきことは、過去にも一八世紀においてフランス語のpublicité、英語のpublicityの東方への移転と受容、すなわちドイツにおけるPublizität(パブリックにすること、公表・公示すること、日本語の「言論」に近い)という言葉の登場という交易があったことである。そのことと先述のÖffentlichkeitの概念の成立とはそもそも密接に関わっていた。

今日におけるこの「市民社会」という言葉を巡る概念交錯を象徴的に表しているシーンが、ドイツにおける公共圏論の再活性化をやはり象徴的に示している*Strukturwandel der Öffentlichkeit*の再版(一九九〇年)のなかに認められる。その新版(内容の変更なし)刊行は版元の変更という事情によるものであったが、ハーバーマスはそこに新しく長文の序文を寄せている。その序文のなかに、「本書の中心的な問題設定は、今日『市民社会(Zivilgesellschaft)の再発見』という表題のもとに取り上げられる[2]」という記述が見られる。三〇年前、同書に付された副題が「ブルジョア社会(bürgerliche Gesellschaft)の一つのカテゴリーについての研究」となっていたように、公共圏とは歴史的なブルジョア社会のカテゴリーであり、それをキー概念として近代という時代の社会構成体の分析と同時代診断が描かれたのだった。同書では無論bürgerliche Gesellschaftは頻出しても、しかしZivilgesellschaftの語は存在しない。わずかにZivilsozietätという語が一度だけ、近代の端初における公共圏の成立を説明するところでギルド組合社会に似た意味で使われたのみである。ところが、新版序文では公共圏という問題設定は現在の「Zivilgesellschaftの再発見」と重なるのだという。一体この三〇年間に何が起こったのだろうか。その「市民社会」とは何だろうか。「ブルジョア社会」とどう違うのだろうか。何故「発見」ではなく「再発見」といえるのだろうか。

ところで、すでに読者はお気付きのように、本章の表題にある二つの日本語単語について私は次のような態度を取っている。従来「公共性」という言葉が当てられてきたÖffentlichkeitについては、それに代わって「公共圏」という言葉を用いる。従来「市民社会」という言葉が当てられることが多かったbürgerliche Gesellschaftについては、あえて「市民社会」を使わず、「ブルジョア社会」とする。そしてZivilgesellschaftの方に「市民社会」の語を配当する。これによって混乱が生じることがあるかもしれないが、二つのドイツ語を日本語でも区別して表現したいがためである。本章での以上の用語法をご承知いただきたい。

さて、以下では公共圏と市民社会という二つの概念について、ハーバーマスに依りつつ、それぞれにイメージや関連の構図を描き、そのなかで私なりの解釈を示していくことにしたい。両方の言葉に日本語圏においても力が付与されること、そのことに概念の解釈をもって貢献すること、そのようなことを遠望しつつ本章は書かれていく。

二　公共圏という名の社会空間

公共圏という言葉は読者にはおそらくなじみのない言葉であろう。ドイツ語圏におけるこの言葉、すなわちエッフェントリッヒカイトは、しかし、日々の新聞紙面やテレビニュースに必ず登場し、人々の口にもよく上る言葉である。[3]この言葉は学界のなかだけで通じる専門用語でもなければ、ましてやハーバーマスの専売品目でもない。つまり、それはドイツ語圏ではある程度まで共有された概念をもって定着している言葉なのである。ある程度までというのは、無論そこに、ある意味でイメージのずれや多義性を含んでいることを認めるからである。

この公共圏という概念に社会思想的な意味付けを与えたのが、先述のハーバーマスの著作『公共性の構造転換』であった。それは、ブルジョア公共圏という西欧近代に特有な、つまりその歴史的な文脈のなかにあるカテゴリーを抽出し、分析する。そしてそこに描き出されるのは、そのブルジョア公共圏の自由主義的《リベラール》モデルの構造と機能、近代の端初におけるその成立と社会(福祉)国家ないし後期資本主義の時期に入ってからのその変容である。

ブルジョア公共圏の歴史的成立の基本構図を、同書の記述に依りながら、また私なりの解釈を加えながら要約すれば、次のようになろう。[4]その際、**図1**も参照していただきたい。近代という時代は、公権力の領域と私人の領域の空間的な分割および分離の発生とともに成立する。その前史を遡って見ておくと、それら二つの領域は一六世紀に始まる封建的な諸権力の解体過程のなかから生まれてくる。君主や貴族や聖職者などの封建的な諸権力

図１　ハーバーマスによるブルジョア公共圏の発生論的構図
（18世紀とその前後）

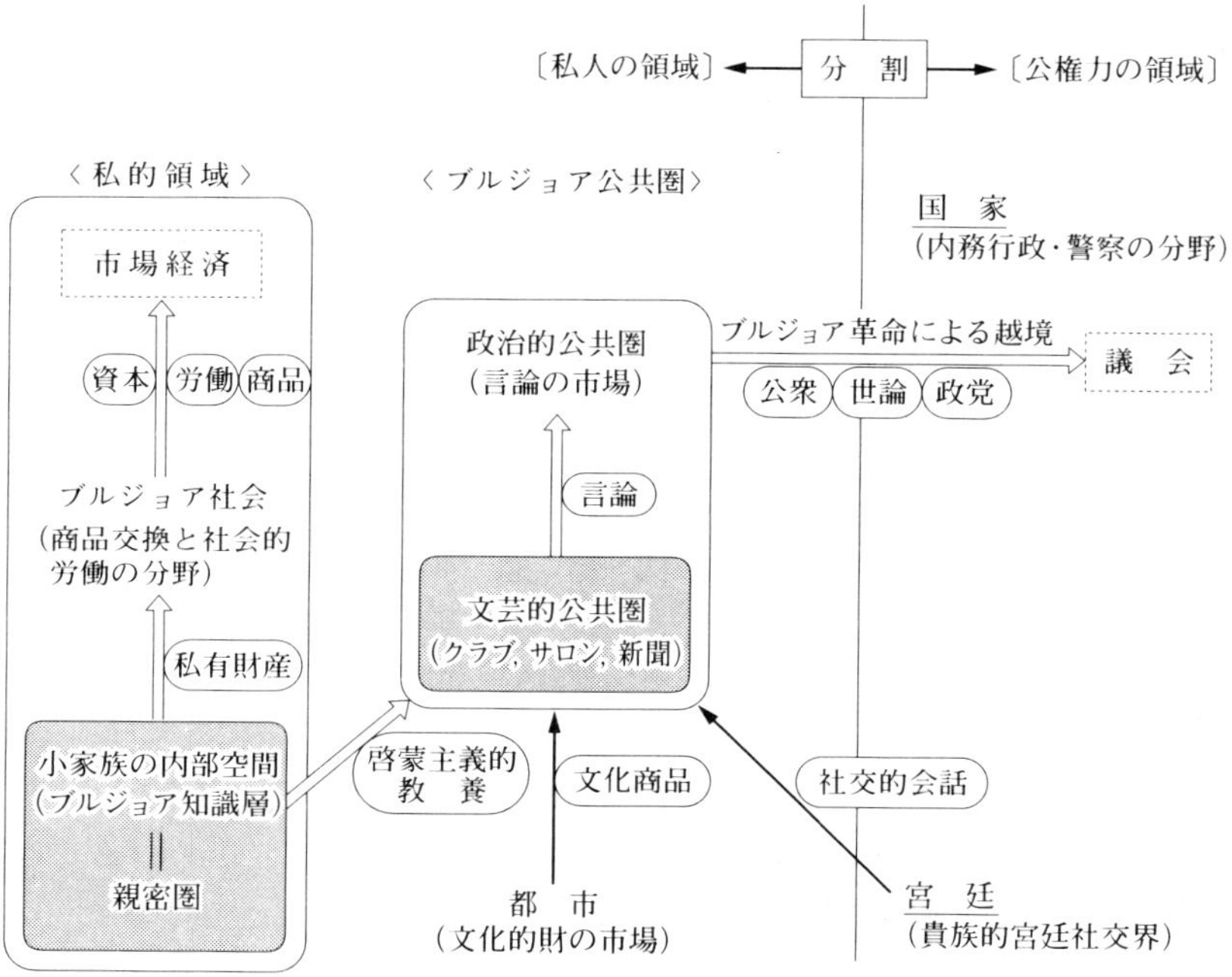

（『公共性の構造転換』の原著旧版45頁，邦訳49頁のシェーマをもとに加筆・補正して作成した。）

はその支配力を演出し行使して見せる舞台として「代表性誇示の公共圏」（repräsentative Öffentlichkeit，邦訳書では「代表的具現の公共性」）を設けていた。例えば、様々の衣装や道具をともなった儀式や祭典である。その舞台装置によって支配関係が被支配者に対して可視的に顕現化され、支配者としての体面が維持されたのである。そこには近代的な意味における私も公も存在しなかった。しかし、封建制の解体過程は同時に私的要素と公的要素の形成・分離・自立という過程の開始でもあった。教会権力に対する宗教改革は内面の自由（信教の自由）という最初の私的自律の圏を生み出した。君主権力においては私的家政と公的予算の分離が発生し、その公的部分から官僚制と軍隊が、そして封建的身分からは身分制議会と裁判所が発達し、絶対主義国家としての機構を整えていく。また、都市の職能組合からは先に触れたZivilsocietät の私的自律の圏域が発生する。このような変化を受けて、「代表性誇示の公共圏」は衰退し、それに代わって国家に代表される公権力の領域が形成され、同時にそれと呼応する形で、そしてそれに対立するものとして私人の領域が形成されてくる。

この私人の領域を担い、その内部を分節化し発展させてきたのは、新興ブルジョアジーであった。彼らの自由の最初の手掛かりは、先に述べた内面の自由であった。口語訳の聖書を自分の手にした家父長は、カトリック教会の祭壇という、神の言葉に接続するための独占的メディア回路から自由となり、そこに彼を中心とした小家族の内部空間が構成される。これを「親密圏」と呼ぶが、そこが自由、愛、教養という近代のフマニテートの理念の発生現場となる。ブルジョアジーの持つ資源は私有財産と啓蒙主義的教養であり、この二つの契機が回転していくことにより小家族の空間は拡大し、それぞれに別の圏域を生み出していく。それらは自己分割し、自立化していく。前者の私有財産の場合には、商品取引が家族経済の境界を突破して、商品交換と社会的労働の分野を成立させる。これがハーバーマスの場合にブルジョア社会(bürgerliche Gesellschaft)と呼ばれる圏域であり、後には市場経済へと抽象化されていく。それと並行して、あるいはそれに先行して、後者の教養を媒介として、「文芸的公共圏」が形成される。それは、ブルジョア教養階級のコミュニケーション圏を中心にして、文化的商品の集散地となり始めた都市空間と「代表性誇示の公共圏」の最後のなごりとして宮廷社交界の一部が合流して成立した。文芸的公共圏が制度的に具現化された場所がコーヒーハウスやサロンや会食クラブである。そこでは教養という入場券を持つかぎり、その他の要件では対等な私人の間で社交ないし座談としての芸術批評が交わされていた。他方では、物理的な場所を共有しない形態の媒介制度として新聞も定着してくる。つまり、新聞は、商品取引のための情報媒体として出発しつつ、そして命令伝達のための官報として道具化されつつも、遂には離ればなれの私人を公衆として糾合するメディアとして制度化する。こうして、ここに文芸作品や新聞を読む「読書する公衆」が成立する。

この文芸的公共圏から次に政治的公共圏が生み出される。読書する公衆は「議論する公衆」となる。その契機は何であろうか。経済的な圏域としてのブルジョア社会の担い手と文化的な圏域として文芸的公共圏の担い手は同じ一つのブルジョアジーという新興階級である。ブルジョア社会の拡大につれて絶対主義的国家の重商主義的な統制は足かせとなり、それからの政治的解放を求める要求が強くなる。ブルジョアジーはこれを公開された論争という手段で挑み、公共圏の機能は文芸的なものから政治的なものへと転じた。ここにブルジョア社会が自己の利害関心を論争的に表現する圏域として政治的公共圏が分離形成されることになる。この圏域は政治的な公衆や世論、そして政党を自らの媒介物として持ち、ブルジョア革命によって遂に私人の領域から公権力の領域へと境界線を突破し、国家のなかへ近代の議会を制度化したのであった。この革命の時期は国によって異なっているけれども、この境界突破はブルジョア経済社会の発展段階に対応して、つまりそれが発展した国から順に起こっていった。そして、その議会を通じて私人の領域の原理である「国家からの自由」権や私的契約関係などの規範が法体系化され、あるいは法典(憲法)によって保証が与えられていった。こうして一九世紀にはブルジョア自由主義法治国家が成立する。

このように見てくると、ブルジョア政治的公共圏はブルジョア社会の利害のためのイデオロギー装置に過ぎないではないか、という意見が出されるかもしれない。しかし、ハーバーマスはそれは確かにイデオロギーであったが、しかしそれと同時に、単なるイデオロギー以上のものであったという。何故なら、ブルジョアジーの支配はその支配という現実があるにもかかわらず、それ自身の止揚の理念を客観的なものとして取り入れる政治制度を真実性をもって発展させてきたからである。つまり彼は自由主義的法治国家モデルをブルジョアジーの制度として一蹴するのではなく、一定の普遍性を宿したものとして評価する立場に立っている。それは支配というものが暴力に依拠するのではなく、自由な討議による合意を目指す過程によって、つまり意見および意志形成過程によって合理化される(正当性が与えられる)という仕組への、そしてその仕組が万人に開かれたものとして制度化されることへの評価である。

それでは、政治的公共圏の理念とは何であろうか。それは、言説の公開性と他者との共同性とを組織原理とした、自由なコミュニケーション空間の設営であると定式化することができるだろう。両方の原理を掛け合せたものを規範とする社会関係が展開される社会空間、それが公共圏である。そこで「政治的なるもの」は発生する。しかし、そのようなものとして一旦は機能した公共圏は、やがて操作的なパブリシティーと広告宣伝という機能を果す空間へと変質してしまう。その原因は、後期資本主義の時代、社会(福祉)国家の時代に入って、近代の基本的構図であった私人の領域と公権力の領域の分離、言い換えれば、社会と国家の分離という構造が崩れてしまったことが求められる。それは、一九世紀終わり以降、ブルジョア社会(社会的再生産の圏域)がその内部での利害紛争を自力で解決できなくなり、その調停者として国家に介入を要請したことに端を発する。こうして社会と国家の分離から両者の相互浸透へと構造が移っていったのである。この構造的変動によって政治的公共圏の基盤は掘り崩され、本来持っていた政治性の喪失が始まった。この事態こそがハーバーマスの書名にいう「公共圏の構造変動」であった。

ハーバーマスは、公共圏が公衆による批判的な言説の空間から体制化した諸組織による大衆に対するＰＲの空間へと転化した事態を「公共圏の再封建化」と呼んだ。封建時代に見られた「代表性誇示の公共圏」に似ているからである。脱政治化された公共圏では、再び威信や知名度が展示・展覧され、それを大衆の眼差しが支え、拍手喝采が送られる。こうした政治的公共圏の崩壊過程を前にして、ハーバーマスはなお公共圏の再建を求める立場に立っている。そこでは、国家的・社会的な諸組織における公開性原則の貫徹に、また公共圏の制度的保障を要請する憲法論的解釈に希望が託されていた。それは、『啓蒙の弁証法』(原著は一九四七年、邦訳は徳永恂訳、岩波書店、一九九〇年)において文化産業に支配された公共圏に悲観的な破産宣告をしたTh・W・アドルノとM・ホルクハイマーと違って、ハーバーマスが公共圏になおアムビヴァレントな(二面性のある)潜在的可能性を見ていたからである。

三　「システムと生活世界」という空間配置のなかの公共圏

『公共性の構造転換』と『コミュニケイション的行為の理論』(原著は一九八一年、邦訳は河上倫逸他訳、未来社、一九八五―八七年)の間には二〇年近くの歳月が横たわっている。その間の時代は一九六六年の大連立内閣の成立(つまり野党の不在)にともなう議会外反対勢力の結集とそれに続く学生運動、一九六九年のブラント首相率いる社会民主党主導の連立内閣の成立とその後一九八二年まで一三年間続く社会民主党・自由民主党連立政権の時代、つまり社会国家的妥協の進行、そして一九七〇年代終わりからの「緑の党」やフェミニスト運動や反核平和運動などの「新しい社会運動」の登場と拡大、などを経験した。『コミュニケイション的行為の理論』の成立は、そのような時代の経験と無縁ではない。

その著作のなかで提示された現代社会の基本的構図は「システムと生活世界」の配置である。これは、「私人の領域と公権力の領域」の分離という近代特有の基本的構図を突き崩していった国家の社会化、社会の国家化の進行のなかで、私でも公でもなく、しかし再政治化された新しい社会空間の形成と自立化が始まり、その延長線上に出来上がった新しい空間配置の関係を捉えている。それは次のように要約できるだろう。まず、「生活世界」も「システム」も等しく行為領域(Handlungsbereich)の概念として捉えている。両者を分かつものはそれぞれの行為領域における行為の合理性における違いである。生活世界での合理性とは言語による相互了解を志向するコミュニケイティヴな合理性(コミュニケーション的合理性または対話的合理性)であり、「システム」での合理性とは成果の達成を志向する目的合理性(この「目的」とはZweckないしpurposeのことであってZielないしgoalのことではない)である。そして、それぞれの行為領域の構造と機能は次のように捉えられる。生活世界は社会的に(sozial)統合された行為領域であって、それは文化、社会(Gesellschaft)、人格という構造上の成分から成り、それぞれに対して文化的再生産(文化および知の継承・批判・獲得)、社会的統合(soziale Integration)、社会化(Sozialisation——個人が人格形成のなかで社会的能力を獲得し、社会的存在にされていくこと)という「再生産過程」が対応している。この生活世界は社会的空間としては私的領域と公共圏から構成される。第一の「私的領域」の空間は家族、隣人関係、自由なアソシエーション(連帯関係)によって担われる。そこでの制度的な中核は小家族であり、それはかつて持っていた生産機能から解除されて専ら社会化の機能だけを果している。第二の「公共圏」の空間は私人と公民(Staatsbürger)によって担われる。そこでの制度的な中核はマスメディアなどのコミュニケーション・ネットワークであり、それにより文化的享受者としての私人は文化的再生産の過程に、公衆としての公民は世論を媒介にして社会的統合の過程に加わる可能性を持つ。

他方、「システム」として統合された行為領域の方は資本主義の経済システムと官僚制の国家行政システムから構成される。それらは生活世界の利益社会的な構成要素から生まれ、貨幣と権力というメディアを通じて、高度に分化して成立したサブシステムである。この「システム」は貨幣と権力の二つの制御媒体《メディア》で制御される。

以上が「システムと生活世界」の静態的な構図であるが、さて、重要なのはこの二元的、二層的な構図の意義にある。この二項対立の形式には重大な意図が込められているといってよい。ハーバーマスの思想的営為の背景には、彼自身が承認する近代という時代のユートピア的理念と近代という時代が現実に産出してきた深刻な病理との間の矛盾をどのようにして説明し、その原因を解明し、そして快方へと向かわせる処方箋を構想することができるかという動機が横たわっているということができる。この二項対立形式は矛盾の発生と病理の原因を説明する装置なのである。それはM・ヴェーバーの近代化論に対する批判を糧として作られた。官僚制化による意味喪失という現象に近代化の社会病理を見たヴェーバーがその原因解明に成功しなかったのは、彼が近代化の資本主義的モデルと社会的合理化一般とを同一視し、したがって、目的合理性のみで合理性の原理を捉えたところにあると、ハーバーマスは批判する。そこでハーバーマスはその二つを峻別し、目的合理性という価値規範に準拠する行為の合理化とは別に、「コミュニケイティヴな合理性」という価値規範に準拠する行為の合理化が存在することを設定した。つまり、近代のなかに異なった二つの合理性の原理を定立したのである。ここにハーバーマスは近代のアムビヴァレントな(両面性のある)性格を捉えることになる。それに対応する行為領域が「システム」と生活世界となった。

そこで重要なのは、その両者の間には貨幣と権力を媒介メディアとして交換関係が存在するということである。あるものが一方の領域から他方の領域に流れれば、必ず別のものが逆の方向へ流れるという交換が行われている。例えば、行政システムから公共圏へ向かって政策決定という権力の影響が流れるのに対応して、公共圏から行政システムへは大衆の忠誠という権力の承認が流れていく。その他の例では、賃金の支払と労働力の提供、財およびサービスの供給と需要、税金の納付と行政組織の達成する仕事などが交換されていく。しかし、貨幣と権力を媒介したこのような交換は次のような帰結を生むことになる。経済と国家の領域で支配的な合理性は認知的・道具的な合理性（つまり目的合理性＝行為の主体と行為の対象の関係を主体―客体の関係として見なし、主体から見て客体が自分の手段として役立つかどうかを判断基準とする合理性）であるが、それがその領域から越境して、生活世界の領域のなかへと侵入し、その生活世界の領域に固有な道徳的実践的合理性と審美的実践的合理性という二つの合理性（つまりコミュニケイティヴな合理性）を犠牲にして優位に立つようになるのである。生活世界におけるシンボル的再生産のうえでの様々な故障や病理はその結果である。生活世界は「システム」に隷属化していく。このような資本主義的近代化による矛盾のパターンをハーバーマスは「システムによる生活世界の植民地化」と表現した。「植民地化」もまた空間のメタファーであり、その点で連続している。その植民地化が一層悲劇的なのは、植民地化される生活世界とは植民地化してくる「システム」にとってのそもそもは母国だったということであろう。自分の分身に本人が縛られていく姿がここにある。

　生活世界は以上のような空間配置と関係に置かれ、機能不全に陥っていると捉えられるが、その構成要素の一つである公共圏を再建する道は今後はどのようなものとして描かれるのであろうか。それは追って第七節で登場させたい。

四　「市民社会」という社会関係の古くて新しいイメージ

上記の第二、三節はいわばもう済んでしまったことである。一九八一年までに作られた構図であり、その解釈だといえる。ここからは現在進行形の概念解釈であり、概念整理の試みになる。ちょうどその一九八〇年代入口のポーランドでは「連帯」という名を冠した自主的組織の運動が浮上し、東欧・中欧革命が途についていたことは偶然であろうか。「現実に存在する社会主義」(der real-existierende Sozialismus)の国家体制を変革しようとしたその過程において、国家に対抗するすべての諸勢力を糾合し、自律した開かれた社会空間を再構築するという目標のもと、その理念を表現する言葉として civil society が使われた。それが西欧近代の思想史から呼び出されたことは言うまでもない。その変革を担った社会運動は、無論理論のためではなく、対抗的な象徴空間を構築するという実践のための象徴言語をそこに見出したのである。それは対抗勢力が国家を包囲するというイメージを十分に備えていた。公共圏の用語も、より少ない程度ではあったが、同様の機能を期待されたといってよい。革命の進展と実績を受けて、「東欧」は「中欧」へと象徴的に西へ移動し、そして civil society は西欧へ逆輸入されることとなった。それは西欧のいわば「現実に存在する民主主義」の国家体制(つまり資本主義国家体制)を根元から民主化する方向を求めるラディカル民主主義理論に迎え入れられたといってよい。しかし、そこには概念の錯綜した関係が展開され、ハーバーマスの理論を巻き込みつつ、いまだ落ち着き先を見出せないままでいる。(5)

まず表面的に言葉だけでの問題でいえば、civil society そのものは日本語の「市民社会」と同様、その civil がブルジョアジーかシティズン(あるいは citoyen)かを区別していない。実際は前者は近代における階級の概念であり、後者はそうではなく、中世においては特権的身分を得た経済的な都市市民のことであり、現代においては自己認識の問題といってよい。言葉がそれらを区別しないという点ではドイツ語の bürgerliche Gesellschaft でも同様であった。これを区別する必要が明確になったら、どうすればよいのだろうか。また何故区別する必要が出てくるのだろうか。ちなみに、東欧・中欧革命を経由してきた civil society は Zivilgesellschaft と独訳されるようになった。この用語が投じられたことによって複雑な波紋が生じているが、しかし、私見によれば、むしろ問題点を明確にする糸口になったのではないかと思われる。

概念の問題をそれを巡る構図の問題として見てみよう。近代の出発点における市民社会（civil society）は対国家との二元的関係のなかに立っている。それは絶対王政に自由な経済的市民を対抗させたJ・ロックの契約思想に見られた。また、ヘーゲルの市民社会（bürgerliche Gesellschaft）もこの国家対市民社会の二元関係にあり、その市民社会とは経済的な労働および交換過程と自由な意見形成過程の二つをともに含んだものであった。こうした二元関係のもとでの市民社会Aは経済的社会を含み、経済原則で動くとともに、私人の親密圏をも含んだものとして国家に対峙している。これはハーバーマスの第一構図（図1）でいえば、「私人の領域」全体に相当する。そこで注意すべきなのは、彼の場合、市民社会(bürgerliche Gesellschaft)を「商品交換と社会的労働の分野」とする定義の仕方に見られるように、その市民社会とは経済的社会のみを指しており、それとは別に公共圏の概念を設定していることである。すなわち、ハーバーマスの市民社会Bの概念は市民社会Aの一部分だけを指していることになる。ということは、国家対市民社会という二元関係におけるヘーゲルの市民社会Aとはハーバーマスの市民社会Bと公共圏の二つから、つまりブルジョア経済的社会とブルジョア政治的公共圏の二つから構成されていて、両者は同盟関係にあったことになる。いずれにしても、このような二元関係は市民革命(ブルジョア革命)

に表現される近代初期のものであった。

ところが、産業革命を経て市民社会Aが資本主義的に編成されていくにつれ、この二元関係は変貌を遂げていく。結局それは国家・経済・市民社会の三元関係へと移行していく。ここでの市民社会Cはもはや経済社会を内に含まず、国家のみならず、経済社会にも対抗している。つまり経済社会は同盟関係を断って、自立化したのである。そうすると、ハーバーマスの第一構図でいえば、ここでの市民社会Cとは市民社会Bから切り離され取り残された公共圏のことだということになろう。したがって、この市民社会Cはもはやbürgerliche Gesellschaftではないはずである。そこで、もし別の表現を採用するならば、それを新しくZivilgesellschaftと名付けることができる。現にハーバーマスは先に第一節で引用した『公共性の構造転換』「新版序文」の当該箇所の少し後で、Zivilgesellschaftという言葉には、bürgerliche Gesellschaftとは違って、労働市場・資本市場・財貨市場を通じて制御されている経済の圏域はもはや含まれないと述べている。また、彼がやはりそこで、C・オッフェがハーバーマスの還暦記念論文集に寄せた一文のなかでZivilgesellschaftに関連して使った「アソシエーション関係」という概念に賛意を表していることも挙げておこう。そして、このZivilgesellschaftの制度的核心を成すのは、国家的でも経済的でもない結合関係、つまり人々の自由意志に基づく結合関係であるとし、その具体的事例として教会、文化的サークル、学術団体、独立したメディア、スポーツ団体、レクリエーション団体、弁論クラブ、市民フォーラム、市民運動、職能団体、政党、労働組合、オールターナティヴな仕組などを幅広く列挙している。このうちのいくつか、とりわけ教会、政党、労働組合については含めるにしても留保条件が必要と思われるが、以上がZivilgesellschaft＝市民社会Cのおおよそのイメージである。そして、第一節ですでに述べたように、本章ではそのCという符号を取り外して、これを単に市民社会としたい。その立場からするならば、歴史的な市民社会AおよびBは、お互いを区別しないとすれば、両方ともブルジョア社会と表記されよう。そして、後に見るように、現代においてはそのCを外された市民社会に対して経済社会という概念が向かい合っている構図を描くことができる。双方とも社会関係の概念である。

ここで、グラムシの市民社会のことに触れておこう。それもやはり国家・経済・市民社会の三元関係のなかにあって、類似したところがある。(6) その市民社会とはブルジョア国家の延長線上にあり、支配階級が被支配階級からの同調を取り付けつつ文化的ヘゲモニーの確立を目指して闘争する圏域の全体のことである。体制変革勢力もそこで闘争する他はない。しかし、そこには打ち倒すべき権力の中枢が具体的に存在しているとは考えられてはいない。対立する様々の活動がひたすらローカルに抗争を展開しているのである。そして、この文化的ヘゲモニーを巡る抗争に最終的な決着の時があるとも見込まれてはいない。このように見てくると、グラムシの市民社会は民主制の理念を含んだ概念としてではなく、現実の文化的階級闘争が行われている場所・空間を概念的に表わしたものだということができるだろう。仮に公共圏との異同を問うならば、それは実体的公共圏の実態であるといえるかもしれない。

さて、再びハーバーマスに戻ろう。彼の「システムと生活世界」という二元関係は先の国家・経済・市民社会の三元関係から見るならば、国家と経済の同盟関係を「システム」としてひとまとめにし、再び二元関係に構成したものだったといえよう。私には、いま新しい市民社会（Zivilgesellschaft）の概念の登場と導入はその二元関係および公共圏の概念に対して微妙な影響を及ぼしており、これまで隠されていた問題を揺さぶっているように思われる。それをいくつかの疑問で提起してみよう。第一に、公共圏と市民社会はどのように区別されるのか。前出の「新版序文」の該当の節(最終の第四節)は「市民社会または政治的公共圏」という表題になっているが、そこでは遂に両者の概念の弁別についての言及は見られない。何か中途半端で、思考が当面の終着駅まで進められていないような感がある。少し窺うことができるのは、両方の言葉を含んだ次のような文章である。東欧社会と違って西欧社会でいま問題なのは、「そもそもマスメディアに支配されている公共圏は、果して市民社会の担い手たちに対して、政治的・経済的領域からの侵犯者が放つ制御媒体の支配力と互角に渡り合い、競争していけるだけの可能性を与えるものかどうか、つまり外部からの影響力が流し込んでくる価値や主題や論拠のスペクトルを変更したり、革新的に組み替えたり、批判的にろ過したりしていくというチャンスを与えるものかどうか、また与えるとすれば、どの程度与えるものか」[7]ということである、と述べている。その文章ではある程度の区別が見られる。第二に、理念的概念としても実態的概念としても使われる公共圏の意味のアムビヴァレンツはそのままにしておいてよいか。ハーバーマスにおいて一九六二年、公共圏は定冠詞の付された歴史的範疇であることの方が強かった。彼において一九八〇年代、公共圏は複数形でも表現されることが多くなった。実態としての公共圏の多様な様相が想定されるようになったからであろう。そのような変化は、その概念が英米言語圏から招致されたことの条件の一つを成しているかもしれない。その受容先では、同時に、その概念の非歴史化・抽象化に力点が置かれるという傾向を認めることができる。第三に、担い手としてのアソシエーションの帰属空間が、彼において一九八〇年代の初めと終わりとでは私的領域から公共圏へと移動していると見られる点はどのように考えるべきか。第四に、「システム」と生活世界の二元関係の捉え方は現実に沿ったものだとしても、国家行政と経済関係を「システム」としてひとまとめに固定してしまうことは国家の民主制的規範的ポテンシャルを封印することにならないか。以上のような疑問はこれまで使われてきた諸概念の性格ないしは水準の問題に帰り着くのではないかと思われる。そこで次節では経済社会と市民社会の概念整理を試みることにしたい。

五　〈市民社会―公共圏〉と〈経済社会―市場〉の水平関係

ここでは「社会関係」(ゲゼルシャフト)を市民社会と経済社会という二つの社会関係の概念のパラレルな二元的水平関係として提示したい。その際、それを組み立てていく過程を説明しつつ最後にその完成図を示すという手順は取らず、命題として一応の完成図を最初から示すことにしたい。

市民社会の概念の構造は次のとおりである。まず、市民社会という関係概念にとっては理念と現実がある。それは二つの形式であり、両者は区別されなければならない。市民社会の理念の中心にあるのは、「人権」という思想であり、それは自らの普遍化を求めて運動する。次に市民社会は制度化された実体を持っている。それが公共圏である。それは社会的な空間として実体化されて認識される。別言すれば、公共圏とは市民社会から制度化された空間である。その空間は、コミュニケーションという行為が行われ、市民社会という関係が展開される重層的な空間である。したがって、田中義久にならって、これを〈行為―関係〉過程の空間と呼ぶことができるだろう。[8] 次に、公共圏という空間概念にとっては規範と実態があり、両者は区別されなければならない。その規範、すなわち空間の構成原理は、言説の公開性と異質な他者との共同性から成っている。前者は場所のルールであり、後者は行為のモラルだということができる。換言すれば、前者は表現の自由の保障(表現行為の自由空間の設営と維持)、後者は連帯と寛容である。これが公共圏の規範的世界である。

このような〈市民社会―公共圏〉の対関係に対して、〈経済社会―市場〉の対関係が向かい合っている。これはヘーゲルのいう bürgerliche Gesellschaft が分化したものといえる。前者はこれまで顕在化して体系的に対象とされることに遅れを取ったが、後者の方はとりわけマルクス以来の政治経済学によって多くの概念装置を与えられてきた。そこで、上記の市民社会軸についての記述が親しみのないものであったとしても、以下の経済社会軸についての記述はある意味で自明なことに属するかもしれない。したがって、後者から前者を類推すれば、前者は理解しやすいものとなろう。

ここでの経済社会とは経済的社会関係のことであり、やはり関係概念である。これにも理念と現実がある。市場とはこの社会関係が制度化された実体であり、やはり〈行為―関係〉空間として認識することができる。こうして市場と公共圏はパラレルな関係に立つ。一般によく使われる市場経済とは、それだけで市場経済のメカニズムを指している場合も見られるが、それは市場経済社会関係のことであり、市場という言葉をわざわざ顕在化させなければ、経済社会と同義ということができるだろう。その〈行為―関係〉空間としての市場における行為は労働である。市場にもやはり規範と実態がある。その規範には、場所のルールとしては市場の公開性ないし透明性、行為のモラルとしては他者との公正な競争を挙げることができる。市場の実態についていえば、規範から見て歪められた公共圏の実態があるように、やはり歪められた市場が存在する。資本主義とはこの経済社会における生産様式の一つと見なされる。したがって、資本主義的に歪められない市場というものもここでは想定される。

さて、以上のパラレルな関係図式は何を整理していることになるだろうか。それは次のような区別である。経済社会(市場経済)という社会関係の概念には理念と現実があり、その経済社会の実体的制度である市場の概念には規範と実態がある。同様に、市民社会という社会関係の概念にも理念と現実があり、その市民社会の実体的制度である公共圏の概念にも規範と実態がある。そして、その公共圏とは社会的な意味空間のことである。このように解釈することによって、これまで見られた公共圏という言葉の曖昧な、混乱した用法、つまり公共圏という

図2　〈関係概念－実体空間〉構図から見た「システムと生活世界」の二元構造

システム	［行為領域］	生活世界
機能本位の目的合理性	〈合理性〉	コミュニケイティヴな合理性
効率・競争	〈価値〉	相互了解
権力・貨幣	〈制御媒体〉	言葉

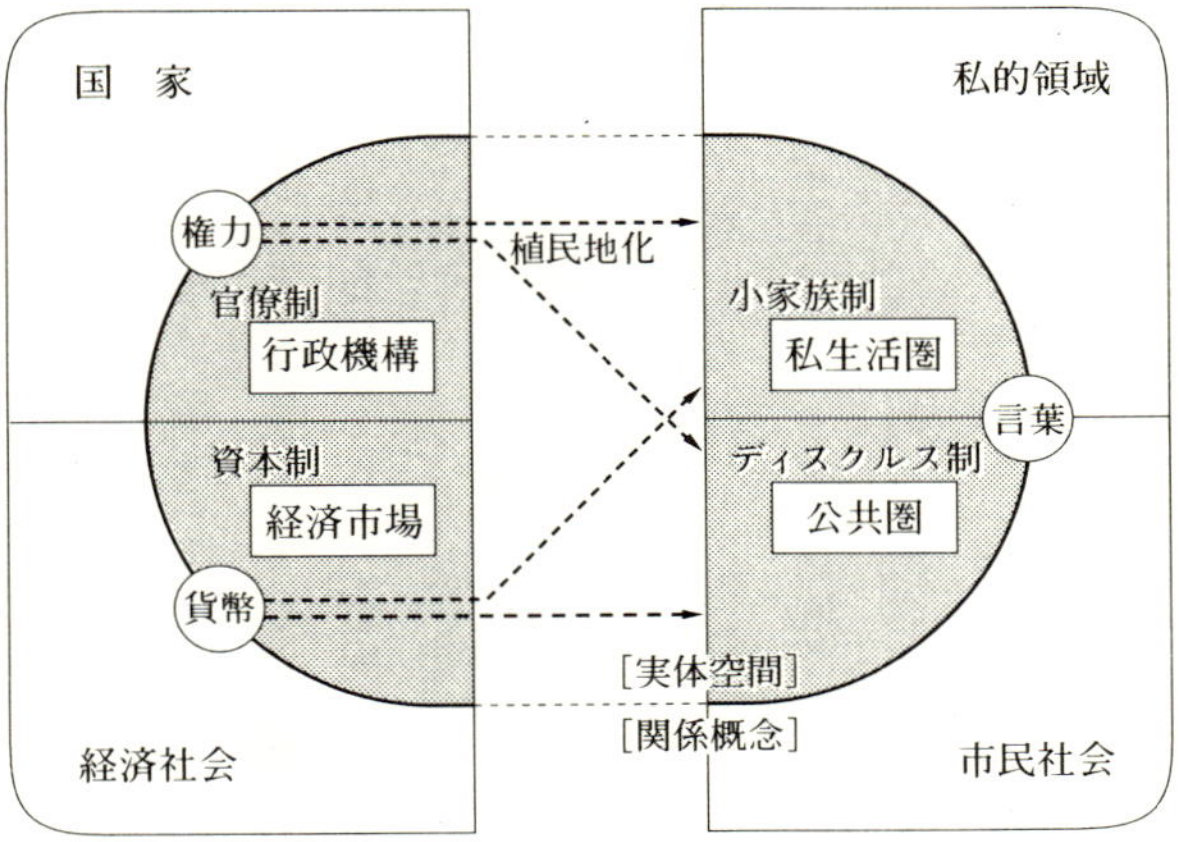

言葉が市民社会の概念を表わすことをも兼任し、しかも以上の理念、現実、規範、実態という四つの要素のすべてを、したがってそれらのうちのどれをも指すことができるという事態から脱出することが可能になる。そして、公共圏と新しく登場した市民社会とを用語上区別し、それらの間の概念上の関係を定めることができると考えられる。

　このような前提に立って、図画化によるリスクを顧みず、第三節で述べたハーバーマスの「システムと生活世界」の構図を図示するならば、**図2**のようになるだろう。そこでは、小家族制私生活圏、ディスクルス制公共圏、資本制経済市場、官僚制行政機構が〈行為—関係〉の実体的空間として捉えられ、私的領域、市民社会、経済社会、国家はそれらに対応する抽象的な関係として定められ、レベルが揃えられることになる。

　ところで、この構図はマルクスの〈物質的生産・再生産関係と非物質的生産・再生産〉、〈下部構造(土台)と上部構造〉、あるいは〈労働と精神的交通(コミュニケーション)〉という二項対立の構図、そしてT・パーソンズの一般行為システム論のAGIL(適応、目標達成、統合、パターン維持という機能)の四項並立の構図を想い起こさせる。ハーバーマスの『コミュニケイション的行為の理論』がそれらの理論を糧としているから、それは当然のことであり、先人の構図が組み替えられつつそのなかに内包されている。ここで「システムと生活世界」の「システム」を仮に「体制」と訳してみるならば、それはマルクスの社会構成体論への接続を、あるいは日本の戦後社会科学が形成したニュアンスへの接続を容易にさせるであろう。無論、「システムと生活世界」における「システム」は行為システムとして捉えられているのではあるが――。ここでは先人のモデルとの詳しい異同関係に立ち入ることなく、二つの点を指摘しておきたい。

第一は、「システム」に対立するものに生活世界という名称を与えたことの積極的意義についてである。それを積極的と見なす背景には、生産という概念に広義と狭義の二つがあり、その二重性のために問題が生じているという認識がある。物質的生産、あるいはモノ化したものの生産を捉える生産という用語をそれ以外のものの「生産」にも、例えば「精神的生産」というように使うとき、それは狭義の生産という概念を広義に拡張したことになる。そのことによって生産(広義)を最上位概念として、その下位にモノの生産(狭義)と非モノの生産(広義)の関係、あるいは労働とコミュニケーションの関係などが組み立てられる。そのように分けられたうちの前者の世界では生産の概念でその生産関係を分析する概念装置がすでに発達しているわけだが、後者の世界でも同様にその生産という言葉を使うとき、そこにはモノ世界の分析用具の視点が知らずに持ち込まれてくる。社会科学的概念に通じた者はそれでいいとしても、実際にはそれによって混乱が生じるし、後者の世界の独自性、固有性を曖昧にしてしまう。そこで、生産の概念を一旦狭義に限定し、その適用範囲をモノ的世界に限ることにしよう。そうすると、その生産に対置されるものは一体何かということになるが、それが生活(Leben, life)だといえよう。

ここに〈生産―生活〉の水平関係を設定することができる。前者の世界については、言うまでもなくマルクスによって、それは生産力と生産関係によって規定されるものとして、そしてその照応関係を生産様式として捉えるという枠組が与えられている。そのアナロジーでいえば、後者の世界は生活力と生活関係によって規定され、その照応関係を生活様式と呼ぶという定式ができるだろう。あるいはコミュニケーションを生活の概念レベルにまで格上げした場合、それはコミュニケーション力―コミュニケーション関係―コミュニケーション様式という定式によっても置き換えられよう。これに関連していえば、ハーバーマスが最近、「生産力コミュニケーション」(Produktivkraft Kommunikation)という言葉を連帯による社会統合の力という意味で使っていることが想い起こされる。(9) 生産力の解放というイメージと重なって、同様にこの力の解放が求められるわけである。しかし、ハーバーマスもモノ的生産関係の分析枠組の非モノ的世界への拡張という伝統を引きずっているといえないだろうか。上記の視点に立てば、その言葉はコミュニケーション(という)生活力あるいはコミュニケーション力と表現されるべきであろう。それとも、コミュニケーションが今日マテリアルな側面を強くしていること、そしてそれを捉えるにモノ的生産関係の分析用具が適していることをそれは端なくも表わしていると解すべきなのだろうか。

第二は、先にも触れたように、経済社会というモノ的生産世界および国家の同盟対生活世界という対立構図において、前者を「システム」としてまとめることはその同盟関係を固定化して見ることになるのではないかという問題である。確かにその同盟関係は現実であり、「システムと生活世界」は現実の構図だといえる。しかし、双方の構成要素である四つの関係概念からすれば、それぞれの理念的側面も否応なくその現実の構図のなかに押し込められ、押さえ込まれてしまう結果になる。そのような状況から関係概念を解放するために、それらを独立させた構図を描く必要があろう。このこともまた新しい市民社会概念の導入から生じてくる帰結だと思われる。その構図が次の節のテーマである。

六　国家・経済社会・市民社会・生態関係の構図

構図の基本は経済社会と市民社会という二つの社会関係の水平的な並列の構造である。その水平線が均衡を保ってできるだけ安定していることが必要であり、その不断の調整が追求されるべき目標になる。まず、その構造に国家を位置付けてみよう。国家はもちろん社会関係（Gesellschaft）ではない。それは観念の所産であり、人為的に構成されたものである。しかし、それは支配を巡る諸関係が観念的に結晶化されたものであり、やはり関係の概念として捉えることができる。その国家にも理念と現実があり、またその実体的制度としての国家行政機構(立法・司法・行政の三権の機構をすべて含む)には規範と実態がある。その国家行政の規範は、伝統的には法を行為規範とする法治主義(行為原則)と主権の及ぶ領土空間の確定を前提として、その内部における支配の均一性(場所原則)から成っているといえよう。ここでも生産関係のアナロジーによって、支配関係—支配力—支配様式という定式を作ることができる。官僚制とはこの支配様式の一つと位置付けられる。この国家は、しかし、市民社会に担保された民主的法治国家でもありうるし、「システム」に組込まれた資本主義国家でもありうる。こうして、国家という要素が独立して加わることで再び三元関係となった。

しかしながら、この三元関係で現代の構図を捉えることはもはやできない。東欧・中欧革命において作動したのは市民社会や公共圏だけであっただろうか。そこには生活や文化のうえでの差異を認めない一種の普遍主義と現実の外的抑圧に対抗する、非暴力的な「土地の神」とでもいうべきものも働いたと考えられる。と同時に、その革命の副産物として民族対立が顕在化し、所によっては暴力的闘争にまで発展したのだった。他方、自然環境の破壊という現実を前にして、経済的合理性に対して「生態系的合理性」とでも呼ぶべき対抗原理が浮上してきている。また、欧州中心主義（史観）を対象化し、その相対化の契機を探る動きも欧州の内と外で強まっている。これら様々のことに何らかの共通性があるはずだが、この第四の項目に名称を与えるのは難しい。それを民族とするならば、狭過ぎる。むしろ、その国民国家的偏向を帯びた観念は組み換えられるべきものである。ここでは包括的にして暫定的に「生態関係」としてみよう。そこには観念としての民族、実体としてのエスニシティや生態系ないしエコロジーの規範と実態などが含まれる。その生態系とは生きられる身体・生体によって「生きられる空間」であり、その規範はアイデンティティの固有性と異なった存在・生存様式間の対等性から成っているということができる。実態においては、自然的・個体的差異は市民社会から制御されない時、社会関係のレベルで容易に差別と排他へと転化していく傾向を持つ。人種差別、性差別、「障害者」(この対語は「健常者」だそうである）差別などがその事例である。

さて、第三と第四の項目では、前者の国家が人為であるのに対して、後者の生態関係は自然によって人間が生かされている関係である。これらを加えて成立する四元関係を仮説的構図として示すならば〈経済社会—市民社会〉の水平軸に対して〈国家—生態関係〉の軸が垂直に交叉している構図を描くことができる。それら二軸四極の主たる制御媒体は、順に貨幣《ゲルト》、連帯《ゾリダリテート》、権力《マハト》、アイデンティティ《イデンティテート》となろう。この四元構図を市民社会を中心にして考えてみると、市民社会にとって他の三つは対立項であると同時にポテンシャルな同盟相手でもある。仮に同盟関係が成り立つならば、市民社会を核にして、それによって経済社会と国家と生態関係が制御されるような全体社会の結晶化が展望されよう。それはいわば「現実には存在しなかった社会主義」であり、E・ブロッホ風にいえば、「いまだ存在しない社会主義」といってもよい。市民社会がそこで放つ制御媒体は、国家に対しては人権、経済社会に対しては連帯性、生態関係に対しては意味である。そこで重要な経済社会と市民社会の関係は制御媒体が双方向に交流する相互浸透の関係になるであろう。すなわち、交換関係であろう。それは、経済社会の市民社会化と市民社会の経済社会化を内に含みつつ、決して到達することのない平衡状態を目指して、不断の調整と制御を繰り返していく関係となろう。また、経済社会において様々の市場経済の現実、あるいは、様々のタイプの資本主義があるということは、それぞれの経済社会が国家、市民社会、生態関係という他の三つの極とどのような関係を取り結んでいるかということによって、その違いによって説明できるのではないかと思われる。

ところでここで、かの「私的領域」はどこへ行ったのかという疑問が出されるに違いない。それに答えるには「システムと生活世界」の二元構図からこの四元構図への転換の間に横たわっている行為主体の変容について言及しなければならない。市民社会の〈行為―関係〉空間である公共圏では、そこで支配的なマスメディア組織（企業体）の他に、かつては私的領域に属すると見なされていたアソシエーション（結社）が加わり、それによって自己組織化する方向が取られようとしている。アソシエーションはさらにネットワーク化していく。こうして、公共圏におけるコミュニケーション行為の中心は個人→組織（結社）→プロセスへと移行していく傾向にあるといえよう。他方、私的領域の主たる担い手であった小家族は、核家族へと規模を縮小し、「社会化」の機能さえ十分に果せない程に衰退してしまった。それだけでなく、いまや家族という制度化されてきた生活様式は多様化の様相を深め、制度としては弛緩し、解体へという傾向にさえ直面している。個人は家庭という第一次の場を飛び越して、つまり緩衝地帯を置かずに広大な関係の場に直接さらされている。隣人関係についても、同様に機能不全の傾向は明らかであろう。このように私的領域の固有の〈行為—関係〉空間は多かれ少なかれ拡散・解体しつつある。こうして私的領域は社会関係の介入から保護されたものとして、その最後に残されたプライバシーの空間としての意味しか持たないようになる。それは、いわば防御的・退行的「親密圏」といえるだろう。いまそこに自己組織化していく力を認めるのは難しい。したがって、それに取って代わって、市民社会の社会関係の量的拡大と質的再編の必要が生じてきたといえるのである。以上が「私的領域」が比重を失い、四元構図に取り入れられなかった理由である。しかし同時に、そのような過程のなかから別の形での私的領域の再生が起こりうるという可能性を否定することはできない。

さて、ここでついでに行為主体の溶解現象の問題に立ち入るならば、それは経済社会でも同様である。そこでの行為主体は個人↓組織(会社)↓ネットワーク化へと進み、やはり市場の自己組織性が問題とされている。つまり、どちらの社会関係においても、実体化していた結社も会社もいわば脱実体化し、溶解してプロセスのなかに溶け込んでいく傾向を見せているといえるのである。これに関連して、ハーバーマスがそれらに通じることを国家の構成要素についても述べていることは興味深い。彼は「手続としての国民主権——公共圏の規範的概念」という論文(一九八九年六月)のなかで、「主体がなく、匿名となった、つまり間主体的に溶解した〔ということは、主体同士の間の相互関係そのもののなかへと溶解した——筆者注〕国民主権」あるいは「コミュニケイティヴに液体化した国民主権」(die kommunikativ verflüssigte Souveränität)という表現を使って、国民主権は決して成員の頭のなかに具現化されて存在するものではなく、仮に今でも具現化がいいうるとすれば、主体なきコミュニケーション様式のなかにこそ存在する、ということを論じている。(10) そして、その様式とは公開の討議による意見および意志形成という実践のための積極的条件ということと同じ意味であり、そこでの実践結果はその実践過程において自己抑制のきいた実践的理性が働いたことの痕跡が窺えるようなものになる、と彼は言う。つまりここに、コミュニケーション行為主体の溶解から国民主権概念の「液体化」が導き出されるという表裏の関係が見えてくる。「液体化」とは手続(この言葉と処理・工程・手順・訴訟は同根である)ないしはプロセスそのものに解消されることと言い換えることができるだろう。

以上、第四、五、六節では、市民社会という言葉が東欧・中欧革命のなかで象徴言語として働き、そのことが逆に過去にその概念を生み出した西欧において、新しい重要性と意味をその言葉に付与するインパクトとなったことを述べ、そしてそのことを受け止めて新しい構図の提起を試みた。しかし、読者は私が構図と構成要素のことばかり語っているという印象をもたれるかもしれない。ここで構図の問題を終え、次の二つの節では現実の公共圏の問題に入っていくことにしたい。

七　公共圏規範の再生と公共圏実態における空間戦略

公共圏の置かれていた一八世紀的構図が変動し、その結果として公共圏の政治的機能が失われたというのが、ハーバーマスの『公共性の構造転換』の基本設計であった。その際彼は、その失われた機能を回復し、政治的公共圏を再建する道として、現代の公共圏において中心的な制度の位置を占めるマスメディア・システムを自由主義的法治国家の憲法規範に照らして、その規範の現実制度への貫徹によって改革するという方向を目指した。具体的には、マスメディア組織に対して憲法から演繹された規範的枠組を与え、そしてそれによってシステムを構造化する。そのような外部からの条件付けとともに、マスメディア組織の内部に自由空間を作り出すための構造化(組織内民主主義の制度化)を企てるというものである。そこには戦後(旧西)ドイツの憲法学における社会的基本権(soziale Grundrechte)の学説と歩調を合わせたアプローチを見ることができる。それは、つまり機能不全の公共圏をシステムの側から、システムの欠陥として改善しようという構想だったといえよう。そのような構想はすでに過去のものとなったというのは早計であり、また誤ってもいるが、[11]ハーバーマスが『コミュニケイション的行為の理論』以降提起している再建構想では、その思考場所が移動していることは確かである。そこでの方策は、すでに制度化されたシステムの場における改革にではなく、公共圏そのものの自己組織化に求められている。[12]つまり、公共圏の再建をシステムの力を借りて達成しようとするのではなく、言語とアソシエーションという生活世界の資源によって公共圏そのものを自律化させることが目指されている。その背景には、社会国家的な可能性への幻滅ばかりでなく、同時に先述の行為主体の溶解の問題が深く関わっていると考えられる。システム的解決ではその部分システムでの行為主体(個人、組織)の行為能力の回復に信頼を置くことになるが、しかしそれが望めない時、公共圏そのものの、つまり自己自身の再生を構想する他はない。このような地点では一層のこと、第五節で述べたように、公共圏を社会的空間として実体的に捉え、その規範と実態を区別する必要性と意義が明らかになる。行為主体の脱実体化は却って公共圏という空間の実体化をこれまでにもまして現実のものとするのである。そして、公共圏規範の再生はこの社会的空間が設営されることによって初めて実現できるのであり、逆に社会的空間としての公共圏は規範の裏付けがあって初めて、またその度合に応じて存在することができるという関係がここにはある。

さて、公共圏が空間であることがはっきりすればするほど、その再建構想が空間戦略を取るということが理解されてくる。そこでハーバーマスには二つの空間戦略を見て取ることができる。第一は包囲戦略であり、それは次のように描写される。

「コミュニケイティヴな（相互了解を志向するコミュニケーション行為が産出する――筆者補足）権力は包囲の手法で行使される。この権力は行政システムの決定過程の諸前提に影響を行使する。ただし、それは行政システムそのものを征服する意図は持たない。そして、この権力は包囲された要塞の側に自らの命令（規範的要求）を提出するとき、その相手に理解できるような無類の言葉でそれを行なう。すなわち、この権力はある種の論拠のプールを蓄え、運用する。そのような論拠とは、たとえ行政権力がそれらに道具的に対応する態度を取るにしても、しかし、行政権力がいまのような法治形態を取っている限りは決してそれらを無視することができないような類のものである。」(13)

この包囲戦のなかで民主的法治国家のプロジェクトとは、理性的で集合的な意志形成の手続（手法ないしは処理過程）の制度化が一歩一歩改善されていくことをその唯一の内容とする。そのような手続によって初めて、書かれた物としてではない世論は「包囲機能」を果すことができるというのである。このような包囲戦のイメージは、グラムシの市民社会論における陣地戦（塹壕戦）や機動戦のイメージとの違いを呼び起こすが、いずれにしても社会闘争が空間のメタファーで捉えられている点で両者は共通している。次に、第二の戦略とは、空間そのものの自律化という戦略である。これはすでに述べた公共圏の自己組織化のことであり、合理化された生活世界の自己資源である連帯と意味を作動させ、それを組織化して、自己自身に基礎を置いた高次元の相互主観性（間主体性）の段階にまで達した〈行為―関係〉空間を構築することを意味する。この戦略は市民社会の理念が運動するべき自己空間が喪失されているという認識に裏打ちされているといってよい。その失われた自己空間の奪回ないし再構築が企図されているのである。

このような二つの戦略を構想するハーバーマスに対して、私の見るところ、矛盾した批判が加えられている。例えば、包囲戦略に対しては市民社会を論ずるのに戦争のメタファーを用いているといった平和愛好主義的言説による批判、あるいは公共圏の規範論に基づくその自己組織化の戦略に対しては理想主義的であり、合意という予定調和を前提としているといった批判である。そのような批判は二つの戦略のうちどちらか一つを取り上げて批判しているのである。批判する相手を自分に都合よく単純化して批判しても仕方がない。むしろ重要なのは、この二つの戦略を同時に抱え込まなければならないことにある。何故なら、公共圏という空間はある固定した広がりを持った恒常的な空間なのではなく、コミュニケーション過程の運動ポテンシャルに応じて自在に伸縮を繰り返していく、コンフリクトに満ちた空間だからである。

二つ付言しておきたい。まず、包囲戦のメタファーに関していえば、今日ではブルジョア公共圏対プロレタリア公共圏という関係で捉えることはもはやできなくなったといわなければならない。階級関係は厳然として存在するとしても、また階級構造の様相は各国によって様々ではあるが、ブルジョアジーもプロレタリアートもその実体はどこにあるだろうか。先進資本主義諸国ではそのような階級対立は、一方では「システム」のなかに抽象化されて吸収され、他方では消費文化による共通化と中産階級(中流)幻想の浸透のなかで見えにくくなってしまった。私経済セクターであれ、公務セクターであれ、大企業・大組織の労働組合は、仮にそれが市民社会の理念と連動していない時、「システム」のなかで自己利益と自己保存を追求するアクターの一つでしかない。

次に、今日の公共圏には実体として存在感を高めてきたものたちがいるということである。それは公共圏の辺境に置かれている子供であり、女性であり、高年者であり、ハンディキャップド・パーソンズであり、ホームレスであり、先住民族であり、異邦人であり、つまり「システム」から疎外され、その視点から客体視されてきた人間たちである。「システム」は彼らから所在場所を奪い、流浪化させるか、または囲われた特定の場所を設け、そこに彼らを収用し、社会的〈行為—関係〉空間から隔離しようとする。そのような「システム」による空間処分のもとでは、彼らにこそ自己組織化による空間獲得と空間統合は現実的意味を持つといえよう。そして、その〈周辺〉でのポテンシャルの高まりは〈中心〉によるその無視を退けるほどのものになってきたといえよう。

八　公共圏実態における構造矛盾とオールターナティヴ公共圏の産出

そこで、公共圏の実態はどうであろうか。そこには当然ながら、規範とは矛盾する実態があり、それを作り出す構造がある。まず、それを三点において押えておこう。第一は、公共圏の持つ家父長制的な性格である。公共圏の発生史からも明らかなその性格は、すべての者に平等に開かれた参加の空間という理念に反して、公共圏の産出関係のなかに組込まれた排除の構造を持っていた。その点についてハーバーマスは先の「新版序文」のなかで、フェミニズムからの批判に答えるかのように、抑圧された階級の男性の場合と女性一般の場合とを区別して次のように述べている。政治的公共圏はただ単に偶然男性に支配されてきたというわけではなく、その構造も私的領域に対するその関係も性差に基礎を置いて決定されてきたという意味において、政治的公共圏にとって女性の排除は本質的なことであった。差別された男性の除外とは違って、女性の排除は構造形成的な力を持っていたのであると。

第二は、資源の所有の不平等である。公共圏への参加は確かに理念上は開かれているが、しかし現実には手持ちの資源ないしは資格要件が要る。ブルジョア公共圏におけるそれは啓蒙主義的教養とその獲得のための現実的前提条件である私有財産であった。今日では、教育制度の普及により私有財産はそのままでは必ずしも必要条件とはいえなくなったとしても、依然として教養資源あるいは討議能力は、そしてそのための現実的条件である時間資源の所有は必要条件である。そこでハーバーマスは知識人に期待をかける。しかし、それらの資源を持たないものたちはどうすればよいのだろうか。

第三は、公共圏において支配的な地位を占めるメディア公共圏がとる産出様式である。マルクス主義的イデオロギー批判からは、マスメディア・システムは体制イデオロギーの注入装置だと規定される。生活空間に行き渡るテレビや新聞は「システム」の放ったトロイヤの木馬に他ならない。ハーバーマスに言わせれば、前述のように、メディア公共圏は操作的パブリシティと広告宣伝の空間と化している。その事態を彼は封建制下の「代表性誇示の公共圏」の再現、つまり「公共圏の再封建化」と言い表したのだった。実際のところ、今日のメディア公共圏はますますＰＲ機能の舞台空間と化し、知名度製造装置の様相を呈している。公共圏において知名度（有名性・人気）は市場における株式にも類似した地位を占めるようになった。実体や内容ではなく知名度に人々は視線を投資する。そのような知名度取引所ないし視線集合器の、システムとしての性能向上はオーディオ・ヴィジュアル技術や伝送技術の高度化とコストダウンで留まるところを知らない。公共圏は言葉によってではなく、無数の視線によって支えられた「眼差しの公共圏」となっているといえよう。

以上の三点は、公共圏という社会空間の産出（ないし生産）に関わる産出関係―産出力―産出様式に順番に対応しているということができるだろう。支配的な産出様式であるメディア公共圏に対するオールターナティヴな公共圏は、したがって産出関係と産出力における変化、支配的なものとは別なものによる置き換えに基礎を求めなければならない。その点で「新しい社会運動」や「ネットワーキング」が産出する新しい公共圏に関心が向かう。新しい社会運動とは、ハーバーマスによれば、システムと生活世界の縫い目のところで発生している新しい種類の抗争である。その抗争にとっての争点は、生産過程の成果物をどう分配するかという問題ではなく、生活様式の文法の問題なのだとされる。そこに産出される新しい公共圏とは、K-H・シュタムが言うように、単に対抗公共圏(Gegenöffentlichkeit)なのではなく、authentische Öffentlichkeit（オーセンティックな公共圏、確かな拠り所に根差した公共圏）である。(14) それは当事者たちのもとに集積される具体的な経験世界から生み出されてくる当事者公共圏だということができる。それは間接化されない、メディア化されない公共圏である。それをここでは「手触りの公共圏」と呼ぶことにしよう。そこには私と公の分離ではなく、そのような二元性を超えたところに「政治的なるもの」の新たな発生現場が見られる。そこで用いられる資源は、言葉と時間に並んで相互了解を志向するモラルであり、その内容は連帯と寛容だといえる。

時間が登場したので、それに関連していえば、労働時間短縮の問題は、「過労死」(労働する身体の極限状態)や「国際水準への適応」(資本主義間競争の調整、労働生産性の向上)の視点からではなく、むしろそれを時間資源を巡る闘争と見なし、経済社会の生産関係のなかに収用され過ぎている時間を市民社会の側に取り戻し、生活関係および民主主義過程のために投入するという視点から捉え直されるべきではなかろうか。それは単に時間資源の量的な配分の問題なのではなく、時間を自己所有し、その使途を自己決定するという時間との関係の問題なのである。

さて、新しい社会運動は新しい公共圏の産出にどの程度成功しているだろうか。それはマスメディアが産出する公共圏とどのような関係を持つべきなのか。これまで見られた矛盾として、運動が草の根公共圏を産出し、その際既成の公共圏を遠ざけるか、あるいは逆に既成のメディア公共圏を自らの利益のためにパブリシティ手段として利用し、しかしその際草の根公共圏へのアプローチをおろそかにしてしまうのか、というどちらかの道をたどり、それが結果として新しい公共圏の持続性を弱めてきた、とシュタムは指摘する。新しい公共圏は、自らを制度化していく時に、ただしその際草の根の多彩な世界への、またローカルなものの見晴らせる世界への関係を失うことなくその制度化が企てられていく限りにおいてのみ、長期的に生命力を維持する。そして、公共圏の新しい形式にチャンスがありうるのは、自然発生的な当事者公共圏と既成のメディア公共圏の弁証法を展開することに成功する場合においてのみである、とも述べている。それはちょうどコミュニケーション・メディアに対して解放的契機と抑圧的契機というアムビヴァレントな潜在力を認め、前者をあくまで見棄てないというハーバマスの態度と重なっている。そして、この点は新しい情報コミュニケーション技術と新しい社会運動との関わりについても妥当するものということができる。運動は技術の抑圧的契機への批判を堅持するとともに、技術からも解放的契機を引き出す道を探らなければならない。新しい技術とはその利用形態の定義を巡ってなお相剋のなかに置かれているのであり、その定義は社会過程のなかで決められていくからである。再政治化された世論の復活、政治的な言説の再生はこのような弁証法の作動のなかに望まれるものであろう。

しかし、その弁証法の困難さもまた明らかである。例えば、「現実に存在する民主主義」諸国とでは公共圏問題の条件は違っているとしても、革命を経た今日の東欧・中欧諸国を見るならば、「現実に存在する資本主義」がそのまま導入されるにともなって、かつて熱意を込めて語られた「市民社会」や「公共圏」の理念は後退し、知識人や活動家は専門家として市場原理のもとでの制度の形成やシステムのコントロールという現実問題の方に忙しくなっている。舞台は回り、公共圏実態は変動したというべきであろう。(15) それでも、それもまた一つのプロセスなのだという他はない。

九　日本社会と公共圏のポテンシャル

最初の節で私は、公共圏と市民社会という言葉に日本語圏においても力が付与されることを遠望しつつ、と書いた。最後になったこの節ではそのことに立ち返ってみたい。

実は、二つの言葉では少し事情が異なっている。まず、市民社会という日本語はこれまでもよく使われてきたし、辞書・事典にも載っていて市民権を得ている。それに対して公共圏は依然として新語であり、市民権を得たものとは決していえない。(16) 意味の点でも、日本語の市民社会という言葉はドイツ語圏で新しくツィヴィールゲゼルシャフトという言葉で表現されるようになった意味内容でもすでにこれまで使われてきたといえる。それは戦後日本社会科学ないし社会思想において「近代主義」(17)と他称された潮流の伝統に根差しているといえよう。市民社会の日本語はブルジョア社会の意味内容でも用いられてきたから、ある多義性を具えていたことは確かだが、その日本語の含意のスペクトルのなかにツィヴィールゲゼルシャフトが確実に含まれていたことは明らかである。何故そのような意味の分光が早く戦後日本社会科学において可能だったのだろうか。その理由はおそらく最初から経済社会とは区別された意味で市民社会を定立しなければならなかったからであろう。そうさせたものこそ天皇制という制度の存在であったといえよう。つまり、日本近代に固有な条件である。「近代主義」はまさにこの条件と戦中・戦後に格闘したのであった。その「近代主義」は言葉によって天皇制構造を打ち破ることに成功したであろうか。

まだ成功していないという証左の一つが公共圏という概念とそれを表わす言葉のこれまでの不在ではなかろうか。制度としての公共圏は天皇制の意味空間に横領され、公(パブリック)の析出は阻まれてきたのである。(18) だからこそ、この国の政治文化では「私」が公(パブリック)を媒介することなく「天下国家」へと接続される。公党を僭称する私党によって現実政治は動かされている。与党内部の派閥連立の交代はあっても、与野党間の政権交代は起こらない。言葉と討議の有効性は信じられず、代って「金権」と「談合」が横行している。貨幣権力の過剰と討議過程の過少、これが日本の「現実に存在する民主主義」政治の特徴的な姿である。

ハーバーマスの『公共性の構造転換』がドイツで出される三年程前、日本では丸山眞男によって「開国」という表題の論文が書かれていた。私は両者の間に、ある通底するものを強く感じる。分析対象とする歴史的現実は別のものであっても、そこには少なくとも方法意識、そして視野のなかにある「現在的な課題」の二点において共有されたものがあるといえよう。

まず、丸山の方法意識は「開国」の語に込められている。「開国」とは、『閉じた社会』から『開いた社会』への相対的な移転」という「象徴的な事態」を表現するとともに、具体的には日本の幕末維新期のような歴史的現実を指示するものと設定される。前者は非歴史的あるいは超歴史的なカテゴリーであり、後者は特殊に歴史的な概念だと言い換えられてもいる。ここまで見たところで、丸山の「開国」とハーバーマスの「公共圏」とは同じ方法意識に立っていることが明らかとなろう。

次に、その二つの側面からの照明を交錯させようとする、丸山の動機を支えているのが「現在的な課題」意識に他ならない。分析の直接の対象は「第二の開国」に限定されているけれども、「第三の『開国』の真只中にある私達は、歴史的な開国をただ一定の歴史的現実に定着させずに、そこから現在的な問題と意味とを自由に汲みとることが必要と思われる」[19]（傍点は原文。以下同様）と彼は言う。つまり、〈カテゴリー・開国〉を用いた同時代診断が――〈カテゴリー・公共圏〉を用いてハーバーマスが行ったように――企てられているのである。そして、その汲み取られた命題が論文の各所に埋め込まれ、ちりばめられている。

そのような箇所から、ここでの関心に沿って三箇所を引用してみよう。「開いた社会を閉じた社会から区別するもっとも大きな標識は自由討議、自主的集団の多様な形成、及びその間の競争と闘争である。周知のように、わが国では討議・演説・会議・可決・否決・競争というような訳語は、いずれも維新当時において福沢諭吉ら洋学者の苦心の造語にかかるものであり、そうした言葉がそれまでなかったということは、とりも直さずそれに相当する社会的実体が広汎に欠けていたことを物語っている。[20]」まさにここでは、対象となっている歴史的現実は違っていても、ハーバーマスと符合したテーマが課題とされている。ただ、「公共圏」という言葉と社会的実体が欠けているだけである。そして、「明六社のような非政治的な目的をもった自主的結社が、まさにその立地から政治を含めた時代の重要な課題に対して、不断に批判して行く伝統が根付くところに、はじめて政治主義か文化主義かといった二者択一の思考習慣が打破され、非政治的領域から発する政治的発言という近代市民の日常的なモラルが育って行くことが期待される。その意味では、この明六社が誕生わずか一年余りで讒謗律、新聞紙条令といった維新政府の言論弾圧によって解散しなければならなかったということは、近代日本における開いた社会の思考の発展にとって象徴的な出来事であった。[21]」こうしてアソシエーションが担う市民社会ないしはシティズンシップへの芽は摘み採られてしまう。公共圏という「立地」が成立しなかったのである。ただし、丸山はそこでハーバーマスと同様に、文芸的公共圏から政治的公共圏が発するという関係を、またそれらの間の切り離すことのできない関係を見定め、その構図から記述している。そして、「第二の開国」の結末はどうであったか。「無数の閉じた社会の障壁をとりはらったところに生まれたダイナミックな諸要素をまさに天皇制国家という一つの閉じた社会の集合的なエネルギーに切りかえて行ったところに『万邦無比』の日本帝国が形成される歴史的秘密があった」という事態に至り、「おびただしい犠牲と痛苦の体験」で終わる。「その体験から何をひき出すかはどこまでも『第三の開国』に直面している私達の自由な選択と行動の問題なのである」[22]と丸山はその論文を結んだ。そして、「第三の開国」の結果はどうであったろうか。その歴史的現実を今日私たちは目のあたりにしている。「開国」とは外側からの強制としてではなく、内側からの選択によって進められるべき問題だという意味で、またそれは内部における「開いた社会」の拡張と並行した問題だという意味で、現在の日本もまた「開国」というプロセスの真只中にある。

　結論として次のことを述べておきたい。日本語圏に空間概念としての公共圏という言葉を導入することは、そしてその際その言葉に社会的空間という実体的なイメージを付与することは、市民社会という関係概念の言葉に明白な対応物を作ることであり、そのことによって双方に具体的な操作性を与え、力を付与しようと試みることである。公共圏はたとえば東京ドームのように設営されなければならない。市民社会の側のコミュニケーション力（ないし「生産力コミュニケーション」）の増大と解放を計り、その空気圧によってである。それは包囲戦でも陣地戦でも機動戦でもなく、自己の内部からの膨張という戦略として語ることができる。その際、さらに比喩的・図式的に述べることが許されるならば、視線の空間としての「眼差しの公共圏」に対して、言葉の空間としての「発話の公共圏」を、そしてそれだけではなく、触覚の空間としての「手触りの公共圏」を対置させていくことが必要であろう。発話と手触りを強め、それらを触媒として経験を発生させる、そのような場所から日本においても具体的に市民社会の共生のイメージと潜在力を育むことが可能ではなかろうか。

注

（1） Cf. Jürgen Habermas, *Die nachholende Revolution*, Frankfurt a. M.: Suhrkamp, 1990.（『遅ればせの革命』三島憲一他訳、岩波書店、一九九二年。）

（2） Jürgen Habermas, *Strukturwandel der Öffentlichkeit ; Untersuchungen zu einer Kategorie der bürgerlichen Gesellschaft* ; mit einem "Vorwort zur Neuauflage", Frankfurt a. M.: Suhrkamp, 1990, S. 45. この「新版序文」の邦訳（山田正行訳）は、『みすず』三六四号（一九九一年七月）と三六五号（一九九一年八月）に掲載されている。（邦訳での該当箇所は同三六五号、四九頁。）【同邦訳は改訳されて、『（第二版）公共性の構造転換』未来社、一九九四年、に含まれた。同訳書、ローマ数字三七頁。】

（3） 独和辞典には、Öffentlichkeit に対して社会、世間、世論、周知、公表、公開、傍聴人などの訳語が並んでいる。それらの訳語の概念水準がこれ程まちまちなのは何故だろうか。それは、この単語を含んだ様々の文脈のドイツ語文章を日本語文章に意訳して、そこから対応する部分の日本語単語だけを引き出せば、これだけ様々の名詞になるということが示されているためである。しかし、この単語が前置詞を取る時、必ず場所を表わす前置詞を取るということに着目すれば、その意訳の多様性は消え、この単語が場所・空間の概念に属するという一点が明らかとなる。

（4） より詳しくは【本書第一章を参照。】

（5） civil society の概念については、例えば、U・レーデルやH・ドゥビールたちは積極的評価に立つ本を出しているが、他方でA・ホネットはその概念のアムビヴァレントなるが故にそれに疑問を呈するコラムを書いている。Cf. Ulrich Rödel/Günter Frankenberg/Helmut Dubiel, *Die demokratische Frage*, Frankfurt a. M.: Suhrkamp, 1989. Axel Honneth, "Konzeptionen der »civil society«", in *MERKUR*, 46. Jg. Heft 1/1992, S. 61-66. また、ドイツ政治学会（DVPW）の学会誌上でもこの概念の妥当性を巡る討論が見られ、評価は流動的である。Cf. Volker Heins, "Ambivarenzen der Zivilgesellschaft", und Rainer Schmalz-Bruns, "Civil Society - ein postmodernes Kunstprodukt? Eine Antwort auf Volker Heins", in *Politische Vierteljahresschrift*, 33. Jg. Heft 2/1992. S. 235-

242, und S. 243-255.

（6）Cf. Axel Demirović, "Zivilgesellschaft, Öffentlichkeit, Demokratie", in *DAS ARGUMENT*, 185 / 1991, S. 41-55.

（7）Habermas, 1990, *Strukturwandel der Öffentlichkeit,* "Vorwort zur Neuauflage", op. cit., S. 47-48.（私訳による。）（前掲の邦訳では『みすず』三六五号、五一頁。）【注（2）の補注を参照。同訳書、ローマ数字四〇頁。】

（8）この概念については、田中義久『行為・関係の理論―現代社会と意味の胎生―』勁草書房、一九九〇年を参照。

（9）この用語が使われている箇所としては、次を参照のこと。Habermas, 1990, *Die nachholende Revolution*, op. cit., S. 85 und 93.（前掲の邦訳では一九一および二〇四頁。）Habermas, 1990, *Strukturwandel der Öffentlichkeit*, "Vorwort zur Neuauflage", op. cit., S. 36.（前掲の邦訳では『みすず』三六五号、四三頁。）

（10）Jürgen Habermas, "Volkssouveränität als Verfahren ; ein normativer Begriff von Öffentlichkeit", in : *MERKUR*, 43. Jg. Heft 6/1991, S. 465-477.【auch in : ders., *Faktizität und Geltung : Beiträge zur Diskurstheorie des Rechts und des demokratischen Rechtsstaats,* Frankfurt a. M. : Suhrkamp, 1992, S. 600-631.】

（11）この見解については、【本書第四章を参照。】

（12）Cf. Jürgen Habermas, *Der philosophische Diskurs der Moderne*, Frankfurt a. M. : Suhrkamp., 1985, S. 422-425.（『近代の哲学ディスクルス』II、三島憲一他訳、岩波書店、一九九〇年、のうち木前利秋訳「XII近代の規範的内容」。）

（13）Habermas, 1991, "Volkssouveränität als Verfahren", op. cit., S. 475. 同様の記述は「新版序文」にも見られる。

（14）Karl-Heinz Stamm, *Alternative Öffentlichkeit ; die Erfahrungsproduktion neuer sozialer Bewegungen,* Frankfurt a. M. : Campus, 1988, S. 260-289.

（15）ポーランドのK・ヤクボヴィチは一九八九年時点に書いた論文でポーランドには三つの公共圏があったとしつつ、公共圏の概念で革命の過程を描いた。それらは、オフィシャルな公共圏、オールターナティヴな公共圏（ローマ・カトリック教会）、そしてオポジションの公共圏（地下出版、「連帯」）である。Cf. Karol Jakubowicz, "Musical chairs? The three pubilic spheres in Poland", in : Peter Dahlgren and Colin Sparks (eds.), *Communication and Citizenship*, London : Routledge, 1991, pp. 155-175. 一九九二年一〇月のこと、私はワルシャワで彼に「今日ポーランドにはいくつの公共圏があるとお考えですか」と尋ねた。彼はしばらく考えた後で、「一つ」と答えた。

(16) ただし、「公共圏」という項目で事典に載ったことが少なくとも一度ある。香内三郎が『マス・コミュニケーション事典』南博監修、學藝書林、一九七一年、二〇四―二〇五頁、に執筆した項目がそれである。そこで香内は三木清、戸坂潤、G・タルドの三人を引用しつつ、その語をまさしく政治的エッフェントリッヒカイトの意味で解釈している。その項目は次のように結ばれている。「タルドが頭に思い描いたような公衆が、一種の幻像でしかなかったことはいまや明らかであるが、近代的メディアがつくり出す無形のコミュニケーション世界が、人びとを連帯させ、人類をつないでゆくという美しい構想（信仰）までふり捨ててしまう必要もない。公共圏も同様である。」至言というべきであろう。遅ればせながら、この項目の所在を知ったのは、次の指摘に負っている。高橋直之「多メディア時代におけるマス・コミュニケーション研究の理論課題」日本マス・コミュニケーション学会『新聞学評論』四一号、一九九二年五月、二七頁。

(17) 日高六郎「戦後の『近代主義』」同編『現代日本思想大系・三四巻・近代主義』筑摩書房、一九六四年、七―五二頁。

(18) このテーマについては、【本書第二章を参照。】

(19) 丸山眞男『忠誠と反逆―転形期日本の精神史的位相―』筑摩書房、一九九二年、一六〇頁。（論文初出は『講座現代倫理』第一一巻「転換期の倫理思想（日本）」筑摩書房、一九五九年、七九―一一二頁。）

(20) 前掲書、一九一頁。

(21) 前掲書、一九四頁。【同書の「あとがき」には同論文の独訳の存在が指示されている。Masao Maruyama, Kaikoku——Öffnung des Landes. Japans Modernisierung, in *Saeculum*, Bd. 18, Jg. 1967, Heft 1-2, S. 116-145. それをみると、英訳からの独訳（一九六七年）と記されている。そのタイトルのなかのÖffnungの語は、まさにÖffentlichkeitとの言葉の縁戚関係を日本語の場合よりも明瞭に告げており、興味深い。なお、この引用箇所の冒頭にもある、「自主的結社」はfreiwillige Vereinigungと訳されている。無論、適訳には違いないが、今日的コンテクストのなかではfreiwillige Assoziationとすれば、論文全体がドイツ語読者にとって今日の時代感覚と共振するものとなったろう。】

(22) 前掲書、一九六頁。

II

第六章　放送制度の社会学的分析

――西ドイツモデルを手掛りとして――

一　はじめに――規範と現実――

a・各人は、言語、文書および図画をもって自由にその意見を表明し、および流布し、および一般に近づくことのできる情報源からさまたげられることなく知る権利を有する。出版の自由および放送およびフィルムによる報道の自由は、保障される。検閲は行われない。

b・連邦議会は、国教の樹立を規定し、もしくは信教上の自由な行為を禁止する法律、また言論および出版の自由を制限し、または人民の平穏に集会をし、また苦痛事の救済に関し政府に対して請願をする権利を侵す法律を制定することはできない。

c・集会、結社及び言論、出版その他一切の表現の自由は、これを保障する。検閲はこれをしてはならない。

ここに改めて引用したのは、aはドイツ連邦共和国基本法第五条第一項（一九四九年）、bはアメリカ合衆国憲法修正第一条（一七九一年）、cは日本国憲法第二一条（一九四六年）の全文である。(1) これらの条文は、文言上の異った表現をとりながらも、共通して「言論・表現の自由」を基本権として保障したものとされ、そこから「放送の自由」も同様に導き出されている。また、これらの三カ国は、一般に「西欧型民主主義国家」、あるいは自由主義と民主主義を基本とする先進資本主義国家として共通項でくくられる。

しかしながら、これらの国々で普遍的価値とされる「放送の自由」は、その現実において各国に固有の制度的発現形態をとっている。そして、各々の制度は名目上その正当性を憲法の条文に求めているのである。即ち、一般に共通したものとみなされる憲法規範のもとに異った制度が存在し、各々に違った制度が「西欧型民主主義」の規範を表現した条文によって正当化されているのである。この一致と相違は何故であろうか。

個別の放送制度の観察と比較という作業を通じて、そこに制度の型(パターン)を抽出することができる。[2] ここでは西ドイツ【補注―本章は一九八八年に書かれたため、「西ドイツ」となっている。一九九〇年の東西ドイツ統一は西による東の吸収合併という形で行われたため、本章で記述している西の憲法制度が東へと拡大され、全ドイツに適用されることになった。】を事例とした社会的規制モデル(社会的統合モデル)と米国を事例とした自由市場モデルを挙げる。モデルとは、外部的には固有の環境条件を背景として他モデルからの区別が行われることばかりではなく、内部的には理念化による自己認識が存在することをも前提としている。従って、放送制度がある特定の型の保有を主張できる背景にはその政治的・経済的・社会的枠組のあり方と、成員がその型の制度を支持するエートスとがあるはずである。ここで詳しく立ち入ることはできないが、取り敢えず西ドイツの場合は戦後史におけるSoziale Marktwirtschaft(社会的市場経済)及びSozialstaat(社会国家)の理念と実践を、米国の場合にはfree enterpriseの哲学及び個人のイニシアチヴと自立的市民参加に根ざした自由主義の伝統を指摘することができよう。モデルとは、こうした固有性から歴史的に結晶化されながら、自らに一般性の賦与をも要求するものである。[3]

西ドイツの社会的規制モデルをモデルたらしめた最大の理由は、連邦憲法裁判所によって放送制度に対する規範理論が開示され、それによって理念と現実との架橋が試みられてきた点にある。これまで五次にわたる放送判決は、憲法訴訟の各々の係争案件である現実の立法・行政行為に対して合憲あるいは違憲の審判を下しながら、規範となる一般理論を示してきた。その際、その規範理論には首尾一貫して不変な部分と、現実過程の観察とそこからの要請を受けて修正の加えられてきた部分とがあり、規範理論と現実過程の間に相互作用がみられるのである。(4)（本章では個々の係争案件及び審判の内容についての記述は対象としない。）

さて、「放送研究の課題と方法」を考えるにあたって、本章はその対象を放送制度に置く。そして、問題関心は以上に述べたように、「放送の自由」という憲法規範とその社会的現実との照応関係に対する社会学的関心にある。放送制度の社会科学的分析にあたっては様々なアプローチをとり得るが、ここではそのひとつのコンセプトのスケッチを試みたい。その際、西ドイツモデルの観察と分析を媒介としながら、放送制度をその機能、構造、過程、変動の四点において捉え、それらの相互関係に着目する。

二　放送制度の機能分析――「放送の自由」の機能論

1　その位置づけ

「放送制度」の「制度」とは社会学的には法制度ではなく、インスティテューションの意である。また、「放送の自由」の放送とはインスティテューションとしての放送である。従って、「放送の自由」とは放送という制度に対して保障された自由ということになる。それでは、この制度は何のために社会に存在しているのであろうか。

放送制度の存在目的とは即ち、放送制度の価値である。すべての制度には何らかの価値システムが前提とされている。それが成員によって認知され共有されていて初めて、制度は活性化する。放送制度の価値とはその社会的機能に由来している。逆からいえば、放送制度の機能によって放送制度は正当性を賦与されるのである。そして、その放送制度の機能の故に「放送の自由」は保障される。従って、「放送の自由」はまず機能論によって構成されなければならない。

2 西ドイツモデルの場合

放送判決の特色は「放送の自由」の機能的解釈とその論理の展開にあるが、それは「放送の自由」の機能論と組織論から成り立っているということができる。前者は五次にわたっての不変部分、後者は修正の加えられてきた部分である。

論理的順番としては、「放送の自由」の機能論の前提には放送の機能論がある。

(1) 放送の機能論

放送はプレスと並ぶマス・コミュニケーション手段であり、民主社会に不可欠な世論形成機能を果す。その際、「放送は世論形成の単なる媒体(Medium)以上のものである。それは世論形成の内在的ファクターである」[5](第一次放送判決)。世論形成機能がこの両面から成立しているという公式は、すぐれて社会科学的な認識といえよう。民主的な多元的社会の世論形成プロセスにおいて、放送はメディウムとして現にある世論の多様性を伝達・反映するというトランスペアレントな機能のみならず、そのプロセスのファクターとして自ら多様な世論を創出していくという主体的・積極的な機能を担っているのであり、また担うことが要請されている。[6] 上に引用した公式に続けて同判決が、この世論形成機能はニュース、解説、政治的報道番組に限られることなく、ラジオドラマ、音楽番組、カバレットの中継から演芸の演出に至るまで、番組の種類に関わりなく発揮されるとしたことは重要である。[7]

以上を換言すれば、放送は世論形成過程にすでにのぼっているイッシューの存在を知らせ、その問題の構造を提示するだけに留まらず、世論形成過程にイッシューとしてまだ認識されていないが、公的な関心の対象となるべきテーマを公的な〈場〉に提出し、それに社会的イッシューとしての地位を与えなければならない。この機能によって放送はÖffentlichkeit（公的意味空間）[8]を形成し維持することに寄与するのである。少数意見や「別の考え方をする人々」(Anderesdenkende)の意見を含め、放送は世論をその多元性においてインテグレートするフォーラムを与える。様々の価値観の共存・競合する多元的社会においては、それらを単に個別化・分断化した没交渉の状態に置くのではなく、社会の共同性を維持するためにインテグレートする必要がある。放送はそのための〈場〉の創出と維持という機能、即ち社会的統合機能を担うのである。この機能論から西ドイツモデルは「統合モデル」(Integrationsmodel)とも呼ばれる。

(2)　「放送の自由」の機能論

自由権には個人権的側面と社会権的側面とがあるが、西ドイツにおける「放送の自由」の機能論はその社会権的側面を強調する。

自由なる意見形成はコミュニケーション過程において実現される。そのため、冒頭に引用した基本法第五条の第一項は意見表明の自由、意見流布の自由、そして知る権利を基本権として保障し、そのコミュニケーションのプロセスに憲法上の保障を与えた。その憲法的に保護された自由な意見形成過程のメディウムであり、ファクターである放送に与えられる「放送の自由」とは、それらの基本権に奉仕するものという性格を持つ。即ち、「放送の自由」とは民主的社会秩序の形成・維持・発展のために仕えるという機能を果す限りにおいての自由であり、それ自体に目的的な価値があるわけではない。

「放送の自由」は放送を介した「自由にして、包括的な意見形成」[9]を保障するという機能のために存在するのである。その使命を果すために「放送の自由」は、放送の国家からの自由という古典的な防御権と、放送に言論の多様性を確保するための積極的な秩序の要請、即ちその制度的保障との二つの要素から構成されることになる。何故なら、放送の国家からの自由のみでは「包括的な意見形成」は保障されないからである。そして、その積極的秩序は実体的、組織的、手続的ルールを必要とするのであり、憲法はそのような実定法を要求する。

3　一般化に関して

西ドイツモデルにおける「放送の自由」の機能論は一般性を持ち得るであろうか。放送の社会的機能を世論形成機能に求める限り、それは肯定できると考えられる。

しかし、放送の機能は世論形成機能だけかという反問があり得るし、それは実態にも合致しているようにもみえる。機能という用語には多義的な面があるので少し整理しておきたい。放送の機能という場合、少なくとも二つの側面が考えられている。第一は放送制度を主体としてみた場合で、これは放送制度の目的としての機能(目的的価値)と手段としての機能(手段的価値)とに区別される。世論形成機能は前者に当たり、後者としては広告を含む放送番組(一般化すれば情報あるいは記号)の生産と分配(伝達)の機能がある。伝達装置としては如何なる内容の乗り物ともなり得る。第二は放送制度のアウトプットである放送番組(広告を含む)の受け手への作用を放送の機能として捉えた場合で、それは数多く列挙することができよう。分岐を避けて三つにまとめる。①受け手の認識形成への触媒作用＝これは放送制度の世論形成機能とあい通じている。②受け手の外部的消費としての消費媒介作用＝放送は消費社会における生産システムの不可欠の構成部分となっている。③受け手の内部的消費としての欲求充足作用＝放送番組視聴による余暇時間の充足、趣味や助言を得られることによる満足などがこれに当たる。①は他者ないし社会へ、②はモノへ、③は私生活へとの方向をとる。

このようにみてくると、「放送の自由」という憲法規範との対応関係で捉えられる放送の機能とは、やはり放送制度の目的的価値を現わした機能でなければならない。即ち、民主主義社会における世論形成機能であり、社会的統合機能であり、ジャーナリズムとしての機能に他ならない。

三　放送制度の構造分析——「放送の自由」の組織論

1　その位置づけ

制度の構造は、構造内部の諸レヴェルと各々のレヴェルの構成要素によって抽象化される。構造化された制度とは、価値、規範、役割が制度化されたものである。放送制度の構造分析とは、従って「放送の自由」という制度的価値が下位レヴェルへと貫徹していく道筋の配置構造を明らかにすることであり、言い換えれば、如何に「放送の自由」の保障が組織化されているかという組織論の検討である。その組織化の成功・不成功は、制度の最終産物である放送番組の構造及び内容が制度の価値システムとどの程度合致しているかという基準によってのみはかられる。

2 西ドイツモデルの場合

西ドイツモデルにおける「放送の自由」の組織論には二つの局面がある。

(1) 「放送の自由」の組織原理

「放送の自由」が二つの構成要素から成ると先に述べたが、そのことに対応して、組織の問題には国家と社会との間の切り分けという問題と、放送番組の多様性をどのような組織形態を通じて実現していくかという問題がある。

一九六一年の第一次放送判決は、プレスとは異なる放送の「特殊事情」として周波数の希少性と莫大な投資額を挙げ、そのために放送事業への参入は誰にでも開かれたものではないとした。従って、放送が特定の社会的勢力の支配下におちいらないよう、特別の組織原理が必要とされる。そこで、国家から独立し、そして社会的に重要なグループの代表によって多元的に構成された内部的監督機関を設置し、放送を社会的にコントロールするという組織原理が憲法に合致したものとされる。即ち、社会的規制モデルである。そのような監督機関とはそれまでに存在してきた公共放送協会の放送委員会そのものであり、この組織原理によって公共放送の制度的独占は続いてきた。

ところが、一九八一年の第三次放送判決は、立法者はこの内部的多元性モデルに加えて外部的多元性モデルも選択できるとし、モデル拡張の可能性を示唆したのである。前者が放送組織の内部に置かれた放送委員会を通じて放送番組の多様性を実現しようとするのに対して、後者は同じく多元的に構成された監督機関を放送組織の外部に設置し、その下部に複数の放送番組事業者を想定し、それらの競争により放送番組全体に多様性を実現しようとするものである。この外部的多元性モデルに従って私営放送（民間放送）導入のための立法化が各州ではかられ、公共・民間放送の並存体制へと転換がなされた。(10)

その最初の立法行為に対して基本的に認知を与えたのが、一九八六年の第四次放送判決である。しかし、その認知にあたって、外部的多元性モデルを自立したものとしてではなく、両モデルによってつくられる番組全体を一体のものとみなし、そこに補完関係を認めたのである。即ち、公共放送がその「基本的サービスの供給」(Grundversorgung)によって憲法上の要請を完全に果している条件の下では、民間放送の番組が経済的強制の故に憲法上の要請を不十分にしか満たすことができなくとも、それは許容されることになったのである。二階級制による二元体制といわれる所以である。(11) こうしてかつての国家と社会の二元関係から、国家と社会と市場の三元関係へと移行することになった。

(2)　連邦制国家上の組織原則

これは第一次放送判決の訴訟においてそもそもの争点であった。西ドイツ基本法は電気通信は連邦の権限とし、文化領域は分権制に基づき州の権限としている。判決では、これに対応して放送を技術的要素(伝送設備)と文化的要素(スタジオ技術を含む Programmveranstaltung＝「放送番組の主催」つまり放送番組事業)に分離し、前者は連邦に、後者は州にと、その権限を分与した。このハードとソフトの分離により、連邦はソフトに係わることを禁じられ、文化領域とされる放送については各州議会が立法権を持ち、州法ないし州際協定として放送関係の法律は定められる。

しかし、これによって文化領域の完全な自律性が守られているわけではない。その矛盾については前項(1)の矛盾とともに第四節で取り扱う。

3　一般化に関して

これまでの放送判決及びその現実制度との対応関係の観察と分析を通じて、そこでの放送制度の重層構造と構成要素を抽出したのが、**図1**である。構造は価値システムを頂点にして、組織原理、法的規律、実践活動の四つのレヴェルでハイラーキーを構成している。[12] それらの四次元の媒介項として、規範理論、実定法、監督・調整機

図1　放送制度の内部構造
—4つのレヴェルと3つの媒介項—

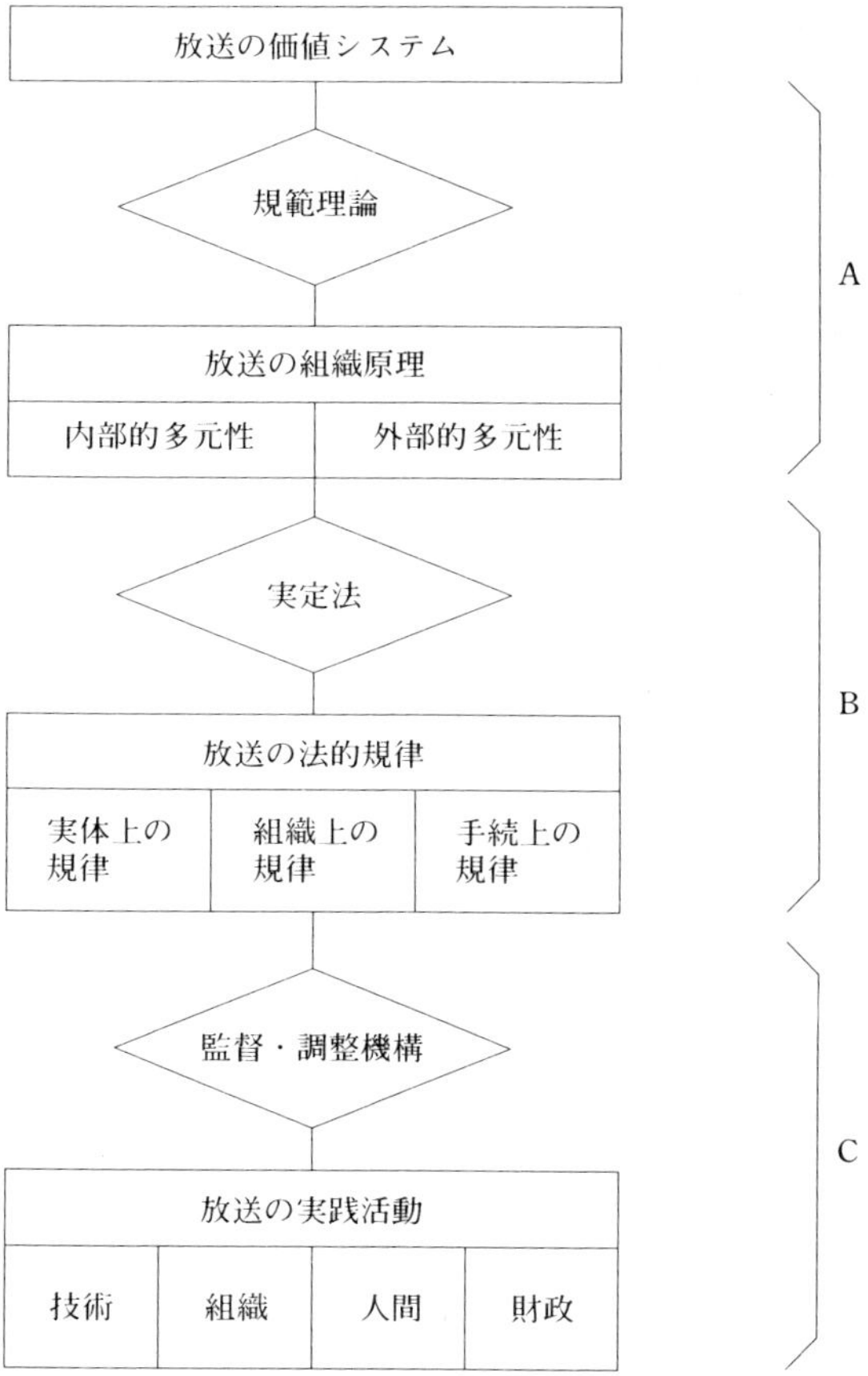

構がある。媒介項を主体としてみれば、規範理論は価値システムから放送の組織原理や立法上の指針を演繹し、実定法はそれを受けて放送組織の積極的秩序を実現するための法的規律を定め、監督・調整機構はその範囲で技術、組織、人間、財政の四つの構成要素から成る放送の実践活動をコントロールする。放送制度の価値システムである機能的「放送の自由」は、これらの媒介項を通じて垂直に下降して貫徹され、いずれの構造レヴェルにおいてもその「放送の自由」が機能的に実現されることが要請されるのである。

図中のA、Bはそれぞれ司法、立法という国家の領域であり、[13]それに対して、Cは社会の領域として切り分けられている。国家は自ら放送の「国家からの自由」を司法的に理論構成し、その現実的保障のための立法をなし、そして放送の実践活動のコントロールを社会の手に委ねているのである。ここにおいて監督・調整機構とは、放送を国家から隔てる分離器であると同時に、社会的多元性の集合器でもある。筆者は、前述の「放送の自由」の機能論を価値システムとする前提条件に立つならば、この構造図には一定の論理的整合性があり、一般化は可能であると考える。[14]

ただし、そこでの問題は自律化された後の監督・調整機構の構成の仕方である。西ドイツモデルはその構成原理として多元性[15]をとっているが、それをとり得るかどうか、またそれをとった場合の実効性がどのようなものか、はその国の歴史的社会構造や政治権力関係などの諸条件から大きく規定される問題である。

四　放送制度の過程分析——「放送の自由」の実践論

1　その位置づけ

放送制度の過程とは、放送制度の構造の動態である。静的な構造は実際の運動過程の中で必ず矛盾を生産する。放送制度の過程分析とは、従って、放送制度の内在的構造矛盾の関係を把握するとともに、その実証研究を企てるものである。構造矛盾は組織過程の矛盾と実践過程の矛盾の二つの局面に分けられよう。前者は構造の仕組みから発生するものであり、後者は実践活動における構成要素間の不均衡から発生するものである。これらの構造矛盾は「放送の自由」の阻害要因であるが、そうした欠陥にどう対抗するかにおいて「放送の自由」の実践は問われる。このことから、過程分析は「放送の自由」の実践論と対応関係にある。

2　西ドイツモデルの場合

(1)　組織過程の矛盾

組織過程の矛盾を以下に三つ挙げるが、それらは先述の「放送の自由」の組織論の三つの要素に対応している。その組織論の現実関係として、放送制度の行為主体とその行為を図示すると、図2の通りになる。

a 放送への政党介入　西ドイツ基本法第二一条は「政党は、国民の政治的意思の形成に協力する」と規定し、政党に憲法的な位置づけを与えており、そのため「政党国家」といわれる。政党は国家と社会の間の転轍機であり、また国家機構と社会生活の両方を自由に往来する。その政党が、多元的に構成された監督機関に社会的に重要なグループの一つとして席を占めている。監督機関の委員の政党系列化による「両極化現象」の中で、政党は監督機関を回路として放送協会の人事や予算に影響を与え、最終的に放送番組に影響を及ぼそうとする。この政党介入には二つの問題がある。第一は、国家と社会の両生動物である政党が国家意志の乗り物として働き、放送の「国家からの自由」を実質的に無効にする恐れがあること、第二は、世論形成機能を持つ放送が一つの社会的

図２　放送制度の行為主体と行為（西ドイツの事例）

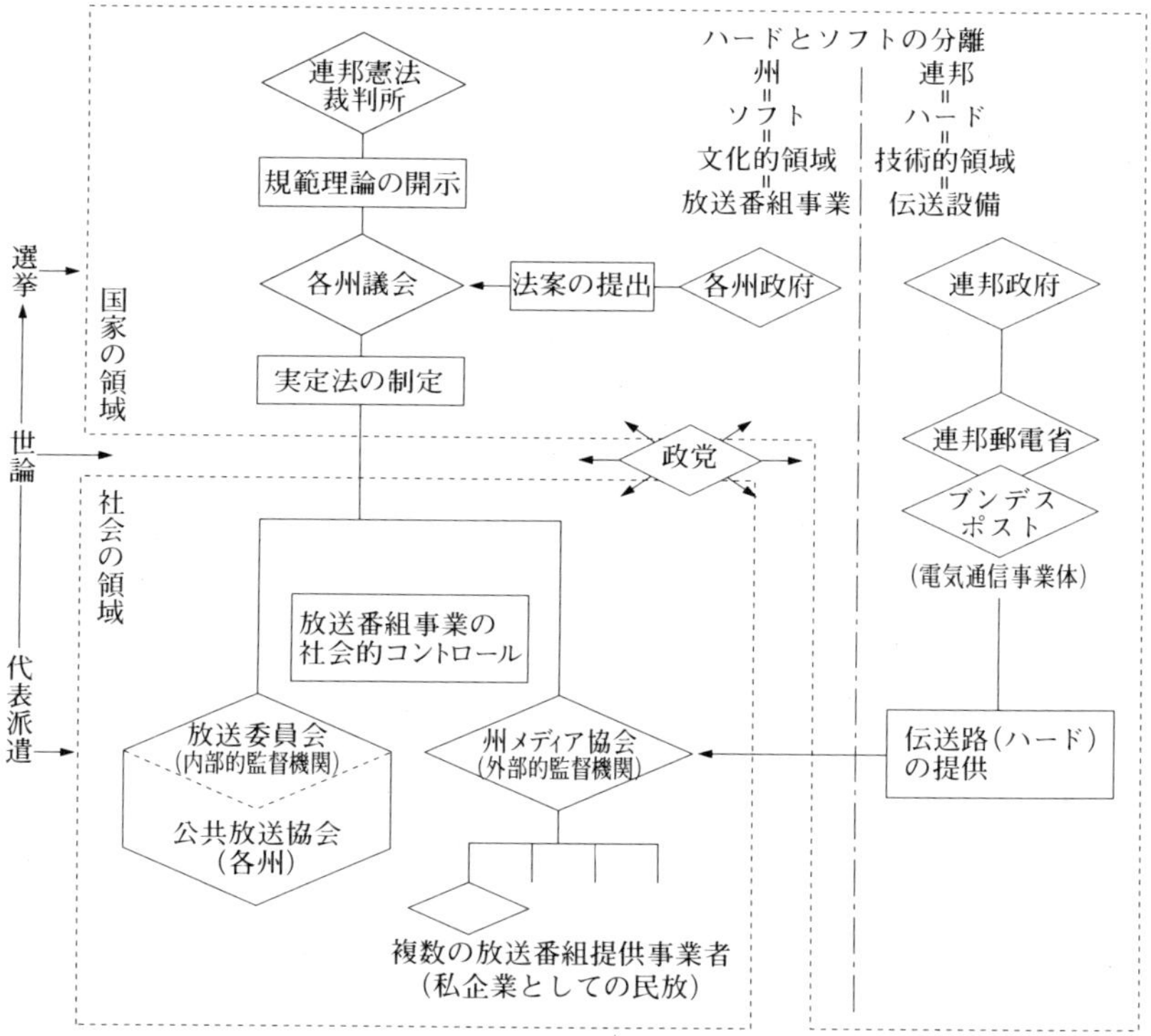

（注）公共放送協会も州メディア協会も「公法上の営造物」であり、放送委員会も州メディア協会総会も「社会的に重要な諸グループ」の代表によって構成される。両者とも独立行政委員会とは違って、社会の各組織から成る代表委員会という性格を持つ。

勢力たる政党によってその政治的意思形成機能のために道具化される傾向にあること、である。

ｂ「放送事業者の自由」の未決状態　外部的多元性モデルによる民間放送番組事業者の許可によって、国家と社会と市場の三元関係となったと先に述べた。しかし、そこでは市場の位置づけは、換言すれば市場の自由あるいは「営業の自由」に基づく「放送事業者の自由」の位置づけは、必ずしも明らかではない。それは積極的に肯定も否定もされていない。民間放送許可の積極的な根拠を示し得なかった第四次放送判決に対して、一九八七年の第五次放送判決は二元体制の積極的意義を明らかにし、それを第一に番組の多数化により、第二に公共・民間放送のジャーナリズム上の競争により、番組内容及び言論の多様性が拡大されることにみた。[16] さらに同判決は、「市場の機会は、経済的な問題にはなりえても、言論の自由の問題にはなりえない」として、「放送の自由」を経済的自由ないし「放送事業者の自由」と等置すべきでないとした。以上のことからも、放送事業をなす個人権的自由は、放送の社会的規制モデルの枠内で凍結状態に置かれているといえよう。そのための理論構成がなされないままに、である。

c 放送への産業政策的介入　第五次放送判決は、放送政策の決定は「放送の自由」「言論の自由」の憲法的保障という観点から判断すべきことを求めたが、現実の政策は連邦政府でも各州政府でも正にその逆の傾向を示している。即ち、産業政策の文化政策への介入であり、前者の後者に対する優位である。

ハードとソフトの分離によって連邦政府が放送伝送路についてのみ権限を持つことは、先述の通りである。ところが、この回路を通じて、技術革新のための科学技術政策、その市場化のための産業政策、そして保守党の推進する民間放送拡大の技術的条件作り(伝送路容量拡大による電波の希少性の緩和)としてのメディア政策が放送政策へと流入してきている。そのような他の政策からの規定によって放送政策の幅は狭められているのである。

他方、各州政府も雇用機会の増大と地域の活性化を狙う産業誘致政策の一環として、放送産業の拡大に積極的な態度をとっており、文化政策の自律性は狭められつつある。

(2)　実践過程の矛盾

a 財源と自由　公共放送は受信料の他に広告収入を財源としている。広告収入は各放送協会によって異なるが、総収入の二〇〜四〇%に達している。ここには次のような矛盾がある。第一にマクロ経済的には、公共放送の制度的独占の下でその広告放送により広告需要が充足されてきたこと、第二に公共放送側の政策としては、受信料値上げが政治的に抑制される状況下で広告収入という別の財源は、放送協会の政治的自律性を守る経済的基盤とみなされてきたこと、第三に公共放送の実践活動の面からは、広告という、市場経済関係に組み込まれたことを原因として公共放送の商業化の傾向が現われてきたこと、第四には民間放送導入とともに公共放送は広告市場で民間放送と競争関係に立つ状況を迎えていること、である。

b　機能と自由　政党介入や協会長を頂点とした階層秩序構造などの組織上の隘路から番組制作者の自由ないし自律性は狭められる。それに対抗するものが、放送の実践活動のレヴェルにおける「放送の自由」、即ち「内部的放送の自由」の保障であり、それを編集綱領の制定を通じて確保しようとする手法である。放送における編集綱領運動[17]は、一九六〇年代の「新聞の集中化」に対応して起った新聞における編集綱領運動に刺激を受けつつ、一九六九年に始った。一定の具体的成果を収めたものの、七〇年代を通じて運動としては下火となっていたが、民間放送導入など新しいメディア状況を背景として八〇年代中葉になって復活の兆しにある。一九八五年成立の新しい西部ドイツ放送協会法（WDR法）は編集綱領制定を規定し、それに初めて法的保護を与えたのである[18]。

3　内在的矛盾の実証研究

組織過程の矛盾の現われ方は、当然ながら放送制度の構造の違いによって大きく異ってくる。しかし、その実証研究にとって共通していえることは、その過程の不透明性、非公開性の故の困難がつきまとうということである。

実践過程の矛盾については、放送の実践活動の四つの構成要素（技術、組織、人間、財政）の連関の中で捉えることができ、そこで「放送の自由」が機能しているかどうかが検証される。実証研究のテーマは構成要素間のマトリックスの中に現われてくる。それらを例示しておこう。

①技術と組織＝技術革新による組織の変容、特に編集・番組制作の組織形態及びその組織過程への影響

②技術と人間＝技術革新によるジャーナリズム、表現、創造性の変容、新技術導入と労働職場の問題

③技術と財政＝技術革新への投資と財政負担能力、その財政規模との適合水準、放送機器関連メーカーと放送産業の関係

④組織と人間＝「内部的放送の自由」の保障と編集綱領、労働組織と職能組織、個人倫理と職能倫理、ジャーナリスト・番組制作者の職業意識とプロフェッショナリズム、憲法規範とジャーナリスト教育

⑤組織と財政＝組織形態と財政形態、公共放送の制度的価値と受信料の論拠、受信料額水準の政治的性格と公共放送協会の経営的反応、放送経営と視聴率の市場性、広告収入依存と組織の意思決定

⑥人間と財政＝適正な経営規模と効率化の適正水準、要員規模と財源、財源形態の違いと制作者の意識

五　放送制度の変動分析——「放送の自由」の矛盾論

1　その位置づけ

放送制度の変動というものを語るためには、放送制度はその内と外の境界を持つ一つの自立したサブシステムであると捉えることが前提になる。このシステムの変動は他のシステムとの相互関係の中から発生する。

その第一のシステムは、放送制度にとっての規定的環境条件である資本主義社会の政治経済的枠組である。そ

れ自身運動しているこの枠組は、資本主義的市場原理を価値システムとしながら、今日的ないくつかのファクターを通じて放送制度の変動に作用している。情報通信技術分野の技術革新、新保守主義の政治経済政策（規制緩和、「民活」）、先進資本主義諸国間の先端技術開発競争と産業構造政策（貿易摩擦）、情報のサービス商品化と越境流通（経済のソフト化）の四点が挙げられるが、これらは日米英独などに共通したものである。

第二のシステムは、放送制度のアウトプットたる放送番組の宛先である受け手の集合体である。これは個々に社会的帰属、所有時間、所有空間、所有財貨（経済的負担能力）、個人意識・社会意識などをファクターとしながら、放送番組に選択的にアクセスしている。その価値システムとしては欲望・欲求と市民的理性という必ずしも一致しない二つのものを持っている。

以上の三つのシステムの関係を説明するための概念図として示したのが、**図3**である。これらの間の外在的矛盾から変動は惹起される。その外在的矛盾とは各システム間の機能上の矛盾に他ならない。その外部との矛盾関係の中で放送制度の構造と過程は各レヴェルで影響や規定を受けるとともに、反作用も行なうのである。そのことは、「放送の自由」のみが価値システムとして全体を支配していないし、また支配もできないということを意味する。その意味で放送制度の変動分析は、「放送の自由」の矛盾論に対応する。

2　外在的矛盾の態様

(1)　価値矛盾

放送制度というシステムにとって外在的矛盾の第一は、価値システム相互間の価値矛盾である。放送制度の価値システムを中心に置いてみれば、それは**図3**の番号で1と2、1と3、1と4との間の矛盾となる。ここでは、

図3　放送制度を中心とした外部関係の説明概念図

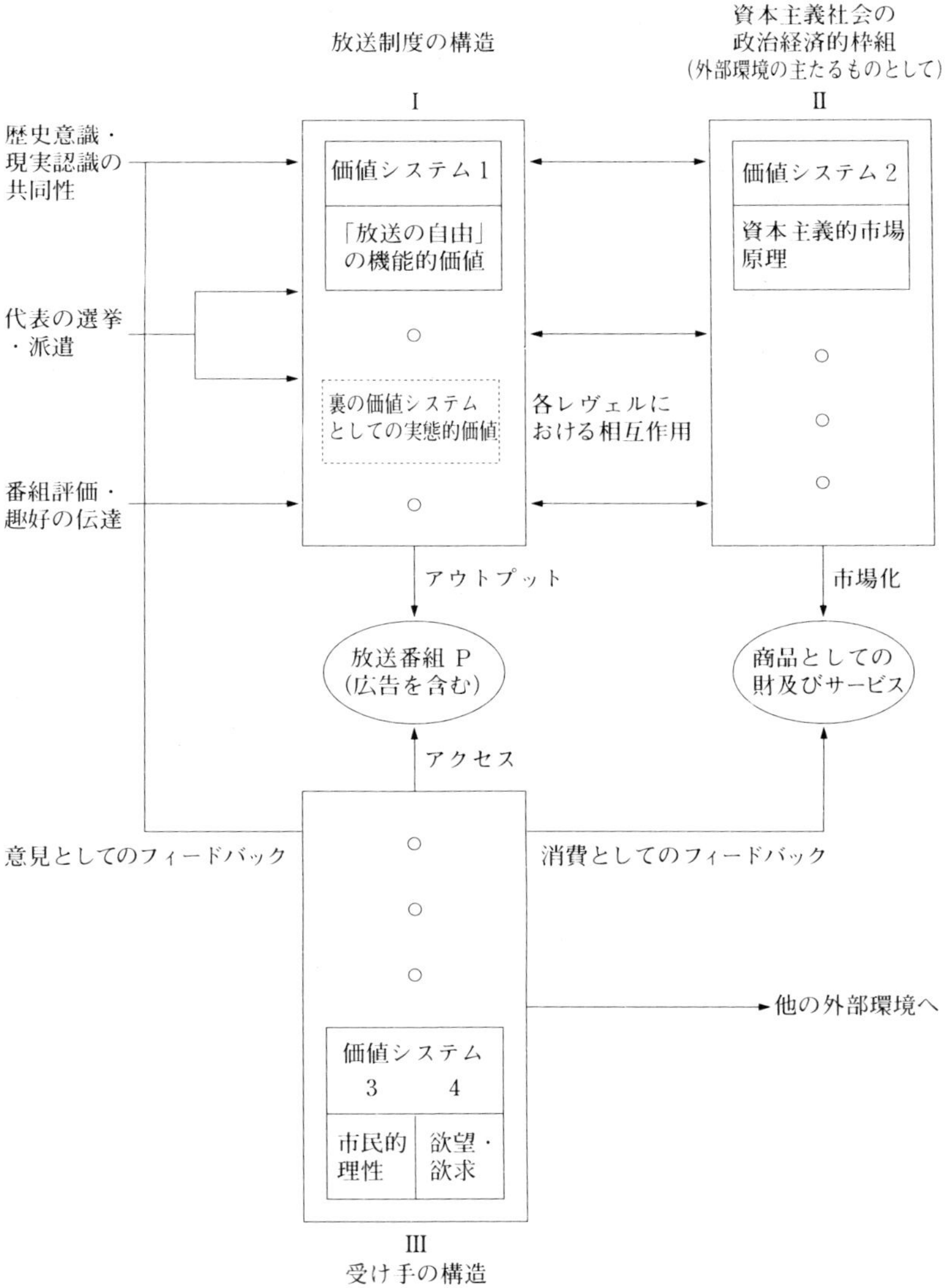
放送制度の構造
資本主義社会の
政治経済的枠組
(外部環境の主たるものとして)
I
II
歴史意識・
現実認識の
共同性
価値システム1
「放送の自由」
の機能的価値
価値システム2
資本主義的市場
原理
代表の選挙
・派遣
裏の価値システム
としての実態的価値
各レヴェルに
おける相互作用
番組評価・
趣好の伝達
アウトプット
市場化
放送番組P
(広告を含む)
商品としての
財及びサービス
アクセス
意見としてのフィードバック
消費としてのフィードバック
他の外部環境へ
価値システム
3　4
市民的
理性
欲望・
欲求
III
受け手の構造

現在の変動の最大原因と考えられる1と2の矛盾、即ち「放送の自由」の機能的価値と資本主義的市場原理の機能的価値との間の価値矛盾について説明しておきたい。

情報通信技術分野の技術革新は、情報処理（コンピュータ）と電気通信と放送の技術的融合を進めてきたが、それに随伴してその三分野の制度が接触し始める。情報処理の領域はもともと資本主義的市場原理の下にあるが、情報処理と電気通信の融合にともない、電気通信の原理は公共経済から市場経済へと転換していった。西ドイツではその移行期にある。同様に、情報処理及び電気通信（情報通信）と放送の融合にともない、制度の抵触を通じて、前者の市場的価値システムと後者の文化的価値システムとの間に相互作用が起こる。この場合でも、資本主義の社会的自然においては、前者の方が後者に対して浸透圧が高い。

また、情報通信技術分野の技術革新の別の帰結として、放送伝送路容量の飛躍的拡大がある。この資源としての量的拡大は、伝送路に市場的価値をもたらすところとなった。

以上の質的・量的変化によって、放送制度において市場的価値システムによる文化的価値システムの浸蝕が進むことになる。換言すれば、市場的機能の文化的機能に対する優位と支配が成立する[19]。そして、現代において市場的価値システムが纏っている論理は、効率と競争であり、分化の論理である。こうして技術過程での結合は、市場原理を媒介として社会過程での分化を帰結として促すことになる。具体的には、西ドイツでは内部的多元性と外部的多元性という組織原理上及び役割上の分化による二元体制への移行があったし、すでに二元体制の歴史を持つわが国では放送制度における「メディア特性に応じた規制[20]」（即ち規制の分化）が郵政省「放送政策懇談会」答申で求められ、さらにハードとソフトの分離が検討課題として登場してきたのである。また、公共放送ＮＨＫにおける効率化と組織の分離・外部化もこの分化の文脈の中でみることができる。

(2) 期待矛盾

外在的矛盾の第二は、放送制度のアウトプットである放送番組Pの実際の出力性能（Leistung）と各々の価値システムが期待するPの出力性能との間の矛盾、即ち役割ないし機能に対する期待矛盾である。これはPと1、Pと2、Pと3、Pと4の間の矛盾となる。ここでは最も基本的なPと1、即ちPと放送制度の価値システムとの間の期待矛盾についてみれば、制度のアウトプットPが制度の規範である「放送の自由」の機能論（世論形成機能、統合機能、ジャーナリズムとしての機能）に合致せず、大きく均衡を失している場合が考えられる。それはシステムの出力性能の全般的低下か、部分的な能力の偏在的肥大化による総体的低下か、によって発生するものである。そのような照応関係のズレはそれを成員が自覚する限り、長期的に維持されることはなく、どちらか一方が他方に接近することにより変動を生み出すことになろう。しかし、その照応関係のズレが成員に自覚されない場合が考えられる。それは規範的価値としての表の価値システムが棚上げされて、実態的価値としての裏の価値システムが制度意識を支配している場合である。即ち、放送制度の目的としての機能(目的的価値)と、手段としての機能(手段的価値)の間の関係の転倒である。

3 外在的矛盾の実証研究

その第一の課題は、放送制度と政治経済的枠組との間の相互作用についてであり、変動過程の実証分析の形をとることになる。その分析枠組は、コンフリクトを構成する要因(factor)、行為主体(actor)、交渉過程(process)において捉えられよう。

課題の第二は、放送制度の構造と受け手の構造は対置されるが、その関係項としての放送番組の構造についてである。それは期待矛盾の検証という観点からなされる実証研究である。そこでは、この問題関心のもとに内容分析や実証的番組分析や批判的番組批評などが組織化されることが予定される。(21)

六　おわりに——「放送の自由」の制度的保障論のために——

1　「放送の自由」の制度的保障論

「放送の自由」は個人権的側面と社会権的側面の両面から構成されるという認識は、西ドイツの放送判決や憲法学者の教えるところである。繰り返えせば、個人権的・主観法的側面とは放送の「国家からの自由」という、国家の介入に抵抗する古典的な防御権である。社会権的・客観法的側面とは国民の「表現の自由」及び「知る権利」のために社会的制度として存在する放送、そのインスティテューションに賦与される「放送の自由」の制度的保障である。従って、「放送の自由」の制度的保障というこの社会権は、国民の「表現の自由」及び「知る権利」が実現され、もって民主主義的社会の根幹である自由にして、かつ公正な世論形成が現実に機能する仕組を制度的枠組として要求するのである。憲法はそのような制度的枠組を実定法によって作り出すことを現代国家の義務として立法者に要求しているのである。「国家からの自由」のみでは社会的共同性としての人為的制度を作り出すことはできない。また、現代国家の市民個人及び市民集団は、資本主義社会の政治経済的枠組の現実においては決して強者ではない。そうした市民にとって、「国家からの自由」のみではそれらの基本権の具体的獲得の前提が保障されることはない。

そのような機能を要請される制度は、その仕組が構造的にも過程的にも最適化されていなければならない。構造的にはその目的に沿って適正に配置された構造が必要である。また、過程的にはその目的に適った手続きが、放送組織に対する意思決定過程と放送組織の実践活動において確保されている必要がある。「放送の自由」の制度的保障論は、こうして放送制度及びそのアウトプットに自由と公正の実現を求めるのである。その実現が民主主義の運動する〈場〉である公的意味空間（Öffentlichkeit）の存立にとって不可欠であることはいうまでもない。

2　日本における個人権的側面への偏重

ところで、以上の認識は日本において決して支配的であるとはいえない。「放送の自由」の制度的保障論に対しては、ある種の警戒感やまた拒否的態度すら見受けられる。何故であろうか。筆者は一つには、「国家からの自由」、即ち国家に対する拒否権への信奉が強いからではないかと考える。個人権的及び社会権的な両側面の存在をみ、後者の必要性を強調する立場からは、敢えてそれは個人権的側面への偏重といわざるを得ない。そこには確かに戦前・戦中の全体主義国家を経験した歴史への教訓があったといえよう。あるいはまた現在の政治経済的権力関係の中において国家に積極的役割を期待することへの危惧も存在するかもしれない。しかしながら、日本の放送制度の現実のアウトプット（放送番組）は「放送の自由」の機能的価値とどの程度において照応しているであろうか。民主主義的社会秩序のための機能的価値を放送に不要とし、放送番組に受け手の欲望の充足を専ら求めるのであれば、この設問は社会的にそもそも成立しない。また、その照応関係はそもそも実証的に分析され、確認されるものではないというのであれば、同様にこの設問は社会科学的に成立しない。その二つの想定される異論を否定したうえで、この設問には規範と現実の緊張関係に対する反省的な意味があるはずである。さらに二つには、個人権的側面の偏重は、政治経済的枠組の価値システムと通底しており、市場経済原理の要請するところでもあるという点も指摘しておく必要があろう。[22]

3　新しい基本権との関わり

以上、「放送の自由」の制度的保障論を弁論してきたが、最後に新しい基本権として近年日本で擁護されている「知る権利」や「アクセス権」などとの関係について考えを述べておきたい。放送制度に引き寄せていえば、それらの権利の要求は放送制度の機能不全、即ち外在的矛盾に対する対抗手段として位置付けられる。そして、それらが今日主張されている状況は放送制度の機能不全を明かしているといえよう。

「知る権利」は「表現の自由」と並ぶ国民の基本権である。「放送の自由」はその達成のための手段であるが、放送番組がそれに十分応えていない場合、それは放送制度の出力性能の低下なのであって、国民の「知る権利」はその改善を要求することになる。それはやはり放送制度の組織を通じた改善でなければ、実効性と耐久性は期待できないであろう。「知る権利」は、もちろん、放送のみをその実現のためのメディアとするわけではない。情報公開のための法令は「知る権利」の制度的保障のための別の一形態であるということができる。

「アクセス権」は、放送との関連では、市民が放送制度へのコミットを要求するものであるが、それが制度構造のどのレヴェルにおいてなのかで様相は異なるはずである。放送番組の客体としての出演参加か、放送番組の制作過程への参加か、編成の意思決定過程への参加か、放送事業体の意思決定機関への参加か。レヴェルが高くなればなる程、参加主体の資格の正当性と参加の手続が問われることになる。「アクセス権」は社会的規制モデルの外在的矛盾に対してよりも、国家、市民、メディア企業の三元関係からなる自由市場モデルの放送制度の機能不全に対応した対抗手段であるといえよう。なお、「反論権」の場合には、このモデル上の違いは重要な要素とはならないはずである。社会的規制モデルをとる西ドイツの放送法制には「反論権」の規定が置かれている。

注

（1）宮沢俊義編『世界憲法集、第四版』岩波文庫、一九八三年、から引用。

（2）石川明「放送制度をめぐる放送観の問題」津金澤聰廣・田宮武編著『放送文化論』ミネルヴァ書房、一九八三年、一五六頁以下、は日本との対比で米国、西ドイツ、英国の放送制度を対象として、その放送観を分析している。

（3）日本の放送制度はモデルの資格を要求することができるだろうか。筆者の答は否である。なるほど公共・民間の二元体制はその特色を発揮してきたとはいわれるが、二元体制だけとってみれば、先に挙げた西ドイツや米国を含めて先進資本主義諸国において今日一般的にみられる形態であり、モデルではない。日本の放送制度が型を主張し得ていない理由は、制度の理念が強く意識化されておらず、現実追従のアドホック形態に留まっているからだと考えられる。問題は憲法条文の共通性ではなく、条文から演繹されて構成される規範理論の密度、そしてそれに対応する社会制度及び社会関係の現実である。

（4）この視点から第四次放送判決を分析したものとして、花田達朗「メディア変動における規範理論と政治経済的力学―西ドイツの第四次放送判決を巡って―」日本新聞協会『新聞研究』一九八七年二月号、六六頁以下、を参照。

（5）BVerfGE 12, 260.

（6）こうした意味での世論形成機能とは、日本の社会的文脈における用語として、「ジャーナリズムとしての機能」あるいは「言論機関的機能」と内容的に親和性がある。

（7）かつて郵政省は放送法上の放送の社会的機能として「教養機関的機能、教育機関的機能、報道機関的機能、娯楽機関的機能、広告媒体的機能」を列挙した（「放送関係法制に関する検討上の問題点とその分析」臨時放送関係法制調査会『答申書、資料編』一九六四年、三五一頁）。その後は放送の社会的機能を正面から論ずるアプローチは見られない。しかし、ここで挙げられた機能は放送法の番組種目をそのまま流用したものであり、そこからは機能論の展開はできない。そして、ジャーナリズムとしての機能が登場できる余地もない。第一次放送判決が娯楽番組にも世論形成機能があるとしているように、ジャーナリズムとしての機能は番組種目を越えたものなのである。その機能を「番際的な機能」としている大森幸男氏の言は、的を射ている。

（8）Öffentlichkeit はこれまで学術書で「公共性」と訳されてきた（例えばハーバーマス『公共性の構造転換』*Strukturwandel der Öffentlichkeit*）。しかし、日本語の「公共性」は公共的な性格、役割、任務、責任などを抽象化した概念として一般に受けとめられる言葉である。それに対して Öffentlichkeit は öffentlich という形容詞を空間として抽象化した概念であり、〈場〉の概念と深く結びついたものである。従って、それを「公共性」という訳語では捉えにくい。そこで、固い表現ではあるが、単独使用で明確さをはかる場合、「公的意味空間」という訳語を提出する。物理的な〈公の場〉であるよりも、抽象的な意味での〈公の場〉という意味である。ちなみに、Öffentlichkeit の英訳は、public sphere である。

（9）この表現は「自由にして、均衡のとれた情報の流れ」というユネスコのマスメディア宣言の命題を想起させるが、そこにも自由権の個人権的側面と社会権的側面が織り込まれている。

（10）多様性の問題を中心に分析したものとして、浜田純一「放送ジャーナリズムと多様性―民間放送導入をめぐる西ドイツの立法と判決から―」ＮＨＫ放送文化調査研究所『放送学研究』三七号、一九八七年三月、七一頁以下、を参照のこと。【同『メディアの法理』日本評論社、一九九〇年、一六五頁以下。】

（11）この二元体制論を放送の統合機能論の立場から批判したものとして、Martin Stock, Fragwürdiges Konzept dualer Rundfunkordnung, in *Rundfunk und Fernsehen*, 35. Jg. 1987/1, S. 5-24.

（12）広義には受け手も放送制度の内部に含めるべきだという考え方も成立するが、ここではインスティテューションとしてアウトプットを出すところまでを内部とみなし、受け手はこのシステムの外部に立ち、そのアウトプットにアクセスし、反応をフィードバックするものとして考える。

（13）西ドイツモデルにおいて規範理論を開示するインスタンツ（責任機関）は、憲法学者を中心とした幅広い営為を背景にした連邦憲法裁判所である。従って、司法が担っている。だが、わが国では司法はそのような形では機能していない。しかし、いずれかのインスタンツがこれを担わなければならない。それは、行政府の審議会か、議会の調査会か、ジャーナリズムか、それともアカデミズムであろうか。

(14) この構造図に照してわが国の放送制度をみてみるならば、ハードとソフトの一致をなお原則とする現行制度のもとでも、「放送の自由」の機能論をとり、それを首尾一貫させるのであれば、少なくとも電波・放送行政にあたる独立行政委員会の復活が論理的帰結となるであろうし、さらに将来ハードとソフトの分離の原則をとるのであれば、理論的にはここに示した国家と社会の分離を基礎とした構造ないしそのバリエーションの採用が「国家からの自由」の原則によっても要請されることになろう。その時問題なのは、監督・調整機構が多元的構成をとれるかどうかである。そこには日本は多元的社会かどうかという問題が横たわっている。

(15) この多元性の問題を軸として西ドイツモデルを分析したものとして、石川明「放送における多元性—北ドイツ放送法の改正問題を中心に—」NHK総合放送文化研究所『放送文化研究年報』第二四号、一九七九年、八八頁以下、を参照。

(16) 石川明「放送の自由と放送事業者の自由—西ドイツの第五次放送判決をめぐって—」NHK放送文化調査研究所『放送研究と調査』第三七巻九号、一九八七年九月号、二頁以下、を参照。

(17) 石川明「編集綱領運動と内部的放送の自由—西ドイツの場合—」NHK総合放送文化研究所『放送学研究』第二四号、一九七二年三月、六五頁以下、を参照のこと。同論文は、内部的放送の自由の保障の問題は第一次放送判決以来の「西ドイツのコミュニケーション政策の一つの論理的、実践的帰結である」という評価をもって結びとしている。

(18) 一九八七年九月、WDR放送協会長と編集者委員会の締結した編集綱領が放送委員会によって承認された。この他、現在一三の公共放送協会のうち八協会に編集者委員会が置かれ、そのうち五協会で就業規則などの内規の形式を含めて何らかの形で編集綱領が定められている。また、新しい民間放送事業体の中でも編集綱領を定めようとする動きがあることは注目に値する。Vgl. Dieter Brumm, Mitbestimmung als Tabu. Von einer späten Renaissance der Statutenbewegung, in *HFF* (Hörfunk, Fernsehen, Film-RFFU), 11/1987, S. 19-20.

(19) このわが国の現実過程を批判的に論評したものとして、大森幸男「ニューメディア時代のジャーナリズム—資本の理論に押される言論の自由—」日本新聞協会『新聞研究』第四〇三号、一九八五年二月号、六四頁以下、を参照。

(20)　郵政省放送行政局監修『放送政策の展望』（放送政策懇談会報告書）、電気通信振興会、一九八七年、五〇頁及び一一四頁。

(21)　例えば、わが国の放送番組において、どの程度の価値多元性の幅があるかを検証する実証研究が考えられる。わが国放送番組の「一元的多様性」という仮説を筆者は抱いているが、その当否は実証的に検証するに価するであろう。

(22)　もしもわが国の放送政策が「規制緩和」の方向をとり、自由市場モデルを標榜するのであれば、前提としてその対抗手段（バランス制御システム）である市民参加の実践が形成され、その手続きが保障されなければならない。もしも第三のモデルを目指すのであれば、その理念化がはかられなければならない。いずれにしても、理念を掲げて制度を形成する意思が必要とされるのである。
それがなされないままに進む時、放送の「国家からの自由」も「社会的強者からの自由」も「市場的強者からの自由」も形骸化し、国家行政と政権政党と巨大資本のアマルガムが残ることになろう。

第七章　放送制度と社会科学の間

一　はじめに——放送制度論の多面性——

思考の対象領域として放送制度論という一つの範疇が成立するとしても、実際に存在するその思考領域は実にさまざまのレヴェルと内容から成っている。そこでは、放送制度という用語以外にも、放送法制度、放送法制、放送体制、放送システム、放送秩序、放送法政策、放送政策などの表現法がみられる。そして、その背後にはそれぞれの用語を用いることによって対象のある局面を切り取り、そこに限定づけを施そうとする論者の企図が存在する。つまり、どのような用語を採用するかということは、論者が設定する対象の切り口とそのような切り取り方を必要とする問題関心の所在とに深く結びついているわけである。ここでただちにそれぞれの用語の違いや定義のあり方という問題に立ち入る必要はないし、また有益でもあるまい。ここでは、上に述べたような放送制度論という領域の多面性と論者ごとのアプローチの多様性を認めたうえで、しかし同時に、日本を含めていずれの国でもみられることとしてつぎのような傾向を指摘しておきたい。それは、放送制度論の領域を担っている中心は法学者、その分野の行政官、放送ないしマスメディア機関の政策・法規部門の責任者などで構成されているということである。法学者にはアカデミズムに所属する法学者のみならず、裁判所の判事も含めて考えられるし、また行政官には行政機関内部のジュリストという立場も存在する。いずれにしても、そこでドミナントな担い手はジュリストという帰属集団(法曹界)に入る人びとであるとみて間違いはないだろう。主としてそれらの人びとによって、これまで放送制度論の業績は蓄積されてきたし、また逆にそれらの人びとの発想ないしは問題関心がこの領域に強い影響を与えてきたといってもよい。そこでは曖昧さを避けるためにも広い意味での放送制度に限定を加えて、放送法制または放送法制度とすることの方が好ましいとする判断があっても当然であろう。そのように「法」という語を顕在化させることの方が正確さが期待されることもある。ここで確認しておきたい点は、これまでのところ放送法制論が放送制度論の中心に位置してきたということである。

さて、こうした放送制度論の状況に対して社会科学はどのようにかかわってきただろうか。また、今後どのようにかかわっていくことができるだろうか。これが本章の問題意識である。したがって、本章の狙いは放送制度論そのものの内容的展開にあるのではなく、放送制度論の論、すなわち社会科学的な視点からする放送制度論に対する省察(Reflektion)にあるということができる。ただし、ここでいう社会科学とはいわば狭義の社会科学(Sozialwissenschaften)のことであって、具体的には社会学、政治学、コミュニケーション研究が想定されている。日本における理解では社会科学に経済学を含めるのが一般的であるが、本章ではその分け方をとっていない。無論そのことは放送制度論に経済学は無縁だという意味では決してなく、放送制度論とのかかわりで経済学は狭義の社会科学とは別の枠組みとして立てられるはずだということである。そこで、そのような狭義の意味での社会科学的な認識が放送制度という対象領域にどのようにかかわるかということを考えるにあたって、本章ではその放送制度を三つのレヴェルに分けてとらえることにする。第一は社会科学的な意味での「制度」に対応するものとしての放送制度、第二はその制度を維持する基礎であり、それに保証を与える放送法制、第三はその放送法制の運用形態である放送政策である。実際にはこれらのレヴェルは入り組んでおり、截然と分けることは難しい。このように三分する理由と目的は、ひとえに社会科学的な認識との対応関係を描くことに適しているからである。社会科学はそこでは、どのレヴェルにおいても同じようにかかわるというようなかかわり方を示すのではなく、それらのレヴェルごとに違ったやり方で関係していくのである。あるいは、そのようにして初めて社会科学は放送制度論に全体としてかかわっていくことができるといってもよい。

二　放送制度と社会科学的な制度の理論

1　シェルスキーの「制度の社会学的理論」

制度(=インスティトゥチオーン=インスティテューション)を社会科学的にとらえる場合、大きく分ければ二つの異なった態度が観察される。それは個々の人間と制度との間にどのような関係を認めるかということ、それについての見方の違いに由来している。その違いとは、本来諸個人の思考や行為は自由であるはずだという前提に立ち、それらに制約や拘束を加えるものとして制度をとらえるか、あるいは制度を諸個人の思考や行為の所産として、そしてその所産の上に何らかの価値が実現されるものとしてとらえるか、という違いである。それは、制度というものに対していわばどのような「イメージ」を抱いているかという出発点での問題であり、それがその後の論理や結論に決定的な影響を与えているといってよい。その二つの態度の前者にも後者にもそれぞれのなかにさまざまのニュアンスやスタンス、概念装置の組み立てや結論の導き方がみられるのは当然のことだが、その内部の多様性を不問としたうえで、両者を比較してその違いを強調していうならば、前者では制度というものを行為主体とは別の、自立した客観的存在——社会システム——としてみる傾向が顕著であり、後者では制度の抽象性は前者の場合よりも低く抑えられ、したがって制度はむしろ人間の主体性(Subjektivität)と社会の客体性(Objektivität)——あるいは個人の主観性と社会的客観性——の間の緊張関係のなかに据えてとらえられる傾向が強いということができる。そして、伝統的な社会学では前者の傾向が優勢であった。今日では後者の見方が考慮されることが多くなってきたものの、優勢となったとは決していうことはできないだろう。

前者の立場にはそれとして相当の理由があるのだが、ここではむしろ後者の立場に立つことによって、ドイツの社会学者H・シェルスキー(一九一二—一九八四)の論考[1]によりながら、「制度の社会学的理論」を考えてみたい。シェルスキーは制度論のアプローチを三つに分けてとらえている。第一は制度の社会人類学的機能論であり、人間の欲求の充足を制度の機能とみなし、制度を人間の欲求構造から説明しようとするものである。第二は制度の社会学的組織分析であり、客体化されたものとしてのシステムの概念を操作していく組織社会学によって主として行われ、制度を社会的な組織法則性から説明しようとするものである。第三は制度の社会哲学的分析であり、人間の思想というものを制度を規定し設立する基礎とみなし、制度をその嚮導理念から説明しようとするものである。シェルスキーによれば、以上三つのアプローチの合流したものとして制度論を初めて提示したのは、文化人類学者B・K・マリノフスキーであった。そこでシェルスキーが重視するのは、第一と第三のアプローチであり、とりわけ第三のアプローチこそは他と等しく重要かつ必要なものだということを強調している。以下でシェルスキーの考えを三点にわたってみてみよう。

まず、その第三のアプローチとはどのようなものであろうか。どの制度もCharterによって支配され、それに依存していると説明したのはマリノフスキーであった。Charterとはたとえばマグナ・カルタのカルタである。彼はその言葉をさまざまに言い換えている。それらを列挙すれば、集団の承認された企図、制度の目標イメージ、制度的統合の原理、raison d'êtreあるいは先史時代文化のなかでなら伝説または神話、などである。また、定義としては、人間はある価値の実現のために自らを組織化したり、または既存の組織に加入したりするのであるが、制度のカルタとはそのような実現されるべき「価値のシステム」であると述べている。その際、彼がこの「価値システム」と、「制度の規範と規則」すなわち「規範システム」とをはっきりと分離し区別していることは重要であろう。このようなマリノフスキーの論をシェルスキーはドイツの精神的伝統に引き寄せて、もっとわかりやすく表現するならば、「制度の理念」(die Idee der Institution)となるという。さらに制度論におけるこのポイントを、マリノフスキーよりも以前に、M・オーリューが制度のidée directriceとして言及していることを指摘するのも忘れていない。

シェルスキーは、マリノフスキーやオーリューがいうような考え方、すなわちどのような制度も理念において基礎づけられるのであり、またその理念によって制御され、秩序づけられ、そもそも活性化されるものであるという考え方とは、つぎの四点を認めることだとしている。

(1) 人間の意識および思考というものを社会生活の自律した現実的要因として承認する。

(2) 理念とは、欲求の機能でもないし、制度によって昇華された欲求の上部構造でもない。事態は逆で、制度こそ理念の機能としてみなされなければならない。理念は欲求や組織などの構造要素と並んで最初から制度分析の対象とされなければならない。

(3)　理念とは、制度内部の規範システムと同じものではない。制度は理念から降ろされてくるもの、それに依存したものとしてとらえられなければならない。これに対して、機能―構造的システム理論ではそれらを同一視しており、ともにシステム機能の概念のもとに包摂されている。

(4)　主体的意識が理念の創造者であり、また担い手であるという事実をとおして、意識主体としての個人は制度に対する規定的な関係を保持している。

ここで以上の論点を少し整理しておこう。第一に、そこで重視されるのは、制度の理念＝制度の価値システムということである。行為主体にとって制度の価値とは欲求の充足という機能のことだと一応いうことができる。欲求の充足が制度の機能であり、その機能のゆえに制度は価値をもつ。制度の理念とは、この価値に対する主体の側からする評価が昇華されたものである。したがって、制度の理念とは主体が制度に対して抱き、また投げかける価値意識だということができる。そこで、制度の価値システムとは制度に対する価値意識システムだというべきであろう。これがあらゆる社会制度には前提とされるというのである。

第二の点は、欲求と制度の関係であり、そこからシェルスキーは制度の安定と変動の問題を分析している。彼はマリノフスキーによりながら、欲求と制度の基本的関係として二点を確認する。

(1)　どのような制度も同時に多数の、多様な欲求を充足する。これを制度の欲求総合性(Bedürfnissynthese)ということができる。つまり、ある制度とある欲求の間には固定した一対一の対応関係があるのではない。見方を変えていえば、どのような種類の欲求でもその充足は多数の、多様な制度において行われる。これを制度の機能的等価性(funktionale Äquivalenz)ということができる。

(2)　生命的・生物的に条件づけられた基礎的欲求は第一次の制度で充足される。その結果、そこから新しい派生的欲求が発達し、それは第二次の制度で充足される。これが積み重ねられて、欲求と制度のハイラーキーが形成される。

シェルスキーは、このハイラーキー構造は現実では時間的なプロセスであるとして、社会変動をつぎのように説明する。それぞれもっとも高次な制度は新しい欲求を生産し、その欲求は制度的な充足を要求する。こうして新しい制度とやはり新しい欲求が駆り立てられるようにして自分自身から生み出されていくのである。彼はそこに「欲求と制度の自己産出の循環」(der sich selbst produzierende Kreislauf von Bedürfnis und Institution)という法則を見い出している。そして、この法則は制度の他の構成要素である技術やシンボル――これらについては後述する――についても当てはまるという。われわれは新しい重要な技術の発明(たとえば、テレビやオートメーション)によって新しい社会的・心理的な事態と欲求を生み出すが、それを再び社会的・経済的・人間的な技術、すなわち新しい制度で補捉しなければならない。そうすることで、技術的な生活世界および生産世界の全体的仕組は引き続き機能し、生産を継続していくことができるのである。このような「自己自身を条件とする生産の循環」(Kreislauf der sich selbst bedingenden Produktion)という点に彼は科学技術文明の法則をみている。こうした彼の見方は、現代思想における自己言及性や自己組織性という概念への着目と共通したものがある。

第三の点は、制度は単に社会的・政治的な構造物や集団行動の組織化されたものではなく、技術的装置(人工物)と情報コミュニケーション・システム(シンボル)という二つのサブシステムを内に含んでいる、というシェルスキーの指摘である。両者は当該の制度の機能と嚮導理念にそれぞれかかわっているが、各自の発展と変化のなかで自立化していくことがありうる。技術的装置の場合をみると、技術的発明や革新は決して機能関連的にではなく、しばしば自己目的的に、しかも別の制度(たとえば科学技術という制度)においてなされ、そしてそれが他の制度へ導入されるときにはそこに決定的な機能変動を引き起こす、という現象である。同様のことが情報コミュニケーション・システムでも起こりうる。そこでの変化や革新が技術的あるいは政治的にみて達成されるべき制度的な変動とは直接かかわりなく、自己目的的に起こされ、制度の全体に重大な作用をおよぼすような場合である。そのようなことが起こりうる原因は制度の理念(価値システム)というものは間主体的な(相互主観的な)コミュニケーションのなかで生きているということに求められる。すなわち、ある制度において情報的、言語的、シンボル的相互作用の強化や革新が発生すると、それは嚮導理念の規範的要請を活性化させることになり、そのような活性化の結果、理念の完全な実現へという方向にその制度の変動が誘発されることになるのである。

制度のサブシステムとして情報コミュニケーション・システムを設定することで、シェルスキーとしては二つのことを達成しているように思われる。第一は、制度のなかの機能主義や支配などの強制力に対して批判的に自省(省察)する主体性は、制度の直接的かつ政治的な変革——そのような革命的行為では人の入れ替えはあっても構造そのものは変わらない——を企図するよりも、むしろ批判的自省とその表出・表現が長期にわたって持続して行なわれる制度化された自由な空間——J・ハーバーマスにならっていえば、支配から自由なコミュニケーションの場——を求めるべきであること、それによって制度の社会的構造が持続的に変動していくことが見込まれるということである。第二は、間主体的なコミュニケーション・システムを設定することで、方法論的個人主義に訣別していることである。また彼は現代の社会システムの「自己への反射的・再帰的メカニズム」(reflexive Mechanismen)という構造を強調するN・ルーマンに賛同しつつ、個人的な自省的主体性は現代の制度およびその行為連関の複雑性にはもはや堪えることはできず、したがって制度的変動の誘発には不適任となったと主張する。その際、彼は主体性の集合化と客観化(Kollektivierung und Objektivierung der Subjektivität)という概念に言及している。しかし、筆者には主体性の出口はその客観化・客体化であるよりも、あくまで間主体性ないし相互主観性(Intersubjektivität)に基礎づけられるべきだと思われる。いずれにしても、シェルスキーが一九七〇年という早い段階ですでに見定めていたことは、社会科学的な制度の理論というものは、その後に展開され体系化されていくことになるハーバーマスの「コミュニカティーフな(コミュニケーション的な)行為の理論」とルーマンの「オートポイエーティシュな(オートポイエーシス的な)システムの理論」とを双子としてもつということであった。シェルスキーの理論は文化人類学的見方に触媒されて、その双子を胎内に宿していたのである。

2　行為主体の理論と制度の理論

以上のような制度の理論が放送制度の問題と一体どのようなかかわりがあるのか、と思われるかもしれない。それは制度観の問題としてかかわってくるはずである。そのことの説明に入る前に、その前提としてもう一つの制度論を少しみておくことにしたい。ドイツの哲学・社会学・文化人類学者であり、シェルスキーにも影響を与えた、A・ゲーレン(一九〇四―一九七六)の制度論である。『人間の原型と現代の文化』にみられる彼のカライドスコープのような記述を要約するのは難しいが、ここでの企図に適したように限定して眺めることにしよう。人間と制度に対する彼の基本的認識は、人間はもともと欠陥のある存在であり、制度の力を借りてそれを補い、そればかりか高度な存在にまで高められてきたのだというところにあるだろう。たとえば、つぎのように彼は述べている。

「制度は［人間］存在――それは強く固定されていないかぎり、あらゆる衝撃によってごく簡単に変形される――の驚くほどの可塑性、柔軟性、受傷性に対して、真に基礎的な意味をもつ。諸衝動の中心部まで支配する安定性、人間内部の高級なものの一切の持続性はけっきょく制度にかかっている。人間は歴史的存在であるという意味は、逆にいえば、歴史的に作り出された現実によって人間が消費されざるを得ないということである。そのような現実とは、それもやはり国家、家族、経済的・法的権力、等々の制度である。この点がはっきり理解されるなら、われわれは新しい課題――個人に対抗して制度が入手する独立性と自律性を、人間の性質から導き出すという課題――の前に立つことになる。(2)」

ゲーレンにとって制度とは、数世紀を越える高度な思考と決断によって作り上げられてきた文化の内容が堅固な形式へと作り変えられたものである。その形式とは、「信頼の糧であり、そこにまた、豊穣の可能性を開く精神が存在する」として、きわめて肯定的にとらえられている。その点をゲーレンは道具との類似性で繰り返し説明する。道具(たとえば石器の刃)は現在および未来の利用者が誰であるかにかかわりなく、開かれているという普遍性をもち、したがってその客観的な存在はそれらの利用者がその都度道具を作らなければならないという負担を免除している。

彼が制度の機能としてあげているものは、負担免除、行動の目的と主観的な動機の分離、行動の習慣化による自己の内的安定性、「いつでも対応できる状態」を保証する「周辺的保有」などである。それらの概念の連関のなかで彼の説明は展開されていく。それらのなかでここでもっとも興味深いのは、制度の負担免除能力という指摘である。つぎの文章にその意味がよく表されている。「すべての制度に本来そなわっている負担免除の機能――つまり、主体の動機づけを代行し、持続的な臨機応変態勢をつくりだし、時には代わって決断を下す機能――はすばらしい文化的特性の一つである。(3)」したがって、逆に制度が衰え、この機能がそこなわれるとき、内面の安定性や行動の確実性が失われ、過大な決断・判断圧力のもとに人間はさらされることになる。

このように制度に対して固有の信頼をおくゲーレンの分析を支えているのは、実は現代においてそのような制度の存在が脅かされ、ひいては文化の没落が招来されているという危機意識である。そのような危機の発生原因を彼は「体験狂の現代主観主義」の高まりのうちにみる。そもそも信頼のおけない人間の主体性の放蕩状態に彼は悲観的な判断を下し、過去へと、古代文化へと憧憬の視線を投げかける。彼が保守主義者と呼ばれる所以である。その点で先のシェルスキーとの間には違いがあった。しかし、ゲーレンの制度論は過去への憧憬という方向だけが必然とはいえまい。方向を後ろ向きから前向きに変えて、その論から現在および将来の制度分析に向かって積極的な要素を引き出すことは可能だといえよう。

さて、ゲーレンの理論から引き出されることをわれわれの問題関心の次元に近づけたとき、どのようなことがいえるだろうか。それを制度と行為主体の関係として述べてみたい。一般的な表現では自由と秩序の問題といえよう。前項の冒頭で、制度に対する基本的に異なるイメージの存在について触れたが、そのバリエーションでいえば、制度は自由への介入か、自由のための条件整備か、というとらえ方の違いとしていうことができる。そして、行為主体の方についていえば、行為主体は個として元来自由な存在であり、何ものにも依存せずに行為能力を発揮することのできる存在であるとみるのか、あるいは行為主体は個としては自己の外部にも準拠枠をもち、それを得て初めて自己の能力を顕在化させ発揮していく存在であるとみるのか、というとらえ方の違いがある。制度と行為主体それぞれのとらえ方のうち、前者同士、後者同士が対を成す対応関係にあることはいうまでもない。ゲーレンのいう制度のもつ負担免除能力とは、その後者同士の対の関係を見事に表現している。それはちょうど、白いスペースシャトル・ディスカヴァリーが黒褐色の大木のような大型ロケットに蟬のようにはりついて、重力のもっとも厳しい圏域をそれに運搬してもらい、その圏外に脱したとき自らの出発へと点火するという情景を思い出させる。この目立たない姿の大型ロケットが制度である。過去の諸個人による動機や欲求充足の工夫が蓄積された文化的枠組みとしての制度は、行為主体をその蓄積水準の高みにまで運んでくれる。そこまでは個々人の個別の動機や努力は免除されるのである。大型ロケットが抗して進む重力には蓄積された文化の重み、遺産の重みがみてとれる。仮に個々の主体が自力で最初の地表から飛び上がろうとすれば、その文化の重みを一人で再生産しなければなるまい。それは徒労であり、もったいないことであり、不可能なことである。このように、負担免除の概念にもとづく制度の正当づけによるならば、制度は行為主体の自由に敵対するものではないということができるだろう。

負担免除の概念が示唆するもう一つの点は、制度という枠組みは他者、つまり過去・現在・未来の行為主体を含む他者との共同性を前提としているということである。ある制度においてある者は別のある者の負担を免除し、さらに、そこにおいて負担を免除された者は別のある制度では別のある者の負担を免除する。このような相互負担免除が制度の能力として抽象化されたところでは、主観中心的行為の理論はリアリティを失うものといわざるをえない。そのリアリティ喪失分を制度の概念は埋めていくことができる。こうして、行為主体の理論と制度の理論はお互いがお互いを必要とする相補的関係に立つことになるといえるのではなかろうか。

3　放送制度における理念とサブシステム

社会制度のハイラーキーにおいて、放送制度は派生的欲求を充足するための派生的制度である。しかもそれは歴史的にごく新しいものであり、したがって制度ハイラーキーにおいては高次にある制度である。シェルスキーにならえば、この放送制度も欲求総合性をもっているということになる。つまり、放送制度もまた多様な欲求を同時に充足する。また、制度の機能的等価性という基本的関係にもおかれているから、放送制度で充足される諸欲求は同様に他の制度においても充足されることが可能であり、また実際にもそうされている。この派生的制度は、それでは、どのような比較上、より基礎的な制度から派生してきたといえるだろうか。第一次の原初的制度から数えて第何次の制度となるかは別にして、一応の水準をそろえてことを試みれば、おおよそ三つの要素制度を名指すことができるだろう。それらを何という名称にするかという点は議論の余地のある問題ではあるが、つぎのような制度から派生してきたということができるであろう。第一はジャーナリズム制度。これは「言論の自由」という制度、あるいは単に言論制度ないしプレス制度ともいえる。限定性をもっと緩めれば、精神的交通制度や社会的コミュニケーション制度と言い表すことも可能であろうが、それらではやはり限定力が薄弱にすぎるように思われる。ただ、それらがより大きな枠組みとして妥当性をもつことはいうまでもない。このジャーナリズム制度はデモクラシーという政治形式(広くは生活形式)を価値とする。第二は産業制度であり、これは大量生産・大量流通・大量消費の循環機能を価値とする。第三は娯楽制度であり、これはマス・カルチャーおよびマス・レジャーの欲求充足機能を価値とする。したがって、放送制度の理念、つまり放送制度という鏡に映される成員主体の価値意識はこれらの先行要素制度のうちのどれに自らのどのような欲求を反射させてみているかということによって異なってくるといえよう。

放送制度のサブシステムの場合、技術的装置(機能の生産・再生産装置ともいえる)は自立化してきたものというより、技術そのものの発明が制度の目的に先行した。そこでは、ゲーレンが言うように、「技術は、まだ存在していない目的や欲求のために、先回りして手段を発明する。この時はじめて、目的や欲求もつくり出される。なぜなら誰も、そのような欲求をまだ感じていないからである」(4)という事態が典型的にあらわれている。先回りして発明された手段をどう利用するかという欲求はその発明を追いかけて「発明」される。そこで、その原技術の利用形態の特定化をめぐって、換言すれば、その技術の定義をめぐって、比較的短期間のうちではあったが、試行錯誤が行われた。短期間とはいえ、それが歴史的な過程をもったことには間違いない。原技術をどのような応用形態で利用するかという定義、つまり今日の放送概念はそこで選び取られたのであり、そこでの結論である。すなわち、不特定多数の受け手に対して他の主体を介在させずに直接的に、そして同時性をもって情報を頒布するものという定義である。マス性、直接性、一方向性という性格をもつマス・コミュニケーション媒体としての定義が与えられたわけである。そのことによって、放送制度は先述の三つの制度を先行要素としてもつことになった。あるいは逆に、そのような先行制度と接続させるための過程でそれらの欲求の要求が貫徹され、そのような定義が下されたといえよう。

その過程がとり行われたのは、放送制度もやはりサブ・システムとしてもっている「制度の情報コミュニケーション・システム」(シンボルの生産・再生産装置といえる)においてである。そのシステムからのアウトプットが法制化されて、つぎの節で取り扱う放送法制、つまり規範システムが生み出され、かつ更新されてきた。そこで生み出された放送概念は技術の利用形態の定義であり、その利用目的は一切含んでいない。すなわち、ジャーナリズム制度、産業制度、娯楽制度という各要素制度のいずれの価値に対しても中立であり、それらのどの利用目的に対しても区別せずに妥当する内容を備えていたということができる。つまり、放送概念は放送制度の技術的装置と規範システムの間を媒介するものであり、それは先行する三つの要素制度がもつ各価値の間の持続した相対的安定性の上に成り立っていたといえる。

放送概念の規定内容は、ジャーナリズム制度に対してはマス・デモクラシーの時代における世論形成機能を担う放送という社会的・政治的位置づけ（社会的価値）に応じることができた。また、産業制度に対しては、家庭・世帯の数ほど、あるいは受け手個人の数ほど受信機なる小型機械を商品として大量生産・大量販売するという産業的枠組みを、またその受信装置を広告宣伝の直接的回路として利用するという道具的枠組みを保証することにより、家電メーカーという新しく重要な工業部門およびマス規模で行われる商品の生産・流通・消費の循環システムの媒介者となる広告産業部門の成立と発達を支えた。そして、娯楽制度に対しては、大衆文化・娯楽の享受と余暇時間の消費を同時に可能にする技術形式を提示しえたのであった。（無論、制度的概念からではなく歴史的現実の方からみれば、広告宣伝および娯楽の政治的道具化という過去があり、現在があるという実態の方が重要になるのはいうまでもない。）

その放送概念が今日「揺らぎ」のなかにあるということは、シェルスキーのいう「自己自身を条件とする生産の循環」という制度の法則を思い起こさせるわけだが、それは放送制度の相対的安定性が崩れ、その理念・価値意識・価値システムの差異化へと向かう自己産出の変動が駆動し始めたことを示唆するサインであるとみなすことができる。ただし、その際その「揺らぎ」のなかにおける連続性と断絶性、そしてその双方をそれぞれにどのようなファクターが担っているかなどの点については弁別した注意を払う必要があろう。

三　放送法制と社会科学的なプロセス認識

1　放送法制の外側からの観察

制度の社会学的理論にならえば、放送法制は放送制度の規範システムである。それは社会的・政治的プロセスを経たうえで、ある特定の時点でみれば「出来上がったもの」として静的に存在している。それを制度的プロセスのなかにおいて観察するとどうなるであろうか。

一般に法ないし法制度を政治学的にみるとき、二つのとらえ方が成立するだろう。一方は法を支配関係を反映し、それを固定化するものとみなすものであり、他方は法を社会に対する政治的制御媒体(メディア)とみなすものである。制度への評価に関連づけていえば、前者では制度は既存の支配関係を維持するためにあり、法はその支配の手段とみなされるし、後者では制度は社会の制御と統合のためにあり、法はその媒体とみなされることになる。ここで援用する規範的な民主政治理論からみれば、前者については見方が変化して、民主的法治国家における法は支配というものを合理化するものであり、したがって法はそのような支配を民主主義的に媒介し、反映すべきものとしてとらえられる。そこでは必然的に法における合理性が問われることになるし、またそれに対応する社会的現実が問題とされる。したがって後者のとらえ方に連続して、制御と統合の現状分析が課題とされることになる。

こうした政治学的見方は制度の社会学的理論と共通した視角をもっているといえるし、法社会学的分析への接続を視野に含んでいる。政治と法と制度の関係を検討したドイツの若手政治学者のR・シュマルツ‐ブルンスによれば、法とは政治の結果として、政治の手段として、そして政治の基準ないしコンテクストとしてみなすことができる(5)。第一に、実定法という形式をとる法は立法行為の手続過程から生み出された結果(所産)であり、これは法的規範の制度的な産出という局面である。第二に、法は政治的に定義された目標を社会的に遂行するための手段である。ここでは法は「法による制御」のための実体であり、これ自身「制度」としてもとらえられる。狭義の法制度ないし法制という概念はこれに当たるといえよう。ここでは法は道具として使いものになるということによって専らその正当性を要求できるのであり、すなわちその実質的合理性が問われる。そのような法がもちうる履行可能性は、その法によって規制されるべき諸関係の合理性をその法がどれだけ配慮できているかという法そのものの能力に依存しているということは注意を要する。第三に、法はいったん成立すれば、政治の制度的コンテクストを法的に構成するものとなる。そこで法は政治が依拠すべき基準(尺度)として倫理的次元をもつことになる。しかし、そのことは逆にいえば、政治によって担保されなければ成立しえない法の合理性の次元が存在することを前提とせざるをえない、ということを意味する。その次元は価値的合理性として問われるものである。

こうして、法の合理性として手続的合理性 (prozedurale Rationalität)、実質的合理性 (materiale Rationalität)、価値的合理性 (Wertrationalität) の三つの次元が明らかとなった。このことは放送法制にもあてはまるといえよう。放送法制においても、その規範システムが法治国家原理にそって民主主義的かつ制度的な媒介と反映をどの程度にわたって満たしているか、またそれが放送制度の制御と統合の媒体としてどの程度の合理性水準を備えているかという問題が吟味され、さらに上記の三つの合理性次元を生産するための条件問題について法社会学的に検討されることが要請されることになる。

2　放送法制の内側への観察

放送法制の内側、つまり放送制度にかかわる憲法、個別実定法、下位の行政規則などの全体系列を社会科学的に観察するということは、ここでは、その放送法制そのものの自己理解のなかに社会科学的な認識とみられるものがどのような形でどの程度見い出されるか、それと同時にその放送法制という規範システムが自己をどのように構造化しているかということに関心を払うことを意味している。その際、両方の場合ともプロセスと関係というものへの認識と実態に注意が払われることになる。

第一に問題となるのは、憲法そのものの自己理解であるが、それは憲法と社会的現実との関係を動態的にとらえるか、静態的にとらえるかという憲法思想のことである。そこから憲法の「積極主義」(6)と消極主義——後者を自称する憲法があるかどうか不明だが——が生まれる。それは憲法に規定される「放送の自由」の把握の仕方にも現われる。静態的な把握では、その自由は放送という行為をなす行為主体の自由として個人主義的にとらえられ、その自由への国家の不介入という防御権としてみなされる。これに対して動態的な把握では、その自由は放送制度の自由として制度的にとらえられる。そのためには行為主体の基本的人権(表現の自由)との関係を定める必要があり、そこで放送制度の自由は行為主体の自由実現に奉仕するためのものであるとして関係性が規定される。そして、放送制度の実体的組織である放送メディアは自由な意見形成という社会的コミュニケーション・プロセスのなかの媒体(メディウム)であり、同時にファクターでもあるとみなして、客体性と主体性をともに認める。制度的にとらえられた「放送の自由」は、制度を通じて、制度を構成することによって保障されなければならず、民主的法治国家にはそれを可能にする法的仕組を作る義務があるという結論が導きだされるのである。

このような動態的な把握の典型は(旧西)ドイツの連邦憲法裁判所の判決にみられるわけだが、そのようなとらえ方の背後には、ドイツのメディア法学者のW・ホフマン-リームが強調するように(7)、現実の社会的コミュニケーション・プロセスのなかの権力構造、そのなかでの社会的非対称性というコンテクスト、機会の不平等性などの社会的現実への現実感覚が前提として存在する。動態的な把握では、それが法規範を構成する要因として考慮されるのである。

第二に問題となるのは、憲法と個別実定法の間の連絡関係の態様、具体的にはその強弱のあり様である。個別実定法は憲法的価値に連動したものとして明示的に構成され解釈されるものか、あるいは憲法は個別実定法の実現とその正当性のために解釈されるだけの存在か、という違いでもある。憲法の動態的把握では放送関連実定法は放送の制度的な自由を保障するための実体的、組織的、手続的な規律(ルール)を定めたものであることが要求される。それらの規律は常に憲法的価値からの検証を受ける立場にある。

第三には、憲法と個別実定法の連絡関係を媒介し、それを保証するシステムの存在如何とその態様が問題となる。立法行為に対する審判を下す司法機関ないし準司法機関が存在するかどうか、またそのような機関(Instanz)の作用の形式と内容がどのようなものか、が問われる。アメリカ合衆国には準司法的機能をもつ独立行政委員会FCC(連邦通信委員会)があり、またその決定を裁判所で争うことが行われ、ドイツでは連邦憲法裁判所があり、放送制度にかかわる立法・行政行為に対する違憲訴訟を受けて判決を下し、そのなかでは制度の理念を顕在化させた規範理論が明らかにされてきた。また、法学界という「制度」において憲法と個別実定法の連絡関係をめぐってどのような支配的見解が形成されているかということもここに関連する。これらは「制度の情報コミュニケーション・システム」の問題であるともいえよう。

3　規範システムと規制システム

規範システムがその下位に具体的に構成するものが規制システムである。この「規制」という概念にはその言葉を含めて、他に規律、監督、regulation、Kontrolle などとさまざまな言い方が用いられるが、その内容はおおむね二つに分裂しているといってよい。自由への介入と自由のための秩序作りという相反する内容である。この分裂は強く意識化されている場合もあれば、曖昧にしたままにおかれている場合もあるが、これまで繰り返し言及してきた二つの制度観に対応したものといえよう。

規制の本質は、何のために、何を、誰が、どのような原理で、何故、どのような技術で規制するのかという五つの問いでとらえられるであろう。それは順に規制目的、規制対象、規制主体、規制原理、規制理由、規制技術と規定されよう。それら個々の性格とそれらの間の関係について説明すれば、つぎのとおりである。〈規制目的〉は放送制度の理念にどういう態度・立場をとるのかという価値選択に結びついており、それを放送制度がもつ三つの先行制度のうちのどの価値から導きだしてくるか、またその選択の信憑性・一貫性がどの程度のものか、ということに依存している。〈規制対象〉では、その対象は行為主体か秩序か、行為主体ならばそれらの特質と規範がどうか、秩序ならばその形成されるべき秩序の次元とその行為主体との関係がどうか、などが違いとして現われる。規制対象の違いは規制目的に依存している。〈規制主体〉は規制する機関(Instanz)であり、そこで問題となるのは規制する国家の役割と責任、その国家の要素である立法・司法・行政の各機関の相互関係と作用形式、そして国家と社会の分界方式と分担領域などについてであり、それらの実態の妥当性である。

〈規制原理〉とはどのような手法で規制するかについての基本コンセプトのことであるが、これについてホフマン-リームによれば、今日三つの異なったコンセプト、すなわち市場、法による社会造成、社会による自己制御を取り出すことができる。(8) 第一の(経済的)市場をもっとも重要な「規制者」とするコンセプトは、社会の成員の自律した活動のための枠組みとそれに応じた競争的自由を作りだすことに国家と法の役割を限定するものであり、今日まで規制緩和政策として進められてきた。その背景には形式的法治国家および経済的な新自由主義による社会モデルと自由の理解がある。第二は、市場原理がその市場の欠陥(「市場の失敗」)から免れられないことを根拠に、国家に対して社会的行為の枠組み作り以上のより大きな責任を与えるものであり、国家は必要に応じ経済的・社会的な過程を制御する目的で介入する。その際、法的なインストルメントが採用され、命令と禁止、国家による事業・給付、組織や手続のための予防措置などの形態によって国家的責任の履行は配慮される。第三の社会による自己制御は、国家の責任を認める点では第二に近いが、しかしその履行にオプティミズムをもたない。法は、社会的な自己制御が法的にも事実としても可能となるように組織および手続を整備するように、つまり補完的に働くべきだとされる。社会に自律性をみる点では第一に近いが、しかし経済的市場は構造的な政策の優先的な接触点とはみなされない。場合によれば市場原理は見送られ、領域固有の組織上、手続上のルールを含め、新しい構造と秩序が要求される。以上の三つのコンセプトのうち、今日制度的革新の視点からも重要なのは社会的自己制御の規制原理の可能性をみていくことであろう。どのような規制原理がとられるかは、規制目的と規制対象と規制主体に依存しているといえよう。

〈規制理由〉ないし規制根拠は、規制の正当性を形式的・技術的に理由づけるものである。これは説得理由ないし言い訳とみることもでき、擬制と仮説の操作を含んでいる。〈規制技術〉は主として権利・義務関係を定める手法であり、そこには解釈の多様性が生まれる。

四　放送政策と経験的社会科学としてのコミュニケーション研究

1　放送政策の遂行と合理性基準

放送政策という実践的レベルに対して社会科学は、規範的・理論的にかかわりもするが、とりわけ経験的・分析的にかかわることになる。ここではエムピリカルな社会科学としてのコミュニケーション研究の視点から放送政策の次元について考えてみる。

放送法制は放送政策に対して法的枠組みを与えるが、放送政策はそれに完全に規定されるわけではない。その枠組みのなかでどうプレーするかは政策行為主体の自由である。自由があるからこそ、逆にそこで放送制度の理念や価値意識、あるいはそれらを反映するものとしての倫理的な基準をどのように意識しているかということが問題となる。放送政策（あるいはその主体）は放送法制に構造的に規定されているが、同時にそこから相対的に自立しているということができる。

問題は、そのような相対的自立性のなかで放送政策ないしその遂行主体はどのようにして政策領域そのものの、あるいは決定された政策の正当性を調達するかということである。それは政策の合理性によってなされるはずであり、その次元は法の合理性の場合と同様に手続的、実質的、価値的な合理性によってとらえられるだろう。それらの合理性次元における機能不全状態をまずみてみよう。手続において問題となるのは、政策の形成・決定・遂行過程における諸行為主体間の利害調整が公開されているかどうかである。とりわけ諸利害間の論争や紛争の非公開性は現実認識の正確さと問題解決策の有効性をめぐる社会的競争を不発に終わらせるし、また立法・行政行為をめぐる紛争処理制度としての裁判が機能していない場合には政策遂行主体が責任主体として客観的に定位される重要な場が失われている。そこでは紛争の顕在化を排除した擬似的均衡状態のもとで政策遂行主体は利害調整機能に自足した超行為主体であるかのような姿をとることになる。その状態では、政策の実質はその政策が正しく、間違っていないかという政策の手段としての合理性ではなく、政策遂行組織の自己保全と政策の連続性が判断基準となる傾向が強い。それに伴って、政策の価値では規範的価値は儀礼的なものに化する。

それでは三つの合理性次元における正の図を描くならば、政策が公開された手続・手順のもとに行われ、政策手段に目的―手段、現状認識―問題解決手段の関係において合理的な妥当性が確証され、そして政策目的が明示的に選択された規範価値に忠実であるということになろう。このような状態は政策競争の条件下で生まれやすく、そのような条件は民主的な政権交代が制度的に予期されている政治のもとで傾向として可能性が高いといってよい。政策の正当性調達が政策の合理性を基準としてなされるとき、第二の実質的合理性において問われてくるのは政策の科学性だといえよう。放送政策に科学性、つまり科学的な基礎づけが求められるかどうかは、その政策における合理性の追究水準の反映でもある。放送政策の対象領域が一つの社会的行為領域の相互関連という社会的現実であるだけに、そこで求められる科学性とは経験的・分析的な社会科学の成果に求められることになる。学問(科学)という制度においてそれを担うのは、あるいは担うことを要請されるのはコミュニケーション研究に他ならない。

2　コミュニケーション研究の科学的証明能力

コミュニケーション研究がこのような立場に立つならば、あるいは立たされるならば、それは学問制度以外の制度にかかわるという実践的な課題とそれにともなう実践的な諸問題を抱えることになる。そこでは単に論理的・分析的整合性が問われるのではなく、科学的証明能力を問われることになる。つまり、客観的に存在するとみなされる社会的現実のなかで発生する現象や問題に対して客観的な説明を与え、しかもその説明の妥当性は他者による再検証によっても堪えうるものであることが証明されなければならない。問題はこのような一般化および一般法則についての要求形式およびその水準とどのようにかかわるべきか、そしてそのような要求の自らの制度内部への反射にどう対処すべきかを省察することである。この問題は、しかし容易ではない。

ここに一つの記録がある。一〇年以上も前にさかのぼるが、一九八〇年に西ドイツのボンで連邦政府の九つの省のメディア政策担当者と招待された一二人の有力なコミュニケーション学者の間で対話が行われた。これは連邦政府閣議決定にもとづいて行われたもので、その記録とは会議開催を委託されたミュンヘン・コミュニケーション共同研究所（AfK）がまとめた報告書である。その当時、連邦政府のニーズはこうである。連邦政府としては、一方で「ニューメディア」（単にニューメディアの導入だけでなく、「情報化」を含む）について政策決定を迫られていた立場にあり、他方ではその社会と個人への影響がわからないために慎重な立場を取っていた。そこでメディア影響研究の現状について最近の学術的鑑定書や文献をみると、それはその時必要とされるコミュニケーション分野の構造政策上の決定を容易にし負担軽減してくれるものであるよりも、むしろ混乱に落し入れるようなきわめて矛盾に満ちた研究結果を示していた。連邦政府としては、ニューメディアによって引き起こされる民主主義的社会および政治的民主主義の構造に対する影響、そして家族の結合に対する影響の二点について明解にしてほしいというのである。その際の討議でメディア心理学者のG・マレツケは、つぎのように述べている。少し長くなるが引用しよう。

「私は、一般化が行なわれ学説となって世界中に行き渡ったものとして、あの『二段階の流れ』を思い出します。その時点での認識水準であるといって、テーゼを次から次へと数え上げ、しかしそれらがどのようにして成立したのか、またもともとどういう人々に妥当したものであったのかについては口を閉ざしているような本が高名な学者たち（たとえばベレルソン／シュタイナー）によって出されているのをご存じでしょう。ここに過ちが犯されているわけです、しかも私たち学者の手で。」

「私たちは一般化しなければなりませんが、しかし保留条件があります。この一般化されたものとは仮説であり、それは引き続き検証されるべきものだということです。しかも、私たちの学問はまだ大変若いために私たちの蓄積は全部まとめてもまだ大変薄く細いということです。私たちは、一方では過度の一般化を避け、他方では研究結果を何らかの形で実務に役立つものにするという態度をとる他に道はないでしょう。そして、私が実務家に呼びかけたいことは、研究結果には大変慎重にかつ批判的に接し、それがどの程度有効かを自らの眼で確かめ、そして学問とはこういうものだという定義を自分で身に付けるべきだということのみです。（これを私は本気で言っているわけではありません、さもなくば同僚の学者たちは私に石に投げつけて殺してしまうでしょう。）学問とはその時に有効な誤謬のことです。(9)」

社会科学者として人一倍メディア政策への助言に関与してきたマレツケがこういっているのである。彼は同僚研究者と政策実務家の双方に醒めた皮肉っぽい言葉で注意信号を発しながら、しかし学問と政策の緊張関係の範囲内で見込まれる学問による政策の合理化という可能性から決して目を離してはいない。

ところで、社会科学にそれだけの期待のかけられてきた（旧西）ドイツにおいて司法制度のなかで正面から社会科学の証明能力が承認されたケースがある。例外的ケースといってよいが、それだけに貴重なものとみなされている。それは連邦憲法裁判所による一九七三年の「レーバッハ判決」である。同判決では、「鑑定人の意見、別の言葉で言えば、社会心理学者、コミュニケーション学者の見解を全面的に参照することによって判決を下しているということができよう。(10)」そこでは、マス・コミュニケーション手段には「あらゆる生活領域において共同社会の統合(Integration der Gemeinschaft)にとって決定的な影響が認められる」として、マスメディアのもつインテグレーション機能を承認するとともに、その他のメディア影響研究から多くの知見を援用しているのである。その社会的統合機能とは、日本語の統制とは無縁の概念であって、放置しておけば分断され孤立化したままの社会関係を積極的に〈連結〉していく働きという意味である。それはコミュニケーション研究の社会科学的認識の成果に他ならない。このことを積極的に評価すれば、コミュニケーション研究の到達した水準を自負することもできるだろう。そして、このことはある限定された条件のもとでは、あるいは限定されたコンテクストと合致するならば、コミュニケーション研究結果の証明能力が他の制度(たとえば裁判やメディア政策)で認知されることは可能だということを示唆しているといえよう。

3 コミュニケーション研究による政策サポートの可能性

コミュニケーション研究が自らの成果によって政策決定をサポートすることができるとすれば、それは社会的現実についての分析的情報を政策実務家に提供することによってである。問題はその情報内容の質ないし構造と到達距離であろう。たとえば、「放送の社会的影響力の大きさ」というテーゼについても、その自明性の装いを批判的に検証し、それについての分析的情報を外に提供する必要があろう。何についての影響とみるのか(影響の作用水準)、どの方向での影響を想定しているのか(影響のベクトル)を少なくとも弁別しておこう。影響の作用水準では放送規制システムの性能、放送メディアの内部構造、放送番組の構造および特質と受け手への作用などを区別し、そのうちのどれの社会的影響の大きさをいっているのかを自覚する必要がある。影響のベクトルではポジティヴな影響のことか、ネガティヴな影響のことか、したがって区分けの価値基準に注目する必要がある。

最終的に問われるのは、やはり欲求充足の現実についてである。放送システムのアウトプット(番組)に対する成員(受け手)の欲求充足度が問題なのである。充足度が高ければ、そのシステムがどのように構成されたものであれ、それでよい。どのように精巧なシステムでも受け手の充足度が低ければ、仕方がない。それでは、欲求充足の現実について分析的情報はどのようにして提供すべきか。現存の放送メディア・システムのアウトプットとその受け手の間の閉じた相互依存関係の視点にとどまっていれば、システムにコンフォームな検討結果しか出ないであろう。制度の理念、つまり制度に対する成員(受け手)の価値意識の所在を問題とし、それを含めて全体的にとらえていく必要がある。(11)

コミュニケーション研究は自らの成果を鍛える以外に他の制度とかかわる用意を整えることはできない。そこでは戦略的態度が問われる。再びマレツケを同じ時期の別の本から呼び出そう。

「長期的に上位の目標に向かって仕事をするためには、戦略が必要とされる。戦略とは、目標の合理的かつ計画的なデザインと設定、さらに設定された目標を達成するための方策と手段の決定のことであると我々は理解している。その意味ではコミュニケーション学における研究戦略などはほとんど論外で、話にならない。それどころか、現在のコミュニケーション研究は無戦略の状態であると主張することさえできる。『戦略』という言葉の真の意味での態度がみられない理由は、この学問がこれまで明確に長・中期的目標ないし目標システムをほとんど設定したことがなかったことによる。その研究戦略ということで問われれば、総じてコミュニケーション学が今日提供しているのは、小さく限られた構想の、全体との関連性のない、そしてしばしば偶然に条件づけられている個別的な仕事という光景である。全体的コンセプトについて何らかのものを認めることは難しい。(12)」

自省するマレツケはどこに希望を見い出すのだろうか。彼は、「経験的・分析的な(empirisch-analytisch)コミュニケーション学がその実証主義的な(positivistisch)自己限定から脱出し、今日しばしば軽蔑的に見捨てられている歴史的・解釈学的な(historisch-hermeneutisch)方向とまともに結び付くこと(13)」を希望として述べている。

こうしてコミュニケーション研究が仮に自らの能力を高めていったとしても、放送政策の実践(実際)がそれを有用とするかどうかは、しかし、政策における実質的合理性の追究があって、それが学問・科学による政策の合理化を求めるかどうかにかかわっているといえよう。そして、同時にそのような学問・科学への要請があることが逆にコミュニケーション研究の成果を鍛えていくことにもなるといえるのである。

五　おわりに——制度化の過少と過剰——

以上、放送制度に対する社会科学的な認識および研究そのもののかかわり方について、制度・法制・政策に区分し、それぞれの一般論を考慮しつつ、述べてきた。終わりに再び制度と行為主体の関係に立ち返って、その社会的現実を問題にしておきたい。それは制度への行為主体の参加という問題であり、制度化の過少と過剰という問題である。ゲーレンのいうように、制度の重要な機能は行為主体の負担免除であった。仮に百パーセントの負担免除は何を生み出すであろうか。それは行為主体の自省的・批判的能力を不要なものとし、制度の享受者は制度の主体ではなく、制度の客体とされてしまう。つまり、過度の制度化は過剰な負担免除により、行為主体の自己責任能力を低下させることが想定されるのである。無論、過少な制度化は、ゲーレンもいうように、諸個人に対して過度の決断・判断圧力を、そればかりでなく、過大な個別的努力を強いることになる。すなわち、私は制度化の適性水準があるという仮説をここで提起したいのである。過剰な制度化はその超過分だけ諸個人の行為・責任能力を奪い、過少な制度化はその不足分だけ諸個人の行為・責任負担を重くし、見えざる他者との共同性を排除している。制度の最適水準は行為主体の側のイニシアティヴないし参加と制度化との間の統合されたバランスのなかにみられる。以上のことは放送制度についてもあてはまるといってよい。

つまり、放送制度においても主体的参加と客観的制度化の間でバランスがとられる必要がある。とはいえ、そのバランスが高い水準でとられるのか、低い水準でとられるのかという違いはあって、それは文化の問題だといえるのかもしれない。しかし、制度化の社会的現実がその適性水準から下方へ恒常的に、惰性的に遊離し続けるときには、放送制度は形骸化し、放送制度の規範的理念、すなわち民主主義的市民社会を形成・維持・発展させるためのジャーナリズムという機能に対する価値意識は近代の伝説として終わってしまうであろう。それを伝説とさせず、放送制度を活性化させるものは、行為主体のコミュニケイティヴな様式による参加であり、連帯という様式のなかでの自己負担だといえよう。

最後に、放送制度論の学際性について一言述べておきたい。建設的な学際性のための条件は、ディシプリンの間での情報交換のためのプラットフォームが設定され、存在していることである。放送制度論においては何をそのプラットフォームとすることができるだろうか。それは、私の考えでは、本章で何度も登場した制度に対する二つの異なった態度の存在、すなわち、制度を行為主体を制約するものとしてみるか、あるいは行為主体を支援するものとしてみるかという二つの異なった見方の存在、およびそれがさまざまの制度内レヴェルに引き継がれて浮上してくる発現形態に対する問題関心である。その矛盾に対する共通の関心から対話は開かれるといえるだろう。

注

（1）Helmut Schelsky, Zur soziologischen Theorie der Institution, in Helmut Schelsky (Hrsg.), *Zur Theorie der*

Institution, Düsseldorf, 1970, S. 9-26.

（2） アーノルト・ゲーレン『人間の原型と現代の文化』池井望訳、法政大学出版局、一九七八年、三頁。（Arnold Gehlen, *Urmensch* und Spätkultur, Philosophische Ergebnisse und Aussagen, Frankfurt a.M.: Athenäum, 1975.）

（3） 前掲訳書、五三頁。

（4） 前掲訳書、一〇頁。

（5） Rainer Schmalz-Bruns, Die Rationalität politischer Institutionen, in Gerhard Göhler/Kurt Lenk/Rainer Schmalz-Bruns (Hrsg.), *Die Rationalität politischer Institutionen, Interdisziplinäre Perspektiven*, Baden-Baden : Nomos Verlagsgesellschaft, 1990, S. 381-401, S. 389.

（6） 栗城壽夫「国家・憲法・憲法思想—西ドイツの『憲法積極主義』をめぐって—」『思想』第七五五号、一九八七年五月、二八—四七頁。とくに「基本権（規定）の法秩序全体の客観的原理としての理解」を述べた、三四—三五頁を参照。

（7） Wolfgang Hoffmann-Riem, Kommunikationsfreiheit und Chancengleichheit, in Johannes Schwartländer/Eibe Riedel (Hrsg.), *Neue Medien und Meinungsfreiheit im nationalen und internationalen Kontext*, Kehl am Rhein : N. P. Engel Verlag, 1990, S. 27-58.

（8） Ibid., S. 29-30.

（9） Arbeitsgemeinschaft für Kommunikationsforschung e. V. (Hrsg.), *Mediennutzung/Medienwirkung*, Berlin : Verlag Volker Spiess, 1980, S. 134.

（10） 石村善治「西ドイツにおけるマスコミ法の法社会学的研究」『言論法研究Ⅰ（総論・歴史）』信山社、一九九二年、七〇頁。（論文初出は一九七七年）。「レーバッハ判決」の経緯と内容に詳しい。

（11） 【本書第六章を参照。】

（12） Gerhard Maletzke, *Kommunikationsforschung als empirische Sozialwissenschaft*, Berlin : Verlag Volker Spiess, 1980, S. 71.

（13） Ibid., S. 85.

第八章　ドイツにおけるメディア産業労働組合の結成とその背景

――対抗公共圏構築の試み――

一　はじめに

情報メディアの変動は技術革新によって惹起されたという認識そのものに間違いはあるまい。しかし、その一見中立的に見える技術革新という契機は、実は政治的・経済的・社会的・文化的な諸要因の作り出すダイナミズムからエネルギーを吸い取って展開されていると見るべきだろう。そして、その展開過程を見るとき、そこにさまざまのベクトルをもった諸力が入力されてくるにもかかわらず、結果としてはそのうちの強力なもののベクトルによって支配的な方向が決められていく。そうしたなかで依然として重要なのは、資本と労働の対抗関係である。

情報メディアという社会的生産の領域における資本と労働の関係は、しかし、物的生産物をめぐる関係に共通した側面と同時に、知的・精神的生産物をめぐる関係に〝特有な〟側面を強くもっており、そのためより大きな複雑性を内に抱え込んでいる。その問題は今日の情報メディアの変動期にあってどのような現われ方をするであろうか。本章はこのような問いについて理論的な検討を加えようとするものではなく、具体的にドイツにおける「メディア産業労働組合」の設立を事例として取り上げ、そこに変動期における労働側の一つの対応の仕方をとらえ、その経験を概観しようとするものである。

構成について述べておけば、つぎの第二節で「メディア産業労働組合」が設立されるまでの過程を概観し、第三節ではそこから四つの局面を取り出して多少詳しく分析する。そこでの見出し語をあげると、ドイツ作家連盟の経済と政治、ジャーナリストの意識と組織、技術革新とストライキ能力、メディアの資本集中化と対抗公共圏の樹立である。第四節ではその労働組合の組織構成の現状と課題についてまとめ、最後にこの事例に現われた個人・組織・産業・文化の矛盾について若干の考察をして終わることにしたい。

二　メディア産業労働組合の設立過程の概観

「メディア産業労働組合」は一九八五年一二月三日に設立された。その正式の原語名称は、Industriegewerkschaft Medien――Druck und Papier, Publizistik und Kunst（産業労働組合メディア――印刷と用紙、言論と芸術）である。通常は最初の二語だけが用いられ、さらにその際、産業労働組合を意味している第一語を短縮して、IG Medien（イーゲー・メーディエン）と呼ばれる。本章ではこれを固有名詞として、「ＩＧメディア」と表記する。ただし、Mediengewerkschaft（メディア労働組合）という一般的表現も使われている。その設立時における組織形態は、Kartelgewerkschaft（団体加盟による組合、つまり組合の連合体）であって、まだ Mitgliedergewerkschaft（個人加盟の組合）ではなかった。それが移行過程を経て、個人加盟の産業労働組合として一八万四〇〇〇名の組合員を擁して成立するのは、一九八九年四月一五日のことである。そこに至るまでには二〇年以上の歳月を要した。その長期にわたる運動の背景にあった状況認識とは何であったろうか。ひとまず簡潔な表現でそれを見ておくために、「ＩＧメディア設立綱領」(一九八六年一一月七日)の前文からつぎの箇所を引用しておこう。

「われわれは、資本の側での経済的権力の集積にたいして、折しも(経済的)危機および急激な技術変革という困難な条件のもとで、われわれの力を糾合して対抗していかなければならない。意識産業における権力保有者たちおよび彼らの政治的友人たちが、(資本に)依存して就業する人びとおよび芸術の仕事に携わる人びとの〝頭と心をめぐる闘い〟に勝利することがあってはならない。メディアと文化は、国民の利益に沿って、社会的な現実についての啓蒙のために仕えるべきである。[1]」

ここでは、特に「意識産業」(Bewußtseinsindustrie)および「依存性(あるいは従属性)」(Abhängigkeit)という言葉に注意を払っておくべきだろう。それらの言葉は、これから明らかにしていくように、長期にわたった設立過程の歴史を背負っているからである。

ところで、労働組合という同じ言葉であっても、その歴史や現実、その組織の仕方には日本とドイツではさまざまの違いがある。ここでその比較に深く立ち入るつもりはないが、本章の素材に理解を得るうえで少なくともつぎのことは説明しておく必要があろう。第一は、組織原理である。一般的に日本の民間企業では労働組合は会社単位で組織され、ある企業に雇用されている個人はそこの企業(会社)労働組合に加入する。それにたいしてドイツにおける原則は、労働組合は民間・公務を含めて産業分野(業界、業種)を単位として組織され、個人は自分の帰属する分野の産業労働組合に加入する。これが個人加盟労働組合(Mitgliedergewerkschaft)および産業労働組合(Industriegewerkschaft—IG)の原理である。現在、そのＩＧが一六あって、それらによって上部団体のドイツ労働総同盟(DGB)が構成されている。労働総同盟の外にある労働組合について述べることは省略する。

第二は、「労働協約の自律性・自治制」(Tarifautonomie) の原則である。これは、労働条件が協約締結主体間の交渉、したがってそこでの力関係のみによって決められることを意味する。つまり、政府や立法府の関与・介入を排除している。その主体とは各産業労働組合とその産業分野の経営者・使用者団体である。そして、両者の間で締結される各種協約(賃金と労働時間・休暇日数・研修教育などその他すべての労働条件にかかわる)はその産業分野の職場に一律に適用される。つまり、労働協約は個別企業という枠を超えた性格のものである。

第三に、それでは個別の企業あるいは職場では被雇用者(従業員)はどのようにして利益代表を組織するのかということになるが、それは産業労働組合の〝直接の〟領域ではない。ここではじめて法律が関与することになる。民間部門のためには「職場組織基本法」(Betriebsverfassungsgesetz)、公務部門のためには「職員代表法」(Personalvertretungsgesetz) があって、それらの法律にもとづき被選挙権者(常勤の従業員とほぼ同じ意味)五名以上の職場には選挙によってそれぞれに職場評議会(Betriebsrat)[2]、職員評議会(Personalrat)が設立される。これら従業員の作る評議会は直接の使用者側にたいして「知る権利」(Informationsrecht)から「共同決定権」(Mitbestimmungsrecht)にいたるさまざまのレベルの権利をもっている。そして、第二で述べた労働協約の完全実施を監視するとともに、それを上回る条件については職場協定(Betriebsvereinbarung)を結ぶことができる。このような職場評議会あるいは職員評議会に産業労働組合がどうかかわるかといえば、各職場に労働組合世話人を置き、自らの組合の考えを浸透させるとともに、法に定められた評議会選挙でできるだけ組合推薦候補が当選するように努力するわけである。なお、これら従業員の評議会と、「共同決定法」(Mitbestimmungsgesetz) にもとづいて従業員二〇〇〇名以上の大企業に設けられ、経営側と従業員側の代表で構成される「経営監督協議会」(Aufsichtsrat――通常「監査役会」と訳されるが、実態にそぐわないと思われる）とは別のものであって、混同されてはならない。かつて日本では、（西）ドイツの労働組合は労使協調路線を取っているという誤った理解が流布されたことがあるが、そのひとつの背景には以上の二つの混同があったのではないか、と筆者は推察する。

さて、本論に戻ろう。メディア労働組合結成の過程が始まったのは一九六〇年代の終わりであり、その全過程を通じて注目されるのは作家の動向である。一九六九年六月「ドイツ作家連盟」（ＶＳ）の設立に際して「慎み深さへの訣別」と題して講演したＨ・ベル、(3)そして翌年一一月のその第一回総会に際して「文化産業労働組合」の設立を呼びかけたＭ・ヴァルザー、(4)これらが常に引用される起点である。その政治的時代背景を見るならば、一九六九年に社会民主党（ＳＰＤ）と自由民主党（ＦＤＰ）の連立政権が成立したことに現われているように、Ｗ・ブラント（ＳＰＤ党首、首相）という求心力のある政治家を中心として「変革」（Reform）の時代が始まっていたことを想起すべきだろう。

その当時の関連する労働組合の状況はどうなっていただろうか。歴史的経緯の詳細は省いて記述せざるをえないが、一方には、「印刷・用紙加工産業労働組合」（IG Druck und Papier、以下では「ＩＧ印刷」と略記する）があった。(5)これは、一八六六年ライプチッヒで結成された「ドイツ書籍印刷工組合」（Der Deutsche Buchdrucker-verband）に歴史を遡る長い伝統をもち、戦後もなるほど組合員数からすれば労働総同盟のなかでは比較的小さな組織であったが、しかし「労働運動の槍の穂先」と呼ばれたように労働協約闘争においても政治行動においても先進的な役割を果たしてきた産業労働組合である。(6)印刷労働者を中心とするその労働組合のなかに、一九五一年以来「ドイツ・ジャーナリスト・ユニオン」（ｄｊｕ、この名称を使用するようになったのは一九六〇年から）が加盟していた。そして、労働総同盟の外側には職能団体としての「ドイツ・ジャーナリスト協会」（ＤＪＶ、一九四九年設立)があり、両ジャーナリスト組織は競合関係に立っていた。他方では、一九六八年に「放送ユニオン」と「映画ユニオン」が合併してできた「放送・テレビ・映画ユニオン」(RFFU)があり、それは他の組合組織とともに連合体「芸術労働組合」(Gewerkschaft Kunst)を構成し、労働総同盟に加盟していた。これは連合体組織であるから、個人加盟の産業労働組合を原則とする労働総同盟の構成単位としては例外的な存在だった。

このような状況のもとで組織再編の気運が高まるなか、労働総同盟議長H・O・フェッターは一九七二年大会の席上、「資本の特定利益集団によるメディア支配がますます強化されてきた事態に対抗して、社会政治的に進歩的な言論人に自由空間を確保するため」(7)、IG印刷と芸術労組を中心とするメディア労働組合へと結集するように呼びかけた。それによって彼は労働組合再編の動きに支持を与えたのである。この議論に先鞭をつけた作家連盟は、後述するように、一九七三年一月にIG印刷に加入する道を決定し、翌年の年頭に一四〇〇名の作家・翻訳家がそれを実行した。ジャーナリスト協会も一度はメディア労働組合への参加を意思表示したが、お互いの組織モデルが違っていて撤退した。一九七三~七四年の時期には、しかし、「変革の政治」の流れは退潮期へと入っていく。ブラントが秘書ギョームのスパイ事件発覚に責任をとって首相を辞任し、その座をH・シュミットに譲ったのは、一九七四年五月のことだった。そして、メディア労働組合結成の動きも沈滞していった。それが再び徐々に活性化してくるのは、社会民主党主導の政権の寿命が見え始め、保守党からの揺さぶりが強力になってきた時期と重なっている。その揺さぶりの一例として、北ドイツ放送協会(NDR)紛争が発生した。同放送協会を共同設置する三州のうちの保守党政権の二州がその根拠法であるNDR州際協定を破棄するなどの方法で、その解体に実際に乗り出したのである(8)。憲法原理に根拠づけられてきたメディア秩序を改変し、商業放送を導入しようという、保守勢力の明確な政治的決意と行動に対して、一九七九年「放送・テレビ・映画ユニオン」(RFF

U）はスト権を確立して応じたが、しかしそのストは決行日の同年一二月一九日の直前に裁判所によって中止を命じられた。(9) 各州の放送協会でそのスト権投票が行われていた最中、ＲＦＦＵ中央執行委員会はメディア労働組合の結成を準備するため、ＩＧ印刷と協力協定を締結するという方針を決定した。

一九八〇年一〇月一二日、ＩＧ印刷およびＲＦＦＵの常任中央執行委員会はメディア労働組合結成を目的とした「協力協定」に調印した。ここから長期にわたる、関連するさまざまの組織の間の意思疎通と統合のプロセスが始まる。協定では、中央執行委員会への相互出席などをはじめとしてさまざまのレベルでの交流が定められた。重要なのは、協定に従って両組織の代表者からなる「メディア労働組合審議会」が設置されたことである。そこを舞台にして、さまざまな組織モデルが検討されていく。そして、一九八二年には労働総同盟の外にあるジャーナリスト協会が、また芸術労働組合傘下の単位組合のなかから美術家（ＢＧＢＫおよびＳＢＫ）、実演家（ＩＡＬ）、音楽教師・演奏家（ＧＤＭＫ）の四組合が順次この審議会の協議に参加していった。

図１　ＩＧ印刷発行のドイツ・ジャーナリスト・ユニオン（dju）の機関誌、*die feder* の1985年１月号の表紙

メディア労働組合結成に対する各組織の態度が戯画化されている。作者はRainer Hachfeld。（略号が表す組織名称については後出の表１を参照。）

ＩＧ印刷委員長Ｌ・マーライン、ＲＦＦＵ委員長Ａ・ホネーのもとで両組織の間では、新しい組織の目標とその実現の意思においてはっきりした一致が認められた。難問は、ＲＦＦＵも所属する芸術労組の改革問題であった。先にも触れたように、「芸術労働組合」はその名に反して八つの労働組合からなる連合体であって、本来の個人加盟労働組合ではなかった。それは労働総同盟の原則の例外であるばかりでなく、政治的決定過程の民主性においても、また当事者能力においても問題を抱えていた。したがって、この芸術労組を個人加盟労働組合に変更する必要があった。一九八三年五月の芸術労組臨時大会はこの問題の票決に臨んだ。結果は必要な三分の二の賛成に達し、一九八六年末までに個人加盟労働組合に移行することになった。しかし、演劇（ＧＤＢＡ）とオーケストラ（ＤＯＶ）の二組合はこれに反対し、決定の無効を裁判所に提訴したが、結局一九八四年二月に芸術労組から脱退した。

この間の一九八二年一〇月、社会民主党主導の連邦政権は一三年間の幕を閉じた。キャスティングボートを握る小党の自由民主党が社会民主党との連立を解消し、保守党のキリスト教民主・社会同盟（ＣＤＵ／ＣＳＵ）と連立を組み替えるという決定をしたためである。問題の焦点はＮＡＴＯの「二重決議」をめぐるデタントか核配備増強かの対立、そして経済政策であった。この政変後、資本および保守・中道連立政権対労働および野党社会民主党の構図のなかで、資本対労働の対立は厳しさを増した。反核平和問題にしても時短問題にしても労働総同盟のなかで先端的立場に立っていたＩＧ印刷は対立勢力からの攻撃の的となった。一九八三年一〇月ニュールンベルクで開かれた定期大会は、その格好の材料とされた。メディアの報道には、ＩＧ印刷があたかも政治ストを呼びかけ、所有関係の変革を目指す過激な集団であるかのように取り扱ったものが少なくなかった。ジャーナリスト協会（ＤＪＶ）はその波をかぶった。ＤＪＶは一九八四年四月の臨時総会で「メディア労働組合審議会」からの

表1　個人加盟・メディア産業労働組合（IG メディア）の結成時点における参加組合と組合員数（1989年４月15日現在）

参加組合	組合員数
印刷・用紙加工産業労働組合（IG Druck und Papier）	154,032
含む　ドイツ・ジャーナリスト・ユニオン（dju）	
ドイツ作家連盟（VS）	
美術家労働組合連邦連合（BGBK）	2,667
ドイツ音楽家連盟（DMV）	416
音楽教師・演奏家労働組合（GDMK）	4,438
＊職業グループ・ジャズ／ロック／ポップ	70
ショー・娯楽職業連盟（IAL）	287
＊職業グループ・演劇	548
放送・テレビ・映画ユニオン（RFFU）	19,876
美術家擁護連盟（SBK）	217
南西ドイツ・ジャーナリスト協会（SWJV）	1,067
合　　計	183,618

注　＊　芸術労働組合に所属していたドイツ・オーケストラ連合（DOV）とドイツ舞台関係者組合（GDBA）の両組織はIG メディア結成に参加しなかったため、その分野で仕事をし、しかしIG メディアに参加しようとする人びとはグループを作って加入した。

出典　IG メディア。

引き揚げを代議員一四四対九六の票決で決定し、もとの立場に引き返した。ただし、ＤＪＶはもともと個人加盟の各地方組織の連合体であり、地方組織の自律性が強い。この決定に反対した南西ドイツ・ジャーナリスト協会（ＳＷＪＶ）は後にＤＪＶを脱退し、結成されたＩＧメディアに加盟することになる。

ＤＪＶの離脱という痛手をこうむりながらも、また週労働時間三五時間の要求を掲げたＩＧ印刷の労働争議が一九八四年春から夏にかけて一三週間にも及んだことの影響による審議の遅れを伴いながらも、「メディア労働組合審議会」の場ではＩＧメディアの組織構造や組合規約の草案が練られていった。その設立は二段階で行うという方法がとられることになった。ＩＧメディアはまず参加する個別労働組合が団体加盟する連合体組合として結成され、その後移行期間を経たあとにそれらの個別労働組合を解散して、単一の個人加盟労働組合へと変更するというものである。一九八四年一〇月から順次各組合はＩＧメディア（第一段階）の規約の承認とそれへの加盟を決定していく。そして、一九八五年一二月三日デュッセルドルフでＩＧメディア（第一段階）は設立されたのである。参加組合の組織は存続させたうえで、執行部としては単一の合同中央執行委員会が設置された。このとき、ＩＧ印刷一四万二〇〇〇名、芸術労組三万六〇〇〇名（うちＲＦＵ一万九〇〇〇名）であった。その結成大会で再び作家ヴァルザーは登壇して、その生まれたばかりの組織を巨人ゴリアテに対決するダビデの履く靴にたとえ、「その靴はわれわれとともに育っていくことのできる靴でなければならない」(10)とその講演を結んだ。

しかし、作家連盟にはまだ一波乱が残っていた。それには一九八四年総会以来くすぶっていた、反核平和運動および東ドイツへのかかわり方をめぐる内部対立が影響していたといわれる。一九八八年一二月の総会はＩＧメディアへの参加を議題にした。票決の結果、規定の五分の三を上回る賛成を得て、参加は決定されたのだが、それに反対する約五〇名が連盟を脱退した。その中心にはＧ・グラスがいた。

こうした曲折を経ながらも、一九八九年四月ハンブルクで組織形成の第二段階を迎える。その月の八日から一五日にかけて、一方ではＩＧメディアの大会、他方ではＩＧ印刷の大会および芸術労組傘下にあるＲＦＵなどの各労働組合の大会が同時並行して開催された。各既存の組合は順次それぞれの大会で組織の解散を票決していき、それに伴ってＩＧメディアの大会は個人加盟組合への生まれ変わりの大会に切り替えられた。こうして四月一五日零時をもって現在のＩＧメディアは成立した(11)（**表1**を参照）。一九六九年の作家連盟の結成を起点にとれば、ちょうど二〇年に及ぶ運動がひとつの組織として「靴」の形をなしたのである。

三　設立過程から抽出される四つの局面

1　意識産業のなかの作家と〝自由業〟の矛盾

一九六〇年代終りから七〇年代初めにかけて、〈労働組合〉というコンセプトを追求した作家たちの側の状況と意識はどのようなものだったろうか。一九六九年の作家連盟結成以前を見るならば、一方には地方ごとに職能団体的性格の作家団体があり、その上に弱い上部団体があるにすぎなかった。他方には、H・W・リヒターの主宰する「グルッペ四七」が年一回の会合を重ねながら、文学者シーンに大きな影響力をもっていた。(12) テクストの朗読とそれへのコメントからなる、この「怪しげな仲間」(Kumpanei――H・M・エンツェンスベルガー)としての批評空間に疲労が見えてきたころ、一九六八年八月の「プラハの春」弾圧事件の発生によって、その地での開催が予定されていたその年の会合は中止されることになった。結局、「グルッペ四七」はその後息を吹き返すことなく、六七年に遡ってその二〇年の歴史を閉じた。そのようなとき、新しい組織設立の動きは時代の波とともに高まったのである。

作家連盟設立会議でベルがテーマとしたのは、「われわれが作り出す特異な社会的産物にたいするわれわれの取り分」のことであり、「少数の者たちの有名化(有名作家の存在)によって隠蔽される搾取のシステムとその問題」についてであった。(13) また、ブラント首相実現の支援者として奔走していたグラスは、その会議ですでにIG印刷への加盟を呼びかけた。

作家の産業上の立場については、エンツェンスベルガーが早くも一九六二年につぎのように述べていた。「(意識産業にとっての)根本的エネルギーは、意識産業が除去することを委託された、ほかならぬあの少数者たちにおっている。この産業がパイプレイヤーとして軽蔑するか、あるいはスターとして石化してしまう作者たち(著作者たち――筆者注)に。しかも、作者そのものを搾取してこそ、消費者の搾取は可能になるのだ。[14]」作家たちの間に意識産業にたいするこのような意識がどれだけ広く浸透していたかは別にしても、彼らが自らの経済的利害を組織を通じて貫徹しようと乗り出したことは確かであった。問題はどのような組織を通じてかということであり、選択肢のなかのいずれかを選ぶ際の、その意識である。

一九七〇年第一回作家連盟総会の標語は、「独立独歩者たちの一致団結」だった。この矛盾に満ちた標語に当時の様子がよく反映されている。総会にはIG印刷加盟を目指す二つの提案が提出されていた。ひとつはグラスから、もうひとつはベル、B・エンゲルマン、エンツェンスベルガー、ヴァルザーなど一四名のグループからである。だが、ヴァルザー自身の演説はその提案を超えていた。彼はメディアと文化の領域をひとつに統合した「文化産業労働組合」(IG Kultur――「IG文化」)の結成を呼びかけたのである。彼の言葉を引用しておこう。

「少なくともわれわれ、文化産業のなかで、あるいは文化産業のために労働する人間としては、われわれがさらされているこの経済的集中化の到達段階にたいしてわれわれの組織でもって応えなければならない。われわれのパートナーあるいは敵方がすべてのメディアを手中に収めようと新たに邁進しているとき、作家、ジャーナリスト、作曲家、グラフィックデザイナー、舞台装置家、俳優、画家、カメラマン、監督たちが別々の小隊で作戦を展開してみたところで、滑稽なことでしかない。『IG文化』こそが、小グループの乱立から脱却して、マルチメディア・コンツェルンに引けを取らない一つのグループを形成することができる道だと信じる。(……)IG印刷への加盟という一歩は、せいぜいのところその一つの始まりにすぎないと私は考える。[15]」

それは明らかに、社会民主党主導の政権の支持を受けつつ、著作者の諸権利の市場経済的な改善（著作権法改正、図書館貸し出しにたいする著作者への報酬制導入、教科書転載への報酬請求など）を図ろうとするグラスおよび連盟執行部への対抗案であった。ヴァルザーが問題の本質として見ていたのは、〝自由業〟としての作家が〝自営業者類似〟の要求をすることではなく、作家の〝被雇用者類似〟の立場、つまり彼らの資本への依存性をはっきりと認めることであった。組織化への契機はその点にこそあらねばならなかった。(16)

当時の作家連盟には三つの組織モデルが選択の可能性としてあったことになる。第一はＩＧ印刷への加入、第二は芸術労組への加盟、第三は新しい「ＩＧ文化」の設立である。相手方となる組合や労働総同盟との折衝のなかで、第三の〝大きな解決法〟には労働総同盟から否定的な見解を受け、結局、強力なポジションをもち、個人加盟であるという点から、第二ではなく第一の方向が多数派となっていった。一九七三年一月の第二回作家連盟総会（標語は「発展途上国・文化」）は、メディア労働組合への展望を視野に収める前提で、ＩＧ印刷への加入を賛成二七五、反対一九、保留九で可決した。(17)そのころまでには先に述べた作家の経済的諸権利の改善は、社会民主党主導の政権の支持を受けて、かなりの部分が実現されていた。組織と政治というものの威力は誰の目にも明らかだった。

ＩＧ印刷に属した作家連盟の執行部は、その後メディア労働組合の理念の守護者であり続けた。その間のことは割愛するが、第二回総会からほぼ一六年後、作家連盟は設立目前となった個人加盟のＩＧメディアへの加入を決めるため、第八回総会をもった。それに先立って作家連盟は「最小限の要求」を作成し、ＩＧ印刷の執行部と交渉を行っていた。そこで作家連盟側が問題にしていたのは、〝自由業〟の特異性とその少数者の利害を大組織のなかで守るための組織構造上の要求であった。作家連盟がＩＧメディアの常任中央執行委員会に一議席を固定して確保すること(つまり作家連盟の組織内自律性の保障)は拒否され、代わりにフリー委員会の設置は受け入れられた。[18] そのような妥協に不満なグラスなどが連盟を脱退したのである。この一件はマスメディアおよび敵対側に格好の話題を提供し、「作家連盟は死んだ」と記事見出しがつけられた。それにたいして、「死を申し渡されたものこそが長生きする」というのがエンゲルマンの応酬であった。[19] この最終段階での内紛は、作家の職業は特異性をもつという自己意識(つまり知的生産物の個人的性格への信頼)とその職業もまた資本への依存性をもつという一般的性格の間の矛盾、職能集団の組織的自律性の要求と産業労働組合における被雇用者としての対等性の原則の間の矛盾がそこで再び浮上したものといえよう。

2 ジャーナリストの分裂した職業観と二つの組織

作家における知的生産物の個人的性格という問題は、知的職業(intellektuelle Berufe)としてのジャーナリストにも共通したところがあった。しかし、作家が産業組織の外部に身を置く知識人という立場を長らくもちえたのにたいして、ジャーナリストは産業組織の内部に結びつけられた知識人という立場により早く置かれていた。その分だけジャーナリストは、作家が意識産業への従属を意識するよりも早く、メディア産業への従属を意識したといえる。

とはいうものの、ジャーナリストの間に完全な共通認識があるわけではない。ジャーナリストは特別な職能人か、一般的な給与所得者(被雇用者)かという職業観の分裂は今日でも克服されたものとはいえない。前者の意識はドイツでは歴史的に根強いものがある。戦後一九四九年に設立された「ドイツ・ジャーナリスト協会」(DJV)はその伝統を継承するもので、一八九六年設立の「ドイツ挿絵画家連盟」(Verband deutscher Illustratoren)

と一九〇二年設立の「ドイツ編集者協会」(Verein deutscher Redakteure)に遡る。DJVの組織上の特色は分権制(あるいは地方性、反集中性)で、個人が加入するのは各州協会であり、その自立した各州協会の上部団体としてDJVがある。これは東西ドイツ統一後の現在も変わらず、一六の州協会があって、一九九一年現在で約二万名の会員を有している。(20)

DJVに対抗して同じ年に労働総同盟のなかに「ジャーナリスト部会」が設けられ、一九五二年にはIG印刷に加盟し、一九六〇年に「ドイツ・ジャーナリスト・ユニオン」(dju)に改称する。ジャーナリストという職業人だけを取って見れば、労働総同盟の外ではDJVが印刷メディアと放送・AVメディアの分野を区別なく組織化し、労働総同盟の内ではdjuが印刷メディアを、放送ユニオンが放送メディアを、映画ユニオンが映画メディアを(前述のように、後二者が六八年に合併してRFFUとなる)担当するという構図になっていた。当初少数派であったdjuの道はきわめて厳しかった。djuが使用者団体である「ドイツ新聞発行者連盟」(BDZV)によって労働協約締結主体（Tarifpartner）として認知されたのは、一九六六年のことであった。その突破口が、「ペンの稲妻行動」と名づけられた、制作部門労働者の連帯ストライキ態勢によって開かれたこと(スト突入前に使用者側が折れた)は語りぐさになっている。djuはこうしてDJVへの競合組織へと成長していく。

ここに日刊新聞の分野だけを取った、両組織の勢力分布の統計がある。一九六七年にはDJV四一四八名、dju一五三八名であったが、一九七九年にはDJV五五八五名、dju五〇三一名となり、両者はほぼ互角になっている。(21)ここに見られる、労働組合加入ジャーナリストの増加という事態の背景は何であろうか。ひとつには、その間の時期に政治的な変革意識の高まった時代が挟まれており、それがジャーナリストの意識に影響を与えたということは確かであろう。しかし、それだけでは一般的にすぎる。むしろ重視すべきなのは、一九六〇年代を通じて進行した新聞産業の集中化という産業構造の変化と、一九七〇年代を通じて進行した技術革新による編集職場の変化である。前者についていえば、編集職場では資本の圧力の増大や企業組織のヒエラルキー構造の強化に対抗して組織内でのジャーナリストの自由と共同決定権を制度化しようとする「編集綱領」制定運動が起った。それでもその問題はまだ「精神的自由」に属する編集職固有の領域のものという性格が強かったといえよう。しかし、後者についていえば、コンピュータ制御の編集・制作システムの導入は編集労働過程そのものの物質的条件を変化させてしまう力をもっていた。そこではもう生産物の個人的性格は希薄となり、編集と制作のプロセス統合のなかで、印刷・制作労働者の依存性とはまったく別のものとして編集労働者の依存性をとらえることを許すだけの現実はなくなってしまう。そこに広い範囲で起こった、特別な職能人から一般的な給与所得者へという職業観の変化の契機を認めることができるだろう。

そのことは、両ジャーナリスト組織の構成員の数ではなく、むしろ職場評議会選挙で選出された委員全体のうちに占める、両組織に所属するジャーナリストの割合を比較するとき、一層はっきりとする。一九七二年選挙では二七三名の委員のうちＤＪＶは三一％、ｄｊｕは四〇％、その三期後の(職場評議会選挙は三年ごとに行われる)一九八一年選挙では四二七名の委員のうちＤＪＶは二八％、ｄｊｕは五七％となっている。(22) その他は組織に入っていない委員である。ここに見られるように、ｄｊｕは両組織に所属するジャーナリストの合計にたいして占めるシェアを大幅に上回る比率を職場評議会選挙では獲得しており、かつその比率は増加傾向を示しているのである。

ＤＪＶは実はその名称に「ジャーナリストの労働組合」というサブタイトルを掲げている。しかし、それはあくまでジャーナリストという身分的な職能に根ざした固有の組織のことをいっている。一九七三年にメディア労働組合構想からすぐに撤退したときも、一九八四年に「メディア労働組合審議会」から引き揚げたときも、DJVにとって最終的に問題だったのは固有な組織としての自律性であり、構成員個々人の「意見の自由」であった。そのため、前者のときには大きな産業労働組合のなかに個人加盟することが拒まれ、後者のときには「労働運動の槍の穂先」が担う、社会的問題への政治的見解の表明とあいいれなかった。

3　技術革新による構造変化とストライキ能力

IGメディアのコアとなったIG印刷は、すでに述べたように、原則的で対決を避けない先鋭さを示してきた。たとえば、反核平和運動でも時短闘争でもIG印刷が先駆けとなり、その後を大規模組織である金属産業労働組合(IG Metal)や公務・交通・運輸労働組合(:ÖTV)が追い、それで労働総同盟全体の流れが作られるという型が見られた。したがって、IG印刷のポジションは労働総同盟のなかでは規模が小さいだけに最初は少数派であることが多かった。IG印刷がより大きな規模のIGメディアへの道を選んだ背景には、労働総同盟内部でのポジション強化への狙いがあったことは否定できないだろう。しかし、それだけではない。

ドイツの争議は産業労働組合と使用者団体との間の交渉が決裂したとき、ストライキとロックアウトの応酬によって展開される。そこで産業労働組合にとって死活問題なのはストライキ能力の確保である。賃金労働協約ばかりではなく、労働条件にかかわる新しい課題の労働協約化において先駆けとなって闘ってきたIG印刷にとって、そのことは一層重要なことであった。

旧西ドイツの印刷産業では一九六九年から七五年の間に技術革新による合理化により三万人以上の雇用機会が失われたといわれる。IG印刷は新技術導入にかかわる労働協約締結の要求を一九七五年に提出する。その要点だけをあげれば、職場の確保、収入額減少の阻止、熟練専門労働者の保護、健康問題、技術的制作という専門外の仕事からジャーナリストを保護することなどである。一九七六年に始まった交渉は長期にわたって難航し、一九七八年明けの春には争議へと発展する。IG印刷執行部から指定された各地の新聞発行所では高率でスト権が確立されていった。二月から三月にかけての約三週間の間に一日の人数に換算して、延べ一万六六四〇名の組合員が時限抗議ストに入り、延べ三万九一三三名の組合員が無期限ストに入った。それにたいして使用者側は延べ二四万五八一九名という規模の組合員をロックアウトしたのである。IG印刷はこのストライキとロックアウトにたいする莫大な財政負担を負いながら(カットされた賃金を組合員にたいして補塡しなければならないから)、このときいわゆるRTS労働協約(電算制御テキストシステムに関する労働協約)の締結に成功した。その内容に立ち入る紙幅はないが、それは編集職場と制作職場にまたがり、また新聞企業と印刷企業にまたがる新しい質の協約であった。(23)

導入され普及していった電算制御の編集・制作技術はIG印刷のストライキ能力を危うくさせるということがやがて見えてくる。それがはっきりしたのは、一九八四年に週労働時間三五時間の時短要求を掲げて、一三週間続いた争議のときである。(24)「一九八四年の争議の経験からわれわれの知っていることは、(電子編集システムによって――筆者注)技術的に十分な装備をした事業所ではテキスト制作においてスト破り行為を三～四週間にわたって維持し、もちこたえさせることが可能だったということである。(25)」たとえば、『ディ・ヴェルト』紙はストライキにもかかわらず、新聞を出し続けることができた。自動化された電子システムでは経験のある非組合員を少数投入するだけで生産活動を継続し、容易にスト破りをすることが可能になった。つまり、使用者側に圧力をかける手段としてのストライキの効力は、新聞生産を完全にストップさせることができないこと、「新聞のない日」

が完全に実現できないことによって減退したのである。それは依然としてロックアウトという手段(労働組合を財政的に疲弊させるための手段)をもつ使用者側との間で闘争能力の非対称性、不均衡という問題を生むことになる。ストライキ能力の減少分を補うための新しい手段として「職場占拠」(Betriebsbesetzung)があげられており、その正当性が今日議論の対象となっている。(26)

スト破りの可能性の増大は、一事業所内の新聞制作工程にのみ関係するのではない。メディア企業のコングロマリット化が進むなかで、ひとつの事業所でストライキが打たれても、通信回線を使って系列の他の事業所で、ばあいによれば欧州の隣国にある事業所で印刷を続けることができる。新聞資本による商業放送設立が進むなかで、放送ジャーナリストがストライキに入っても代わりに系列新聞のジャーナリストを起用してスト破りをすることができる。

新しい技術と新しい産業構造によって作り出された帰結が以上のような状況を呈するとき、ＩＧ印刷にとってメディア産業の全領域を網羅する単一の個人加盟組織実現という方針は必然的なものであったといえよう。

4　メディア産業の資本集中化と対抗公共圏の樹立

以上の第一と第二の局面は個人と組織の問題という性格が強く、第三の局面は組織と産業の局面ということができる。ＩＧメディア設立の背景にはもうひとつ、産業と文化の局面がある。「設立綱領」はつぎのように述べている。

「ＩＧメディアの設立は産業労働組合原理の貫徹にのみあるのではない。労働者とホワイトカラーが、またジャーナリストと作家と芸術家が、労働組合へと組織的に結合するということ、そのことがもっているアクチュアルな意義とは、まさに意識産業が政治的および社会的な発展にたいしてもつにいたった重大な位置と価値からこそ導き出されるのである。新しいデータ処理技術や通信技術、国内的および国際的な資本集中化、余暇時間の増大とその結果繁栄するレジャー産業などの事態によって、情報、芸術、娯楽の支配にたいして、そしてメディアによるそれらの伝達・分配にたいして、社会政治的に枢要な役割が配当されている。[27]」

引用文の後半の現象は日本を含む先進資本主義国に共通したものである。その(旧西)ドイツにおける具体的な現われ方は、一九六〇年代に進んだ新聞集中化、七〇年代の科学技術政策という名の産業構造政策の展開、八〇年代初めの政権交替に伴って開始される商業放送の導入、そしてその後始まる欧州市場統合へ向けた政治的・産業的な展開(ECグリーンペーパー『国境なきテレビジョン』の閣僚理事会決定は一九八九年のこと)と要約することができるだろう。これをきわめて図式的に見れば、六〇年代にはなお新聞・出版資本内部の集中化であった段階が、七〇年代に用意された技術的インフラの変動を媒介にして、また八〇年代初めの新保守主義政権の成立に支援されつつ、八〇年代には業種を超えた資本集中化の段階へと転化し、それは同時に国境を越えて欧州化、グローバル化していくダイナミズムを獲得したということができる。メディア・コングロマリット、メディア多国籍企業の成立、ないしはマルチメディアルかつマルチナショナルな企業の成立である。六〇年代にエンツェンスベルガーやヴァルザーなどの知識人、そして労働組合のなかの思想家が現象の先端から読み取った予見は見事に的中したといわなければなるまい。

そこで重要なのは、その予見に対応した戦略が立てられ、対抗可能な勢力の組織化という具体的な目標が長期にわたって地道に追求されてきたという事実である。それは単に既存組織の温存や拡大、あるいは労働協約上のポジション強化のためにのみあったとはいえない。労働協約政策と並んでメディア政策(文化運動政策)があったからである。それらの方針は文書としては、「ＩＧメディア設立綱領」、「ＩＧメディアのメディア政策基本方針」[28]、「ＥＣテレビジョン指令への見解」[29]などに見ることができる。その方針内容について若干の例をあげれば、ローカル紙の一紙独占地域に競争紙を創刊するための法的な枠組みを作ること、その組織形態は公法的営造物（法律によって設立される特殊法人）とするか協同組合とし、新聞広告収入からの拠出金プールで賄う方法を考慮すること。公共放送の維持・発展を図り、監督機関のリフォームを実施すること。放送では職場協定として編集綱領を結び、プレス（新聞・雑誌）では連邦プレス大綱法および州プレス法により、それぞれに内部的自由および共同決定権を確保すること。あるいは、放送サービスを商品と位置づけるＥＣ指令に反対し、多国籍メディア企業の拡張にたいしては欧州カルテル法（独禁法）の立法化を要求すること、などである。

そこには法的枠組みになお信頼や期待が寄せられていることを見て取ることができるだろう。ただし、それは内容のない信頼といえまい。「〝対抗公共圏〟の樹立と並んで、自立した文化的諸活動の展開は、よりよき労働条件と生活条件を求める労働運動の闘争において、ひとつの重要な貢献である」[30]と「設立綱領」はいう。市民社会と連動しようとする労働運動の態度がそこにはある。労働運動がその直接的関心事を超えて社会的・制度的枠組み作りを視野に収めていることに注意を払うならば、彼らの法的枠組みへの期待とは法的枠組みの改善という成果を生み出していくべき運動への自信でもあると考えられる。情報メディアの活動によって構成される情報空間が資本の論理によって支配されていく傾向がますます強まるなかで、そのような支配的空間に対峙して、どれだけ政治的・文化的な対抗公共圏を構築していくことができるか、市民社会が作る制度的・社会的空間としての公共圏の造成にどれだけ寄与することができるか、そのような尺度からＩＧメディアへの社会的評価は下されることになろう。

四　メディア産業労働組合の組織構成の現状と課題

ＩＧメディアの組合規約は組織領域をつぎのように定めている。[31] 印刷、新聞・出版、用紙加工、ラジオ、テレビ、放送類似サービス、州メディア協会(民放の監督機関)、映画およびその他のＡＶメディア、言論、文学、美術、実演芸術、音楽、娯楽などの経済分野、そして、それらの分野で仕事をする被雇用者、被雇用者に類似した者、家内労働者、フリーランサーおよびその他の自由業、自由業的な従業者、見習い中の者、学生、この組織領域に従事していた年金受給者などの人びと、となっている。東西ドイツ統一後は、そこに旧東ドイツ地域を含める規定が追加された。

ＩＧメディアの組織が他の産業労働組合と比較して独特な点は、専門部会制(Fachgruppe)をとり、それが「統一のなかの多様性」を確保するための構造的な要素になっていることである。**表2**に示すように、八つの専門部会が設けられている。それらは、そこに分類される組合員の職業上および労働協約上の、社会的および文化的な利害関心を代表させるために、比較的高い自律性をもっている。そこには大組織のなかで数の上での少数派の利益を擁護しようという目的がある。設立交渉中に重大な争点になったのは、まさにその自律性の度合い(具体的には予算配分の方式と決定機関での議決権をめぐる調整となる)の問題であった。

他には青年、女性、ホワイトカラー(ドイツ語のAngestellteであるが、便宜上このように訳しておく)という人的グループ別の部会があり、またフリーランサーおよび自由業のための連邦フリー委員会が設けられている。なお、組合規約は、中央執行委員会の委員のなかに占める女性の数は少なくとも組合員全体に占める女性の比率

表2　メディア産業労働組合（IG メディア）の専門部会と組合員数

（1992年6月20日現在）

専門部会	旧西ドイツ地域			旧東ドイツ地域			専門部会別組合員数合計
	組合員数	男%	女%	組合員数	男%	女%	
1　印刷産業と出版	116,424	76	24	22,802	41	59	139,226
2　用紙および樹脂加工	33,648	68	32	7,581	39	61	41,229
3　放送・映画・AV メディア (RFFU)	17,412	64	36	8,995	50	50	26,407
4　ジャーナリズム (dju・SWJV)	13,266	71	29	2,537	50	50	15,803
5　文学（VS）	2,090	69	31	811	55	45	2,901
6　美術（BGBK・SBK）	682	61	39	202	47	53	884
7　実演・演劇 (IAL・Theater)	917	60	40	3,878	49	51	4,795
8　音楽（DMV・GDMK）	5,203	51	49	1,628	39	61	6,831
9　その他	37	30	70	5,049	37	63	5,086
合　　計	189,679	72	28	53,483	43	57	243,162

出典　IG Medien (Hrsg.), Daten Fakten Entwicklungen, 1992, S. 10-11.

に相応した数でなければならないと規定している。

以上がいわば横の組織構成であるが、決定機構となる縦の組織構成はつぎのとおりである。個別の職場を超えた最初の組織レベルは地区協議会で、その上に郡(県)、州、連邦のレベルが構成され、それぞれに大会や執行委員会などの機関をもつ。連邦のレベルを見れば、三年ごとの定期大会、その中間に開かれる評議会、中央執行委員会(Hauptvorstand)、常任中央執行委員会の四つの機関からなる。中央執行委員会は、大会で選出される常任中央執行委員(七名)と青年部会書記長と女性部会書記長に加えて、各専門部会、ホワイトカラー委員会、フリー委員会の各委員長、各州執行委員会の代表によって構成される。

こうした体制でスタートしたわけだが、それらが十分に機能し始める前の一九九〇年一〇月三日、東西ドイツが統一された。今日の課題は旧西ドイツ地域で新組織を充実させていくことと同時に、旧東ドイツ地域の関連領域を西側のモデルに沿って組織化していくことである。前者では、専門部会間の交流と統合の促進、民放や芸術分野の労働協約の充実、設立交渉から離脱した組織との交渉再開などが課題であろう。後者では、そこでの失業率の高さや労働組合への嫌悪感の広がりなどのため、組織化は容易ではない。ジャーナリストではＤＪＶに加入する人びとの方がずっと多い。また、使用者側でも団体に属さないものが多く、労働協約の締結およびその実行を困難にさせている。こうした現実を含めて、ＩＧメディアという新組織が本当に軌道に乗るまでにはなお三年から一〇年はかかるだろう、というのが組合本部の見方である。(32)

五　おわりに

ＩＧメディアの結成は、情報メディアが従来の垣根を越えてトータルに資本主義的に再編されていく事態に抗して、新しい組織の樹立をもって応えようとした試みである。それにたいしてはさまざまな批判が加えられてきたのも事実である。それは大きく見て二つに分けることができる。ひとつは、当然のことだが、この組織の敵方からの批判である。経営者・使用者団体および保守的マスコミからのイデオロギー的な攻撃には凄まじいものがある。ＩＧメディアはプレスの自由に干渉し、明白に「体制変革」を標榜する組織であり、この単一の労働組合による全権掌握の要求にたいして対決していかなければならない、という。(33)この批判側の神経を逆撫でしているのは、ＩＧメディアがいわゆるSozialpartnerschaft（いわば労使協調関係）を拒否しているということであろう。

もうひとつの批判は、メディア労働組合の理念、とりわけヴァルザーの提起した「ＩＧ文化」の夢に照らして、

ＩＧメディアの現実は乖離しているという視点からなされるものである。「文化」のコンセプトの理解の仕方にもかなりの幅があるが、それらの視点からは、ＩＧメディアは中央集権的なＩＧ印刷が他の小さな芸術・文化分野の組合を併合したものと見なされ、それらの組合の自律性が奪われてしまったと批判される。それは一方で組織モデルの問題であるが、他方では文化的統一戦線を求めた一九七〇年代初頭の熱気がもはや存在しないなかで、それにもかかわらず組織だけができあがったことへの不満と苛立ちとしても読み取ることができる。ただ、そのような批判はＩＧメディアを否定するものではないし、またＩＧメディアから排除されてもいないように見える。

情報メディアの止むことなき技術化・産業化に伴われた文化の商品化・商業化のなかで、文化のもつ批判的能力の退行現象は深まっている。そのようにいうとき、その批判的能力とはそもそも誰に、どこに由来するものなのか。個人か、集団か、組織か。意識産業に従事する人びとが置かれた状況は〝頭と心と財布をめぐる闘い〟である。そこにおいて個人が組織化されることの必要性は、単に孤立した個人を組織に統合して経済的に保護することでも、組織の規模を大きくして敵対する相手に対抗することでもなく、諸個人がそこに批判的かつ同僚的な討論の場所を獲得し、そこに帰属し、集合的経験の組織化に参加していくことにこそ求められるだろう。ＩＧメディアという枠組みが作り出す、そのような場所やプログラムは相当程度に多彩であり、内実をそなえたものだといってよい。個人と集団と組織の相互関係のなかで、そのような枠組みが全体としてのダイナミズムをどれだけ作り出していくことができるかは今後の課題であろう。ただ、ＩＧメディアがすでに資本の側におそれられた、厄介な存在であるということは確かなことである。

注

（1） Gründungsprogramm der INDUSTRIEGEWERKSCHAFT MEDIEN—Druck und Papier, Publizistik und Kunst, Beschlossen vom Gesamtvorstand der IG Medien am 7. November 1986, S. 1.

（2） Betriebsrat を「経営協議会」と訳すと、それが労使で構成され、企業の経営問題について協議する機関であるかのような印象を免れえない。それが従業員側を代表する機関であると受け取られるように、ここでは「職場評議会」と訳す。本章では Betrieb の訳に「職場」（必ずしも厳密な概念ではないが）を当てることにする。Betrieb の概念をここで論じる余裕はないが、「使用者が被雇用者とともに有形・無形の手段を用いて特定の労働技術的目的を追求するための組織上の単位」という定義を引いておきたい。つまり、Betrieb とは組織単位としての職場のことを指しているといえよう。この定義については、Günter Schaub, *Der Betriebsrat*, Beck-Rechtberater, 5. Auflage, dtv, 1988, S. 50-51.

以上は筆者の考えであるが、Betriebsrat についてはすでにさまざまの訳語がある。どのように訳出するかはその実態の理解と不可分であり、またどのような訳語で読むかはその内容の理解に大きな影響を及ぼす。山田晟『ドイツ法律用語辞典・改訂増補版』大学書林、一九九三年、九八頁、および同『ドイツ法概論III〔第三版〕』有斐閣、一九八九年、一八〇頁以下、は「経営協議会」としている。田沢五郎『ドイツ政治経済法制辞典』郁文堂、一九九〇年、四九頁、は「事業所委員会」とし、岸田尚友『経営参加の社会学的研究—西ドイツにおける—』同文館、一九七八年、一〇一頁以下、は「事業所従業員会」としている。田沢も岸田も実態を表現できるように訳出に工夫をこらしているが、岸田の理解はよく実態を把握したうえのものであり、評価できる。

（3） Heinrich Böll, Ende der Bescheidenheit ; Zur Situation der Schriftsteller in der Bundesrepublik, in Verband deutscher Schriftsteller (VS) e. V. (Hrsg.), *Ende der Bescheidenheit*, 1969, S.11-24.

ハインリッヒ・ベル（一九一七—一九八五）は、戦後（西）ドイツを代表する作家で、一九六七年ビュッヒナー賞、一九七二年ノーベル文学賞を受賞。一九七一—七四年国際ペンクラブ会長を務め、政治的理由から迫害を受けている作家たちを支援した。『仮面の告白』、『カテリーナ・ブルームの失われた名誉』など。

（4） Martin Walser, Wir brauchen eine 'IG Kultur', in Alfred Horné und Dieter Lattmann (Hrsg.), *Standpunkte und Stationen auf dem Weg zur Mediengewerkschaft*, 1989, S. 30-31.

マルティン・ヴァルザー（一九二七—　）は、現在も活躍する作家で、小説の他、ラジオドラマや社会批判的な戯曲も数多く発表している。一九八一年ビュッヒナー賞を受賞。

（5）ＩＧ印刷の歴史と活動については、Industriegewerkschaft Druck und Papier, Hauptvorstand (Hrsg.), *Wir über uns.* (ohne Jahr.)

（6）Heinrich Bleicher, Industriegewerkschaft Medien, in Heinrich-Dietrich Fischer (Hrsg.), *Medienverbände in Deutschland: Geschichte, Berufsaspekte, Politik*, Berlin: VISTAS, 1991, S. 37-56, S. 39.

（7）Industriegewerkschaft Druck und Papier, Hauptvorstand (Hrsg.), *Dokumentation zur Mediengewerkschaft und Medienpolitik*, Außerordentlicher Gewerkschaftstag 1985 in Fellbach, S. 25-26.

（8）ＮＤＲ紛争については、石川明「放送における多元性—北ドイツ放送法の改正問題を中心にして—」ＮＨＫ総合放送文化研究所『放送文化研究年報』第二四号、一九七九年、八八—一三五頁。

（9）この「禁止されたスト」についてのドキュメントとして、Geschäftsführender Hauptvorstand der Rundfunk-Fernsehen-Film-Union (Hrsg.), *Der verbotene Rundfunkstreik*, eine Dokumentation über die Vorbereitungen und das Verbot des für den 19. Dezember 1989 geplanten Warnstreiks bei den Rundfunkanstalten, 1981.

（10）Martin Walser, Macht und Gegenmacht, in Alfred Horné und Dieter Lattmann (Hrsg.), *Standpunkte und Stationen auf dem Weg zur Mediengewerkschaft*, 1989, S. 90.

（11）この一週間の記録として、IG Medien, Fachgruppe Rundfunk/Film/Audiovisuelle Medien (Hrsg.), *Protokoll und Dokumentation, außerordendlicher Gewerkschaftstag der RFFU*, Auflösung und Zusammenschluß zur IG Medien, Hamburg, 8. bis 15. April 1989.

（12）早崎守俊『グルッペ四十七史—ドイツ戦後文学史にかえて—』同学社、一九八九年。三島憲一『戦後ドイツ—その知的歴史—』岩波新書、一九九一年、九三頁以下。

（13）注（3）に同じ。

（14）ハンス・マグナス・エンツェンスベルガー『意識産業』石黒英男訳、晶文社、一九七〇年、一八—一九頁。Hans Magnus Enzensberger, *Einzelheiten I, Bewußtseins-Industrie*, Frankfurt a.M.: Suhrkamp, 1962, S. 16.

（15）　注（4）に同じ。

（16）　このころの作家連盟内部の議論と状況については、Hannes Schwenger, *Schriftsteller und Gewerkschaft; Ideologie, Überbau, Organisation*, Darmstadt und Neuwied : Luchterhand, 1974, S. 161-188.

（17）　この第二回作家連盟総会の記録は、Dieter Lattmann (Hrsg.), *Entwicklungsland Kultur*; Dokumentation des zweiten Schriftstellerkongresses des Verbandes deutscher Schriftsteller (VS), München : Kindler, 1973.

（18）　Ergebnisse des Gesprächs in Würzburg, Minimalforderungen, in *feder*, 12/1988, S. 17-20. (ohne Verfasser).

（19）　Bernt Engelmann, Wie tot ist der VS ?, in *Gewerkschaftliche Monatshefte*, 3/1989 (Medienmacht-Mediengewerkschaft), S. 185-187.

（20）　Hubert Engeroff, Deutscher Journalisten-Verband, in Heinrich-Dietrich Fischer (Hrsg.), *Medienverbände in Deutschland; Geschichte, Berufsaspekte, Politik*, Berlin : VISTAS, 1991, S. 25-36, S. 25.

（21）　Helmut Drüke, *Journalisten und Gewerkschaft; Probleme und Perspektiven der gewerkschaftlichen Organisierung der Tageszeitungsjournalisten in der Bundesrepublik Deutschland*, Frankfurt a.M. : Haag und Herchen, 1984, S. 2.

（22）　Ibid., S. 171.

（23）　Detlef Hensche, Technische Revolution und Arbeitnehmerinteresse; Zu Verlauf und Ergebnissen des Arbeitskampfes in der Druckindustrie 1978, in *Blätter für deutsche und internationale Politik*, Heft 4/1978, S. 413-421.

（24）　この時短闘争の結果は、職種として印刷労働者を例にとれば、一九六五年以来の週四〇時間の壁を破り、八五年四月から三八・五時間、八八年四月から三七・五時間、八九年四月から三七時間、九五年四月から三五時間という段階的時短で妥結し、それが労働協約として結ばれた。

（25）　Michael Schlecht, Technik mit Konsequenzen, in *Die Mitbestimmung*, 4/1987, S. 213-218, S. 216.

（26）　メディア産業領域における「職場占拠」を労働法から論じたものとして、Peter Gegenwart, *Arbeitskampf im Medienbereich*, Frankfurt a.M. : Peter Lange, 1988.

(27) 注(1)に同じ。S. 5.

(28) Medienpolitische Leitsätze der IG Medien, in *Media Perspektiven*, Dokumentation I/1989, S. 65-67.

(29) Rundfunk ist keine Ware; Stellungnahme der IG Medien zur EG-Fernsehrichtlinie, in *Media Perspektiven*, Dokumentation II/1989, S. 127-128.

(30) 注(1)に同じ。S. 21.

(31) Satzung §3, Industriegewerkschaft Medien, Gültig ab 26. Oktober 1990, S. 7.

(32) 一九九二年一一月二日、シュツットガルトのＩＧメディア本部でＨ・ブライヒャー氏からの聞き取りによる。

(33) こうした出版物の一例として、Hans-Dieter Gärtner und Peter Klemm, *Der Griff nach der Öffentlichkeit; Grundsätze und Ziele der neuen IG Medien im DGB*, Köln: Tiberius, 1989.

(34) 二つの例をあげれば、Heinz Grossmann, Die Mediengewerkschaftsbewegung: Ortsbestimmung, Fraktionen, Probleme, in Dieter Prokop (Hrsg.), *Medienforschung*, Band 1, Frankfurt a.M.: Fischer, 1985, S. 357-366. Hannes Schwenger, Resümee der Mediengewerkschaft, in Knut Hickethier und Siegfried Zielinski (Hrsg.), *Medien/Kultur*, Berlin: Volker Spiess, 1991, S. 65-71.

〔ＲＦＦＵのメディア政策担当の職にあって、「メディア労働組合審議会」のメンバーとして力を注ぎつつも、ＩＧメディアの成立を見ることなく世を去った、Klaus Winckler (1948-1983) の思い出のために——。〕

第九章　「新聞の公共性」の運命

――マスメディア、ジャーナリズム、公共圏の相互関連において――

一　揺らぐ「新聞の公共性」

表題をみて、「運命」とは何と大げさな、と思われる向きもあるかもしれない。しかし、「新聞の公共性」という言葉はある運命的な曲がり角に来ている、と私は実際に考えている。今日その言葉を発声した時、その響きになにがしかの空しさを感じない人々がどれほどいるだろうか。いや、その言葉はすでに、あるいはもともと単なる看板でしかなく、それもいずれ降ろされる時が来ると考えている人々もいるはずだ。

もう一枚の看板として「新聞の自由と独立」というのがある。この二つは対であって、表裏の関係にある。「新聞の自由と独立」とは西欧近代の歴史的な経験に発する思想であり、それを背景に持つ普遍的な看板である。「新聞の公共性」とは、説明的にいえば、「新聞という制度の公共的な価値」のことであるはずであり、従ってそこには制度的な思想が含まれている。その語句はその思想を固定した看板である。歴史的であれ、制度的であれ、それらの思想が色褪せてきたことに先の空しさの原因があるのではなかろうか。

思想の生存条件の一つは寄生である、とは林達夫の「思想の運命」[1]における命題であった。（本章の表題が彼の表題をもじっていることをわざわざ明かす必要があろうか。）思想は社会的身体の寄生虫であり、思想の力も無力もその思想が己れの宿り場としている当の身体状態に依存する、というのである。ここで問題となっている二つの思想についてみれば、それらの共通の社会的身体がかなりの体調不全に陥っていることを最近多発する事件の性格が物語っているといえよう。新聞ないしマスメディアとは己れの外に生起する現象を伝達・論評の対象とするものであったのだが、このところ自らが事件やスキャンダルの当事者となり、ニュースの自己産出を成し遂げるケースが続発し、恒常化しているとさえいえるのである。紙面や番組という自己の生産物のなかに自分自身をこれほどにも登場させなければならないということこそ、その社会制度としての性能が著しく低下してきたことの証だといえよう。（この点、二つの看板のなかの「新聞」を「学問」に置き換えてみれば、アカデミズムも自分を棚に上げられた筋合いではないけれども——。）あるいはしかし、そのような自己反射的な現象は自己革新の始まりの証でもありうると受け止めるべきなのであろうか。

「新聞の公共性」は所与のものとして存在するのではない。そして、今日その看板の自明性が失われようとしているのである。その曲がり角の情景はどのようなものであろうか。

二　ジャーナリズムとマスメディアの乖離

新聞という制度と書いたが、それは言論ないし「プレス」という社会制度のことであり、それを新聞というメディアが歴史的に担い代表してきたので、重ね合わせたに過ぎない。この制度の営みは意識の活動とシステムの活動から成り立っている。前者に当たるのがジャーナリズムであり、後者がマスメディアである。そのようにこれら二つの言葉は区別され、かつ関係づけられるべきだろう。

新聞メディアとは、ジャーナリズムという社会的な意識活動が職業的・専門的な組織として自立化したもののことである。つまり、社会のなかにそのようにして形成された、部分システムである。そこで重要なのは、マスメディアという形態をとらなくても、あるいはそのシステムにのらなくても、ジャーナリズム活動というものは基本的に存在しうるということであり、両者の一致という関係は自明のものではない、ということである。逆にいえば、ジャーナリズムとマスメディアが重なり合ってみえる場合は、ジャーナリズム活動が職業的・専門的・組織的に行われている部分だけをみているに過ぎない。過ぎない、といったが、そこを軽視しているわけではない。むしろ、この部分の比重が圧倒的に高まってきたのが、これまでの歴史であった。

繰り返していえば、ジャーナリズムとマスメディアの一致という関係は自明のものではない。その両者の乖離という、今日認められる情景が、そのことを改めて証明している。その事態は、曲がりなりにも保たれてきた両者の一致関係を許していた環境条件が変化してきたことと、システムのなかで活動する人々の自己認識が変化してきたことによってもたらされたといえるのではないだろうか。

西欧における新聞の発生・発達において、それは作り手からみて商業活動のための情報媒体、命令伝達のための道具(官報)、公衆を編成し公権力に対抗する武器、好奇心に応える読み物という四つの要素の並存形であったといえよう。第三の要素を担う社会的身体は「新聞の自由と独立」という思想を押し立てて市民革命を起こした。その後に進む新聞の制度化のなかで、新聞は商業的機会となり、それらの要素は変形されつつも営利新聞のなかに渾然とまとめられていった。その形をシステムとなった新聞はずっと引き継いでいくが、しかし、それらの要素を区別し分離しようという意識はずっと働いてきた。「新聞の自由と独立」とは、第三の要素を成立させた思想であったが、混在形のなかでもその要素を分離・自立させようとする思想であった。その歴史性がその思想にはある。

そして、日本にはそのシステムとともに、その思想が移植された。思想の移植が悪いわけではない。むしろ、思想とは移植されるものであり、よく移植される思想ほど生活力が旺盛だ、というのが林達夫の二つ目の命題であった。「新聞の自由と独立」、「新聞の公共性」とて同じことである。そこで、戦前ではあるまいし、今どき外来植物だからとか、国柄に合わないからとかいって、その二本の思想の木を切断してしまえ、とあからさまにいう人はあるまいが、しかし、そう安閑としてもいられないのではないかという気がする。何しろ、社会的身体の方が弱ってきているのであるから——。いや、切断される危機よりも、馴致させられる可能性の方が高いのかもしれない。

弱ってくると、まず区別する力が弱まってくる。固有の領域というものを維持する努力に耐えられなくなってくる。広告とPRと報道の間の曖昧化(この三つは新聞の初めの三要素に対応している)、情報と娯楽の相互浸透(〝読み物〟の優位)はだれの目にもはっきりとした現象である。放送と通信の融合ということがいわれているが、別の意味のコンヴァージェンスも起きている。週刊誌とテレビと新聞の間で、あるいは民間放送と公共放送の間で、システム競争のなかでそれぞれのアウトプット面における類似化傾向の進行という現象のことである。

最初に挙げた現象に関連して興味深かったのは、昨年(一九九三年)小沢一郎新生党代表幹事が特定の社の記者に会見出席を拒否するに際して放った、「記者会見はサービスだ」という言葉とその波紋である。その発言は、マスメディア以外にも利用できるメディアはある、という言葉にも伴われていた。そこではジャーナリズムとマスメディアは切り離され、単なるマスメディア、単なるシステムが意識されているように思われる。だから他のシステムでもいい、というわけである。その発言は両者の乖離という実態をちゃんと押さえているといってよい。そして記者会見がマスメディアにとっては仕事の種だという意識も窺われる。そこに新聞の側にみられた当惑の隠れた原因があるのではないか、と私には思われる。

実態を指摘されて攻撃されたら、実態の指摘で応じてもよかったのではなかろうか。記者会見が政治家としての彼のサービスであるというのなら、彼の会見とは権力のＰＲであり、それを新聞が紙面に無料で掲載していることの方がサービスである、と。相手の実態についてホンネを言い放った者は、その相手から自分自身の実態についてもあからさまな見方を聞かされてもよい。今日、権力の源泉の一つは知名度・露出度であり、その計算されたコントロールなのである。そこにおいてマスメディアは知名度製造装置と化している。新聞が看板としてきた二つの思想は、システムの実態に厳しいメディア側の人間に空しく響き、その実態を見透かしている権力側の人間には白々しいものと映っているであろう。

報道というものが今日政党、政府・官庁、大企業のＰＲ活動に深く侵食され、それらに道具化されているという実態の一面、マスメディアが情報生産過程の終着点で専ら仕上げ加工に従事しているという実態の一面、それらへの自己認識を含まない反撃はジャーナリスティックとはいえないのではあるまいか。今日の新聞の危うさと空しさは、ジャーナリズム機関からパブリシティー機関への変容が大きな背景となっている、と筆者には思われるのである。

マスメディアというシステムを舞台として、ジャーナリズムという意識活動を職業として行う人々が存在する。今日その職業の情景にみてとれるのは、職業意識と産業組織の間の乖離ではなかろうか。それを一言でいえば、職業人が頭のなかに描いている、その職業が果たすべき役割へのイメージと、技術化されシステム化された今日のマスメディア産業組織のなかで「処理」されなければならない仕事の実相との間のギャップだといえよう。それを日本で実証的に明らかにした調査研究を知っているわけではないが(そのような調査研究の実現可能性が欲しいものである)、志を持って入社したであろう若い記者たちのなかに十年選手となるのを待たずに辞めていく人々が目立つようになったといわれる最近の現象は、この乖離が進んでいることのアラームの一つとみられる。

志を持った時のイメージは個人技の世界であり、また入社後に先輩から注入されるのも実際には消滅しかかっているそのような世界のイメージなのではないのだろうか。また、「新聞の自由と独立」あるいは「新聞の公共性」というものが単なる看板ではなく、生きた思想として実感できるようなシーンを日常の職業活動において、いや非日常的な制度的紛争においてであろうと、経験ができるかどうか。この職業から去っていく人々のなかには、この職業が纏ってきた規範と今日の現実の姿との間の隔たりから去っていった人々がいるだろう。なかには、ジャーナリズム活動をするのにマスメディアにいなくともいいと考えた人々もいたことだろう。

こうした職業意識と産業組織の乖離に対処するに、個人技の世界の復活を望むのは現実的とはいえない。それは過去の職業イメージに合わせて現在の組織化を無視するようなものである。といって組織化の現実に個人の欲求を合わせようというのも解決となるはずがない。可能性としていえるのは、マスメディア組織を舞台として、「組織化されたジャーナリズム」の規範をどう築くかという道ではなかろうか。

さて、以上二つの乖離という情景に目を止めてきた。一方では本来結合しているべき関係が解除され、他方では本来区別・分離されるべきものの関係が癒着してきているのである。そこで筆者がいいたいのは、その〝本来〟を取りもどすためには、システムの活動および人間の仕事の変容に応じて、規範が再生産されなければならないということである。システムの機能および職能の機能についての規範の再構築が試みられなければならない。もしも、その制度の精神を捨てようというのでないのならば——。その課題は第一義的にはその制度の内部の問題である。外部からのレシピなど高が知れているが、次にその点に移ることとしたい。

四　意見形成過程の媒体にして原動力という二重性

かつて筆者は、ドイツ連邦憲法裁判所が一九六一年に出した第一次放送判決の原文を読んだ時、目から鱗の落ちる想いがした。その判決は「テレビジョン判決」と通称され、連邦政府出資による商業テレビの導入というアデナウアー首相の企てを違憲として阻止したものであった。判決では、民主主義的な政治過程において放送というメディアが果たす機能から説き起こし、放送という制度において実現されるべき自由の概念と内容、そしてそれを保障する仕組みの原則を導き出しており、ドイツ放送制度のマグナカルタともいわれてきた。そこでの論理構成もさることながら、筆者を捉えたのは、放送は他のマスメディアと同様に意見形成過程の単なるメディウムであるばかりでなく、ファクターである、という命題であった。これぞ社会科学的な認識だと筆者は思った。その認識に筆者は人の意志と知恵を感じる。（なお、法学者の石村善治はメディウムに媒体、ファクターに原動力という訳語を与えている。(2)）

暴力を排除する、民主主義の政治体制の正当性は開かれた意見形成過程にあるわけだが、そのプロセスにおける媒体にして原動力という、この二重性の公理のなかにこそ、今日でもなおマスメディア・システムが自己認識として持つべき自らの機能についての規範が含まれている。マスメディアの機能が媒体であるというのは、その名からしても自明であろう。媒体とは意見形成というプロセスが通過していく回路であり、そのプロセスのなかのアクターからすれば、利用すべき客体である。しかし、マスメディアは単なる映し鏡ではない。それは意見形成という社会的プロセスの内部にあって、そのプロセスの原動力、すなわち構成主体なのである。（ファクターからfを取れば、アクターとなる。）マスメディアが意見形成過程の原動力として働くかどうかは、その過程が生き生きとしたものになるか、あるいは淀んだものになるか、に直接的に跳ね返る。その主体性・自主性にこそ、ジャーナリズム機能は基礎を置いている。そして、その主体的・自主的な活動の内容が問われるのである。マスメディアはこの二つの機能を結びつけ、その緊張関係を不断に調整し、その間に厳しい均衡を作り出すということをもって、規範的目標と定めることができるだろう。「新聞の公共性」がその公共的な価値のことだとするなら、それは新聞が民主的な意見形成という公共的な価値の実現にかかわる制度的主体だという点に論拠を持つ以外にはない。

五　公共圏を耕作するという仕事

しかし、そのようにいっても、何ら具体的なイメージを結ぶことにはつながらないだろう。そこで公共圏の概念を投入してみたい。これも、恐縮ながら、ドイツ産であるが、J・ハーバーマスに由来することを記して彼に一礼し、また原種に変形を加える許しも得ておきたい。公共圏とは市民社会という社会的関係が作り出す、見えざる社会的空間であって、公開された言説空間のことだとまずいっておこう。市民社会とは金権や談合で成立するのではなく、開かれた言説と異質な他者との共同性や連帯をもとに作り出される関係であり、その舞台空間が公共圏だといえる。この二つの関係は、経済社会というもう一つの社会的関係が市場という社会的空間を持っているのと同様である。そして、この市民社会は国家からも経済社会からも区別・分離されるものである。また、そうでなければならない、そのようにしたい、というのが近代という時代が生み出した思想の種子であった。

新聞とはそもそも、この西欧近代に発生した公共圏という空間を成り立たせ、そこの住人としての公衆を生み出した媒介物であった。その歴史的遺産の相続が、新聞自身の商業的・産業的な発展、その成功をＰＲシステムとして道具化しようとする諸力、競争媒体の登場による求心力の喪失、公衆の受動的受け手への変化、職能的自己認識の変容などによって、うまく運ばなくなったのである。これで公共圏の概念も破産の憂き目にあうのだろうか。

ところで、これまで私はジャーナリズムの定義に触れずにやってきた。ジャーナリズムとは、日々アクチュアルに生起する事柄（ザッヘ）を認識し記録する意識活動である。しかし、それだけではない。その記録を公開していくことでもある。その活動を職業とする人間がジャーナリストだ。その職業人の頭のなかで、自らの職業はどのような理念によって、言い換えれば、どのような理想や夢、イデーやロマンによって支えられるのか。いかなる職業であれ、そのようなイマジネーションを持たずにそれを担っていくことが可能であろうか。僭越かもしれないが、ここでジャーナリズムと公共圏を結び付けて、一つのイメージを書き止めておきたい。

ジャーナリストとは公共圏の耕作者である。それは世論をリードするスター記者のイメージを払拭している。市民社会の共有地である公共圏を耕作するという仕事は、ある意味で地道な、地味なものである。例えば、いまだ公共圏に上らず、しかし公開され共有されるべき争点や論点、イッシューやテーマはそこに登場させなければならない。これは公共圏の開墾である。主体的インヴェスティゲイション(調査・究明)を伴わずにそれはありえない。また、公共圏に既知の事柄であっても、その支配的な解釈・視点に対するオールターナティヴの可能性が常に検証されるべきだ。マイノリティーの解釈・視点が絶えず考慮されなければならない。これは公共圏に鋤や鍬を入れることである。

そこで、この公共圏の実態をみれば、そもそも予定調和の花園でもなければ、よく整備された庭園でもない。権力的に操作された言説や貨幣に買われた言説が巧妙に滑り込んでくる、言説の闘争と懐柔の場であり、大変まだらで不均等な風景が広がっている。そして、公共圏は耕されずに放置されれば、容易に砂漠化が進むであろう。また、実態においてマスメディアは公共圏の装置として最強であり、公共圏を支配しているのはこの制度化されたマスメディアにほかならない。それと同時に、しかし、マスメディアの枠の外に存在する自律的な公共圏もあるのであって、それがマスメディア公共圏との交渉に入ってくることも事実である。

このような前提で、筆者が今日の新聞ジャーナリズム状況に何かいえるとすれば、ザッヘそのものの記録へと立ち返り、その公開に執念を燃やすべきではないかということである。そのことは公共圏の造成と活性化につながる。そのことへの確信は、活字離れのいわれるなかにあってもその記録の読者において「読む」という行為の持つ反省的な契機になおも期待をかけること、またそれが期待できるような契機を含んだ記録であること、に伴われている。そうした公共圏の耕作者の仕事に対しては、公共圏が開き押し広げられる様を紙面に目撃するという、読者のイマジネーションが応えるであろう。そのように接続されて初めて、規範的公共圏は実在性を獲得できるのである。

こうした公共圏をめぐる相互行為およびシステムの存在はあくまで市民社会に立脚したものであり、またそうあらねばならない。ジャーナリズムは市民社会を住みかとするものであり、マスメディア・システムは国家からも経済社会からも自立したものでなければならない。ただし、市民社会に根ざすその制度が経済的基盤を持つことが悪いということでは毛頭ないし、むしろ市民社会を成立させる経済的合理性こそ今日では必要なことである。それは例えばボランティア切符の考え方と似たところがあって、市民的社会関係における決済に抽象的メディア、場合によれば貨幣を使うことの積極性を認めることである。このような視点から新聞の企業性・商業性を捉え直すことは可能ではないか。無論、新聞企業はボランティア活動ではない。しかし、それは資本主義経済のなかで利潤最大化を追求する商品生産の事業そのものであろうか。もしもそうだとするなら、「新聞という制度の公共的な価値」つまり「新聞の公共性」を主張する論拠は、例えば自動車メーカーが「自動車の公共性」を主張する場合と同程度であって、それ以上でも以下でもない。つまり何ら特別なところはない。新聞企業が〝新聞メーカー〟ではなく、新聞が今日でも特別であり、特別に公共性を主張できる根拠があるとすれば、過去の歴史でもその惰性でもなく、現在において市民社会の実体である公共圏を支える活動に携わる組織なのだという点を措いてほかにはないのではなかろうか。その点についての認知が市民社会から得られなくなった時、そしてそれ故に国家や経済社会からもその点への敬意が調達できなくなった時、「新聞の公共性」の看板が外されることになったとしても仕方はないであろう。

◇　◇　◇

終わりに密かな個人的危惧を書き止めておきたい。「思想仲買人」、「思想的スノッブ」という言葉が草葉の陰から小文にも投げかけられはしまいかという危惧である。それらが「思想の運命」で林達夫が扱った第三、第四の主題でもあったから――。それにしても、林のその文章の命脈が一九三九年(昭和一四年)から今日まで減衰することなく届くのには驚く。とはいえ、彼にとっては高が五五年の文の飛距離などまったく驚くに値しないことかもしれない。他方、その届き具合をみて、彼にその文章を書かせた時代に今日の情景がどこか似てきたということなのでもあろうか、という感想もある。それがもう一つの危惧である。

注

（1）林達夫『思想の運命』中公文庫、一九七九年、二六六―二七七頁。（原著は一九三九年七月、岩波書店刊。）
（2）石村善治『言論法研究Ⅳ（ドイツ言論法研究）』信山社、一九九三年、一五六―一五七頁。

第十章　放送空間の生産

――放送におけるインフラ、景観、場所の織り合わせ――

一　はじめに――放送空間論のために――

コミュニケーションと空間という問題設定は、コミュニケーションと時間という問題設定に比べてかなり遅れをとってきたといってよい。これまでのコミュニケーション研究のなかで時間という要因は、経験的《エムピリカル》研究でも理論的研究でも十分対象とされてきたし、それらのなかに様々の形で組み込まれてきた。例えば、日本最大規模の社会調査であるNHK「国民生活時間調査」は、個人の持つ時間という資源がメディア利用にどのように配分されているかを我々に伝えてきた。また、理論研究の方をみても、時間軸上の前後における変化を重要な契機として組み立てられた仮説が少なくなかった。イノベーションの普及理論やアジェンダ・セッティング機能の理論などが想起されよう。変化への関心が、あるいは変化やその速度の計測によってある何かの作用を確認しようという発想が、時間という次元に結び付きやすかったのは当然であったろう。しかし、なぜ我々はそんなに熱心に変化というものを時間軸上で捉えようとしたのか、という点は一考に値しよう。

さて、放送メディアをめぐる環境変化を指して「多メディア・多チャンネル化」といわれるようになってからすでに久しい。それは、メディアの種類の増加と、放送(型)メディア内部でのチャンネル数(伝送ルートの数ないしはプログラムの数)の増大に注目したものといってよいだろう。そのような趨勢が着実に進む一方で、他方では異種メディアの単なる複数並列ではなく、それらをコンピュータ機能によって積分し統合したマルチメディアのコンセプトが産業界から打ち出され、そのマルチメディアの発展に必要となる分配・交換ネットワークとして光ファイバー広帯域交換網(それにどのような愛称が与えられようとも)に改めて正当性が与えられようとしている。そして、今日注目を引くのは、多メディア・多チャンネル化もマルチメディアも含めて将来の産業的世界地図の上での最上のポジションを目指して、業種と国境を越えた合従連衡が展開されていく様であり、また競争と協調の二重の関係に立つ先進資本主義国家群がそれぞれにこの問題に対してどのような政策的介入を要請され、また選択するのか、という点である。

このような今日の状況が、我々のコミュニケーションの有様を強く規定していることに間違いはない。こうした状況の実態を理論的に捉えるため、その一つの方法として空間論的アプローチが必要であると筆者は考える。それは、こうしたメディア環境の変化を引き起こしている要因の一つである、情報コミュニケーション技術のインパクトとその現われ方をどう捉えるのか、という点に関わっている。そのような技術が人類にとって歴史上、交通・輸送技術とともに時間と空間の克服に貢献してきたということ、そしてこれまで進行してきたマイクロエレクトロニクス革命が同じく時間と空間に、その両者の関係に作用しているということについては、異存のないところだろう。しかし、そこでいう克服が単に時間および空間を障壁として捉え、その除去のことを意味しているのだとしたら、それは単純すぎる認識といわねばなるまい。情報コミュニケーション技術は時間と空間の再編成・再組織化・再構造化に作用しているのであって、それらは社会過程であり、そのような社会過程こそが問題なのである。社会過程のなかで、時間であれ空間であれ、廃棄されることはありえない。

ところで、筆者はこれまで公共圏論とでもいうべき系列のものをいくつか書いてきた。その公共圏論とここでいう放送空間論ないしは〈社会―空間〉論との異同について、初めに若干述べておきたい。公共圏論はそもそもJ・ハーバーマスの著書『公共性の構造転換』およびその解釈に依拠したものである。同書は規範的社会理論の立場から同時代診断へと向かう展開の記述であり、その間を媒介しているのが近代ブルジョア社会の歴史的カテゴリーないし理念型として抽出された「公共圏」の概念である。そこでは批判的言説空間としての公共圏が規範的枠組みとなっている。それによって現代社会の矛盾と病理が照射され、説明されるのである。その意味で、この批判理論は観念論の遺産を一部抱えていることは確かだといえよう。公共圏論は同書の視座に依拠し、それを引き継ぎつつも、現代の社会的動態のなかからも新しい契機を抽出し、規範的枠組みの再生産を試みようとしている。(1)

他方、ここに述べる〈社会―空間〉論は政治経済学的・社会学的な動態分析からシステム(体制)批判へと展開していく記述だといえる。その間を媒介する分析的枠組みとして登場するのが、空間の実践(実際)ないし「空間の生産」という概念であり、それは決して規範的枠組ではないし、またそうあるべくもない。その概念のもとで現実の動態が分析されるのである。そこでは資本主義の運動、所有関係、階級対立、権力行使、国家権力、文化的へゲモニーなどの実態とその矛盾を説得力ある形で説明しようとする。この論は実態分析に適合した概念枠組みの考案、洗練、活用に専念し、規範にはあまり踏み込むことなく、むしろ禁欲的である。ただし、システム批判の先に、あるいはその陰で理想的状態が想像されていないわけではない。その想像が焦点を結ぶところに、今日ではエコロジーや新しい市民社会の概念が立っているといえるかもしれない。

以上を簡単にいえば、本章は公共圏が立地するような規範論ではなく、現実の実態から出発する現状分析の系列に属するものである。ただし、両論が空間概念をとっているという点では共通していることは指摘しておきたい。その点で両論は重なり合うのである。(2)

本章は、以上のような関心と背景に伴われながら、放送メディアと空間編成という問題構制《プロブレマーティク》を論じようとする試みである。放送メディアにひとまず限定したのは、放送メディアには印刷メディアなど他のメディアとは区別される固有性があって、そこを対象とすることから始めたいと考えたからである。本章では、放送メディアによって編成される放送空間の問題を三つのレヴェルで捉えることになる。第一はインフラとして組織される放送空間であり、これは放送という行為・活動がそのなかで行なわれる、いわば容器だということができる。第二は景観として表象される放送空間である。放送空間が知覚されるとき、それは景観として眺められる。その景観のなかに読み取られるのは、様々な社会関係、とりわけ権力関係である。第三は場所として統合される放送空間である。これは生活世界の場所と意味的な関連を持つべきはずの放送空間であり、そこでは理念や構想の表象が問われることになる。筆者は、これら三層から成る重箱を関連する事柄や知見の引用で詰め合せていく。紙幅を考慮しつつ、それをしていくに過ぎない。ここでは経験的な動態分析にはまだ届かない。

それが第三、四、五の三つの節であるが、そのブロックを二つの補論が挟み込んで、第二、六節となっている。第一の補論は〈社会―空間〉論の理論的枠組みについてであり、第二の補論は放送空間の生産様式が現代資本主義の空間戦略とどのような対応関係を持っているかについてである。そして、最後の第七節では、放送空間論から情報メディア空間論を展望して結びとしたい。

二　社会と空間の弁証法

一つの社会的空間として放送空間という概念を提起し、そこに空間論的問題構制の所在をみようとする以上、その前提として社会的過程を空間的なるものとして捉えることを可能にする理論的枠組みが提示されなければならない。ただし、本章ではその理論的作業そのものを検討課題とすることはできないし、また直ちにそれを行なえる能力を筆者は持っていないので、本章に必要な限りの指摘にとどめることにしたい。

この問題を考えようとすれば、日本の社会科学者のある部分で近年、空間論的感性の高まりがみられることに人はまず気付かされるであろう。そのような社会科学的感性は、後にみるような西欧の理論的諸潮流との交渉を通じて、それらの論理の整理・評価・再解釈という形で自らを表現してきている。その表現の領域を仮に区分けしてみれば、町村敬志(3)、吉見俊哉(4)、吉原直樹(5)などにみられるように都市論ないし「新都市社会学」の分野、平田清明(6)、貝沼洵(7)などにみられるように現代資本主義の変容分析の分野、そして水岡不二雄(8)にみられるように経済地理学の分野などとして認めることができよう。すべてを眺望する立場にはないし、その用意もないので、無論筆者の視線の及んだ範囲でということでしかない。それでもこれらの邦語文献に目を通しただけでも、ある〈知〉の有様として通底したものが、分野の違いを越えた所でいわば多発的に浮上してきていることを十分に確認できるであろう。それらの文献が応答している西欧の現代理論家の名前には各所で重複がみられるのだが、そのことは西欧の側でも学問領域を越えた所に空間論的問題構制が成立していることに対応しているといえよう。その主要な名前としては、H・ルフェーヴル、M・カステル、D・ハーヴェイ、N・プーランザス、A・ギデンズなどを挙げることができる。それらの系譜関係を淵源でのみ捉えれば、ルフェーヴルの「空間の生産」理論とギデンズの「社会の構造化」理論といってよいのではないかと思われる。

さて、とりあえず本章にとって〈社会―空間〉論の重要な認識はひとつである。それはE・W・ソージャのいうところの「〈社会―空間〉的弁証法」(socio-spatial dialectic) という認識に他ならない。それはどういうことか。ルフェーヴルに依拠しつつ、マルクス主義に空間論を蘇生させようとする立場に立つソージャは、まず物理的コンテクストとしての、所与のものとしての空間と、社会的に組織され生産される空間、つまり社会的産物としての空間とを区別する所から始める必要性を強調する。そして、彼は「空間およびその政治的組織化というものは社会的諸関係を表現しているが、しかし同時に社会的諸関係に反作用を及ぼすものでもある」というルフェーヴルの文章を〈社会―空間〉的弁証法の根本的仮説とする。その仮説の内容は、彼によれば、社会的および空間的関係は弁証法的に相互作用的であり、相互依存的であるということ、そして組織された空間とは社会的に構成されたものであるという見方に立つ限り、生産の社会的関係は空間形成的であり、かつ空間依存的であるということになる。(9)

同様にルフェーブルの系譜の視点から論じている吉見も、この弁証法について次のように当を得た解釈と表現を示している。

「〈空間〉と〈社会〉の関係は、たんに一方が他方を生産するという以上のものとして認識されていくことが必要である。空間的秩序が社会的秩序以前に自律的に存在するわけではないのはもちろんだが、同時に、空間的秩序はたんなる社会構造の物質的表現にとどまるものでもない。むしろ〈社会〉はそもそも空間的な存在であり、〈空間〉もまた社会的実践の関数として存在するのだ。(10)」

以上でも明らかなように、ここで〈社会―空間〉論のポイントとして確認しておきたいことは、空間が社会を作りだすと同時に、社会が空間を作り出すという相互規定性、言い換えれば空間の二重性についての認識である。そして、それ以上にここでは立ち入らない。

さて次に、具体的にどのような位相において放送空間を捉えるか、ということについて考えなければならない。その参考として、ちょうど二〇年前の一九七四年にフランスのアントロポ出版社から出され、一九九一年になって英訳が出版された『空間の生産』のなかでルフェーヴルが示している三連項の概念をみておこう。彼が社会的空間の三つの契機として挙げたのは、空間的な実践(実際)、空間の諸表象、表象の諸空間であった[11]。これらに対する彼の定義ないしコメントは多彩すぎてわかりにくいところがある。その定式を採用したハーヴェイは、唯物論的バイアスをかけて、次のような定義をまとめているので、引用しておきたい。

「(1) 物理的・物質的なフロー、移動および相互行為が、空間のなかで、あるいは空間を串刺しにして生起している。しかもそれは生産と社会的再生産を維持するやり方で行なわれている。それらを〈物質的な空間的諸実践（実際）〉(material spacial practices)という。

(2) このような物質的な実践(実際)は、日常的な常識の言葉によってであれ、空間的実践(実際)を取り扱うアカデミック・ディシプリンの幾分秘密めかしたジャゴン(エンジニアリング、建築、地理、プランニング、ソーシャル・エコロジーなど)によってであれ、記号や意味、コードや知識などによって話題にされ理解される。それらすべてを包含したものを〈空間の諸表象〉(representations of space)という。

(3) 〈表象の諸空間〉(space of representation)とは、空間的実践(実際)のための新しい意味や可能性を想像していく、知的発明物である。(例えば、コード、記号、『空間的ディスコース』、ユートピア・プラン、想像上の景観など。さらに象徴性のある空間、特別に建造された環境、絵画、博物館などのような物質的構造物であってもこれに入る。[12]」

ハーヴェイはルフェーブルに倣って、これら三つの次元をそれぞれ〈経験されるもの〉、〈知覚されるもの〉、〈想像されるもの〉と性格付ける。そして、それらの間の関係については、「表象の諸空間は、空間の表象に影響を及ぼすのみならず、空間的実践に関しては一つの物質的生産力として作用する潜在力を持っている[13]」と述べ、その関係の弁証法的性格を指摘している。この指摘は、後に場所として統合される放送空間を論じる上で、意味のある橋掛りとなる。

ハーヴェイはこのルフェーヴルの提起した三つの次元にとどまらず、それと従来型の空間理解に基づくとされる四つの局面とを組合せて、「空間的実践のグリッド」というマトリックスを作成している。その四つの局面とは〈接近のしやすさと距離のとり方〉、〈空間の占有と利用〉、〈空間の支配とコントロール〉、〈空間の生産〉である。それらについての詳しい説明は省いて、参考にその表を掲げておこう（**表1**を参照）。ただし、彼はその表について、それ自体としては何ら重要なことは語っていないとして、いわば誤用に警鐘を鳴らしていることを見逃すべきではあるまい。そのグリッドは、それがどのような種類の社会的関係（階級、ジェンダー、コミュニティ、エスニシティ、人種など）のコンテクストに置かれるかによって、そこで初めて意味を持つ。なぜなら、ハーヴェイによれば、空間的実践（実際）は社会的諸関係の構造の内部で作動するのであり、社会生活における空間的実践（実際）の効力はもっぱらその構造に左右されるからである。そして、そのグリッドは、それを資本主義の社会的諸関係とその命令（強制）というコンテクストのもとに置くならば、モダニストの思考法からポストモダニストのそれへというシフトに関わっている、空間的経験の変容を理解する際に、そこについてまわる複雑性を解きほぐす上で

表1 D・ハーヴェイによる「空間的実践のグリッド」

	接近のしやすさと距離のとり方	空間の占有と利用	空間の支配とコントロール	空間の生産
物質的な空間的諸実践〈経験〉	モノ、カネ、人的労働力、情報などのフロー；交通とコミュニケーションのシステム；市場と都市のハイラーキー；凝集	土地利用と造成された環境；社会空間とその他の「縄張り」の指定；コミュニケーションと相互扶助の社会的ネットワーク	土地の私的所有；国家そして空間の行政的分割；排他的コミュニティーと近隣関係；排他的区割りとその他の社会的コントロールの形式（取締りと監視）	物理的インフラの生産（交通とコミュニケーション；造成された環境；土地整理など）；社会的インフラのテリトリアルな組織化（フォーマルとインフォーマル）
空間の諸表象〈知覚〉	距離の社会的、心理的、身体的な測定；マップ作り；「距離の摩擦」の理論（最小努力の原理、社会的な物理学、よき中心的場所の範域、その他の立地理論の形式）	パーソナルな空間；占有された空間のメンタル・マップ；空間のハイラーキー；空間の象徴的表象；空間の「ディスコース」	禁じられた空間；「テリトリアルな命令」；コミュニティー；地域文化；ナショナリズム；地政学；ハイラーキー	マッピング、視覚的表象、コミュニケーションなどの新しいシステム；新しい芸術的、建築的な「ディスコース」；記号論
表象の諸空間〈想像〉	吸引と反発；距離と欲求；接近と否定；「メディアはメッセージである」という卓越	親近性；一家だんらん；開かれた場所；大衆スペクタクルの場所（街路、広場、市場）；イコノグラフィーと落書き；広告	非親近性；恐怖の場所；資産と所有；記念碑と構成された儀礼の空間；象徴的障壁と象徴的資本；「伝統」の構成；抑圧の空間	ユートピア計画；想像の景観；ＳＦオントロジーと空間；芸術家のスケッチ；空間と場所の神話学；空間の詩学；欲求の空間

出典：部分的にルフェーヴル（1974）からの示唆を受けた。[原典の注記]
（出典：David Harvey, *The Condition of Postmodernity*, 1989, pp. 220-221）

助けを与えてくれる、と述べている。(14)

これで一応の理論的準備を終える。まとめれば、二つの支点を筆者としては必要としたのである。第一は社会と空間の間の弁証法的な関係についての認識であったし、第二はその上に立った〈社会―空間〉論の分析レヴェルの設定の考え方であった。後者では一二の枡で構成され、そこに様々な語句がはめこまれているハーヴェイの表はインスピレーションを招くものであった。すでに述べたように、本章では放送空間の記述レヴェルとしては三つを設定している。それらは、しかし、ルフェーヴルが抽出し、ハーヴェイも継承した社会的空間の三つの契機ないし次元と完全に一致するわけではない。とはいえ、そこから触発を得ているので、間接的にせよ、何らかの対応関係は認められるのではないかと思われる。つまり、放送空間という特定のコンテクストではそれ固有の設定の仕方がありうるのであり、それとハーヴェイのマトリックスはある「ファジーな」関係にあるといえよう。

三　インフラとして組織される放送空間

まず想定されるのは、物理的・物質的な放送空間である。これは与件として存在し、経験される空間に属する。この放送空間は第一に物理的に信号が到達する範囲として捉えられるのであり、それは従って伝送技術によって設定される、いや生産される空間である。その基礎技術は電気通信技術であり、今日では地上波と衛星波という電波、そして同軸ケーブルと光ケーブルというケーブルによって構成されるといえよう。これらの技術およびマイクロ回線技術を含む様々の関連技術が放送空間の生産のために応用されている。

この生産技術の飛躍的発展はローカル、リージョナル、ナショナル、インターナショナル・リージョナル、グローバルという面的な空間の拡張とともに、それぞれの地理的空間セグメント内での重層化を可能とし、フレクシブルな空間生産に導いている。様々な形状をした容器を臨機応変に生産することができるようになったのである。信号を乗り物としている放送内容物（放送プログラムおよびソフト）からみれば、それらの諸空間はその流通が実現される物質的な基礎であり、装置である。放送内容物は音声、文字、映像という表示モードおよびそれらの組合せモードを与えられ、ラジオ放送、文字放送、テレビ放送として様々に組織される。そのような放送内容物は製作技術の集積されたセンターから発射されて放送空間のすみずみに分配され、その一定の範囲のなかに広く分散した利用点で消費される。

物理的な放送空間の生産は土地利用、つまり地表的空間の利用と似た側面を持っている。放送メディアの特性の一つとして、従来から電波の希少性ということがいわれてきた。それは電波の周波数帯域を希少資源のアナロジーで捉えているわけだが、これを空間論としてみれば、空間の占有ということである。土地の場合、本来連続した地表の上を境界線で区切り、その一区画をある人が生産に利用するとき、通常それは占有であって、他の人が後からやってきて同じ土地を利用することはできない。つまり、利用から排除されている。電波の場合、そのような他人の排除が行なわれないときには混信が発生し、放送空間そのものの効力が成立しない。放送空間の生産技術の発達は土地利用における建造物の垂直方向への高度化や海の埋立てによる土地造成と共通したものがある。多重化や帯域圧縮やデジタル化の技術、あるいは高い周波数帯域の開発などがそれに相当する。そこでは放送空間という容器の容量の拡張が行なわれているわけである。

ケーブル網を放送メディアの手段とした場合、もっと直接的に地表空間と関係する。ケーブルが地中に埋設されるなり、地上に立ち並ぶ電柱に架設されるからである。放送空間はそのケーブルの延びた範囲でしか実現されない。その際、ケーブルの容量を大きくすればするほど、放送空間の重層性は増し、総空間面積は拡張される。そのようなケーブルを地表に重複して這わせるのは無駄であるから、そこにケーブル・テレビ網のテリトリー・システムが生まれ、競合が排除される。このようにみてくると、放送空間が成立するための媒質において、電波の場合は大気圏など自然界にある自然空間、ケーブルの場合はケーブルという人工物の管に作られる人工空間、という違いはあるが、しかしどちらも地表空間という限界に制約され条件づけられることでは一致している。

放送空間が空間であるからには、占有の問題が生まれ、それは事実上、立地の問題に転化する。放送空間を生産する上でどの場所にするかという問題である。それは放送空間の広がりの範囲ないしその地域(放送エリア)と放送内容物を生産する地点という二つの立地を含んでいる。第一の立地がテリトリーという性格を帯びることから、この立地の配分・管理・調整の機能の必要性が生まれ、その機能を国家(政府)やその信託機関が担ってきた。日本では放送法にいう「放送普及基本計画」、郵政省による免許付与という立地政策がその例である。第二の立地では、放送内容物の制作能力や制作設備などの制作条件は偏って集積をしていて、大都市という拠点空間に立地が求められることになる。この両者の立地の矛盾を解決する手段がネットワークであった。ネットワークは大都市という立地に支持されて産み出される生産物をマイクロ回線や衛星回線などを通じて制作条件の非集積地帯にある各テリトリーに向けて送り出し、それによって物理的な放送空間の平準化を図っている。しかし、このような種類の平準化は、後に述べるように、別の大きな問題を作りだしている。

付け加えておけば、SNG(Satellite News Gathering＝通信衛星と可搬型地上局を利用したテレビニュース取材システム)などの制作技術の革新は上の第二の立地条件を希薄化ないし無力化し、集積した力から解放される契機となるといえるだろうか。確かに中継現場は地球の地表上どこからでも可能になった。しかし、砂漠に放送会社が作られることはない。制作能力と制作技術をコントロールする意志決定組織はあくまで大都市に立地しており、内容物制作上の空間的なフレクシビリティが向上したこととは別のことだといわなければならない。

さて、以上のような物理的・物質的な放送空間から始めて、放送空間を経験的コミュニケーション研究の対象としようとするとき思い起こされるのが、一九八〇年代を通じて旧西ドイツで姿を現わし始めた「コミュニケーション空間分析」(Kommunikationsraumanalyse)である。前ベルリン自由大学、現在ハンブルク大学のコミュニケーション学者O・ヤレンによれば、その背景としては次の三点が挙げられる。

①当時、各州の公共放送協会が新しい地域的、サブ地域的なラジオ、テレビ放送を開始する姿勢を示し、そのイノベーション過程での政策助言のため新しい研究ニーズが高まり、放送協会から多くの委託研究が出された。プブリツィスティーク学ないしコミュニケーション学に対しては、社会的組織化と空間的組織化の間の関連性や空間構造とコミュニケーション構造の相互依存性について解明する力が求められた。

②新しい情報コミュニケーション技術あるいはニューメディアの導入に関連して、それへの賛否両論の立場から社会的・空間的な変容が問題とされた。

③時代の一般的傾向として「スモール・イズ・ビューティフル」の認識に伴われた「身近な世界」(Nahwelt)への関心が高まり、ローカルな場でのコミュニケーションと余暇時間活動が求められた。[15]しかしその際、コミュニケーションと空間という問題構制の重要性は認識されたものの、その学際的研究のための理論的コンセプトの形成は難しく、理論的前進があったとはいえなかった。

その一方でブームのように進められたのが、メディアないしコミュニケーション地図の作成であった。バーデン-ヴュルテンベルク州の「ニューメディア専門審議会」(EKM)が一九八一年に答申書の一冊として『コミュニケーション・アトラス』を公刊したのを先駆けとして、その後八〇年代を通じてベルリン、ノルトライン-ヴェストファーレン、ハンブルクなどの各州で続々とこの種の地図が作成されていった。その目的は、EKMのアトラスの前文にあるように、メディアの構造変化という状況のなかで根拠あるコミュニケーション・プランニングのためには、社会経済的な規定要因を含めた州内のあらゆるコミュニケーション関連構造の現状確認をする必要があるという行政政策上のニーズにあった(16)。そこでは州統計局のデータと能力がフルに動員され、地理的、人口学的、社会的、経済的な基礎データの後に、ラジオ、テレビ、新聞、雑誌、書籍、映画、ビデオなどの諸メディアについて、例えばラジオでは受信機、送信地域、番組内容、利用という項目分けでのデータ、その他広告媒体のデータ、さらに成人教育機関、図書館、劇場、オーケストラ、博物館、そしてクラブやサークルなどその他の〈コミュニケーションの場〉などのデータ、最後にそれらの相互関係の分析などがまとめられ、その内容が地図化されている。つまり、そのようなデータの空間的な把握と表示によってメディア構造の欠陥をまず確認しようというのであった。ベルリンのプロジェクトに携わったヤレン自身を含めて多くの研究者がこのようなアトラス作成に参加したことの影響は、少なくなかったはずである。

　ヤレンは、しかし、そのような「現状の確認」調査において対象の設定や方法の開発などで一定の成果は認められたけれども、「現状の確認」を越えて複雑な社会的・空間的構造の把握と分析のためには、なお理論的な研究コンセプトないしプログラムが欠けていると断じた。その問題点として彼が挙げるのは、コミュニケーション空間の定義の困難性、どのようなデータがどのような指標の形成のために使われるべきかという問題の未解決、そして「客観的な構造」と各個人によって認識される構造（すなわち「構造の主観的な評価」）との間の関連を解明するという要請が経験的《エムピリカル》にはほとんど解決できないということ、などである(17)。

以上を受けて指摘しておきたいことは、確かにヤレンのいう問題点はあるにしても、日本でもこのようなメディア・アトラスを作成してみる意味があるのではないか、ということである。それはまず広域圏や県域あるいはそれ以下の範囲の規模でよい。そのような調査研究が社会的・空間的な構造の理論的認識を向上させる上で決して無縁だとは思われない。

この辺で、物理的・物質的な放送空間がそれだけでは意味をなさないことを認めつつ、次の次元に移ることにする。

四　景観として表象される放送空間

この次元は、前節の物理的・物質的な放送空間に対して、社会的な放送空間である。これは知覚され評価される空間に属する。この放送空間は社会的関係によって生産されるのであり、従ってここでは放送空間の生産技術ではなく、その生産関係が問題となる。それがどうして「景観として表象される放送空間」となるのであろうか。そこで「景観」(Landschaft, landscape)という言葉について考えることから始めたい。

「生物をはじめ、地形そのほか、あらゆる自然物がつくりだすながめが、その土地の景観である。人間のいとなみもまた、景観の重要な要素であるが、とくにそれをのぞいて考えたものを、自然景観 natural or original landscape という。気候によって、人間の生活の場を類別しようとするとき、景観とくに自然景観は、気候のちがいを具体的にあらわすもの――指標 indicator として、もっとも重要な意味をもつ。(18)」

これは生態学者による景観の定義である。そこでは自然景観に限られているが、しかし同時に社会的関係が景観を作り出すことが暗に認められているし、さらに自然景観という表現をとって自然に限定するからには、社会景観という概念が成り立つことをも予期させる。このアナロジーに立つならば、自然景観における「気候」(Klima, climate) に相当するものは、社会景観においては何であろうか。生態学者は気候について、それは「たんなる物理現象としてではなく、かような現象に、生物の――とくに人間の立場からの評価が加わったものとして把握される」、「評価者の関心のアクセントの置き方の数だけ、気候図は幾通りもできるわけである。気候の把握それ自身が、すでにもう土地の評価に足をふみこんでいる」、さらに「気候は、人間の生活環境要因として、まず、生産関係において第一義的な意味をもつ」と述べている。[19] その記述から示唆を受ければ、社会景観における「気候」とは権力関係ないしはその磁場だということができる。社会の権力関係は一つの要素となって社会景観を作り出し、それを眺めれば、そこに権力関係が織り込まれているのが読み取れる。しかし、それと同時にその権力関係のなかに置かれた個人・集団・組織がその意識および行為(闘争と連帯)によって、その支配的権力関係の反映した景観を作り代えようとすることも可能である。気候を作り変えようとする科学者の試みもあったが、人間社会の営みだからこそ、この社会景観と人間の意識的行為の間の相互作用は自然景観と人間の意識的行為の場合よりもっと鮮明な関係として考えられる。

さて、放送空間という「土地」の景観についてはどう考えられるだろうか。ドイツの文献をみていると、近年「メディア景観」(Medienlandschaft)や「コミュニケーション景観」(Kommunikationslandschaft)という言葉が好んで使われていることに気が付く。それは興味を引かれる現象である。ただし、それらの言葉は見出し語や枕詞として使われるのがほとんどであって、定義された使い方をみることはほとんどない。例外的に先のヤレンが次のように述べている。「景観」という言葉を地理学および経験的文化空間研究から借りることにより、二つの点を明らかにすることができる、という。

①客観的な要因と主観的な評価によって明確に自己規定され、他の諸空間から区別される、特定の空間というものが存在すること。

②分析されるべき対象が一つの単位、全体、そして高度の複雑性を備えた研究対象であるということを示すことができること。[20]

この指摘を受けていえば、「景観」とは、主体と客体、主観と客観の相互依存関係を含み、かつ一つの全体性を備えているものとして捉えられた空間概念だということである。従って、「メディア景観」とは、単に客観的に存在するメディア・システムではなく、それを眺め、知覚する主観がそこに織り込まれたものをそのように感じ取り、評価した結果であって、つまり主観を投影して読み取りつつ、客観的存在のうえに重ねて結び合わせたイメージである。それはまた単に個人の恣意的な知覚ではなく、個人を越えて連続的・集合的な意識・評価と結び付いてもいる。

そして、ヤレンは「景観」という言葉の採用によって文化空間研究、特に文化地理学のドイツ的アプローチと接続することになる、と述べている。そうであるならば、先の生態学における「気候と景観」の考え方の箇所で、それが理論化されるにはドイツ学派の気候学の大成者W・ケッペン(一八四六―一九四〇)の出現を待たなければならなかった、という記述のあったことが思い出される。(その際、その気候学は、発達しつつあったドイツ帝国主義の要求に応じて、天気予報の学問である気象学から分化発達した、という歴史の指摘も付記しておこう。[21])とすると、「景観」とはドイツにのみ特徴的な捉え方なのであろうか。そうとはいえまい。[22]

ここでドイツを離れてカナダに行こう。コミュニケーションと空間の問題となれば、当然H・イニスの名前が思い起こされる。彼は『コミュニケーションのバイアス』(初版一九五一年刊行、邦訳書名は『メディアの文明史』)において、時間と空間を越えて知識を伝播するコミュニケーションのメディア(媒介する手段・技術)は、それぞれの特性に応じて、時間を越えた伝播に適したものと空間を越えた伝播に適したものとがあり、メディアがそれぞれにどちらの傾向を強調するかということが、そのメディアの組み込まれている文化に対して重大なバイアスとして働くことになる、という命題を立てて[23]、メディアの入れ替わりによって文明や産業の興亡を説明しようとした。例えば、こうである。

「印刷産業を特徴づけていたのは、ナショナリズムによる西洋世界の分裂と国家内部での宗教に付帯する分裂および不安定とをしるしづけてきたような脱-中央集権化や地方分権主義であった。ラジオは広大な地域に訴えかけ、人々を読み書き能力から解放することによって階級間の分裂を克服し、中央集権化と官僚制にとって好都合にはたらいた[24]。」

ちょうどこの箇所に対して、M・マクルーハンは同書新版の序文において、「あらゆる電気メディアがそうであるように、電気の光と力とは、その精神的・社会的帰結において深く地方分権的でありかつ分離主義的なのである[25]」と異論を唱え、さらに「視覚的な科学技術は、読み書き能力による組織化にせよ産業による組織化にせよともかく組織化の〈中心―周縁〉様式を創出し、そして価格体系を創出する。しかし電気科学技術は即時的で偏在的であり、多数の〈周縁なき中心〉を創出する[26]」として、印刷メディアと電気メディアを対比した。

この二人の間の見解の相違、すなわち印刷メディア→地方分権的、電気メディア→中央集権的とするイニスと、逆に印刷メディア(これは視覚的科学技術とみなされている)→中央集権的、電気メディア→地方分権的とするマクルーハンの間の食い違いは、電気メディアについての現実の確認と願望の表明との間の齟齬なのだろうか。おそらくそれは景観を眺めるパースペクティヴの相違に、あるいはそもそも観察している空間のレヴェルの相違に遠因が求められるのではなかろうか。イニスはその前年の一九五〇年に『帝国とコミュニケーション』[27]を出版した。エジプトに始まるいくつかの古代帝国がそこでの事例であるが、帝国とは大規模なテリトリーとしての組織化であり、まぎれもなく空間支配の形態である。彼がこの問題に関心を寄せたのは、アメリカ合衆国に対して〈周辺〉に位置するカナダの経済関係を分析するなかで（毛皮貿易の研究）、〈中心—周辺〉の関係における〈周辺〉からの視点を身につけていたからだという指摘がなされている。[28]

今日の情報コミュニケーション技術が分権的・分散的ではなく、集権的・集中的な空間的バイアスをもって作用していることを説明するために、イニスは復活した。ドイツでは発見されたといってもよいだろう。アメリカ合衆国の例では、イニスに依拠しつつ、A・ギレスピー／K・ロビンスが新しい情報コミュニケーション技術の空間的バイアスについて論じている。そこでは、空間的バイアスを内在化している、この新しい技術が新しい地理的な差異と不平等の形式を作用させて、新しい空間的構造および関係を導入している、と捉えられている。つまり、我々が目前にしていることでいえば、都市と地方の間には新しい形式の支配と従属が導入されているし、また国際的スケールをますます拡大させながら新しい空間システムが組織化されている、という。[29]正に彼らがいうように、我々の眺める景観は、資本と情報の集積地・蓄積地が局地的に点在した、きわめて不均等な構造と関係を表象した空間に他ならない。そこでは関係が構造を産み出すとともに、構造が関係に規定を加えている。

日本における放送空間は、どのような景観を表象しているだろうか。いうまでもなく、東京という首都一点への極度の集中である。確かにインフラとして組織された放送空間の次元では、「放送の全国あまねく普及」および「情報格差の是正」（民放置局の全国四波化がその例）という政策的論拠のもとで、地理的に均等な放送空間が物理的に生産されてきた。それは国民国家的・産業国家的な観点、つまり国家単位という政治的・経済的・文化的な観点および効率性と市場規模の観点に立った情報伝達インフラの構築であった。しかし、これを景観としてみるとき、そのインフラにおける均等性は不均等性へと逆転する。物理的な放送空間の実際が、タイムラグを内包しつつ均等性の構造を生産していくなかで、放送空間の社会的な表出の方では不均等性の構造が再生産されていくのである。その不均等性、つまり景観における不均等性とは、景観からの固有性・多様性の剝脱として捉えられる。中心の固有性（正確には、この中心が固有性を持たないという固有性）によって周辺の多様な固有性が覆い尽くされていく。そのことは、中心という特殊な点を除けば、広大な面としての周辺にとっては不平等なことである。何故そうなるのか。放送空間の生産技術が経済社会の生産様式に規定され、それが放送空間の生産関係にも支配的に貫かれることによって、放送景観のハイラーキー化が生まれるのだ、といえよう。

景観は主観と客観の交わる場である。景観は我々の知覚と評価が参加していく場である。ということは、常に変わりうる。それを確認して次の次元に移ることにしたい。

五　場所として統合される放送空間

最後に取り扱うレヴェルは意味的な放送空間とでもいえよう。これは表象の場としての空間であり、人々の精神生活（言語生活）のなかに位置付けられるものである。そこでは放送空間の意味関連が問題となろう。

テレビ受像機という窓が我々の居室に突き出している。そこは生活世界のなかの奥まった場所であり、日常生活の現場である。その電気に輝く窓をのぞき、そのなかにみえる景観、他方その窓から目をそらして、そこに広がる生活空間およびその景観、両者はどのような意味でつながりを持つのだろうか。人々のコミュニケーション空間のなかに重ね合わされ、位置づけられて初めて意味を持つ放送空間のレヴェルが想定されなければならない。そこでは「生きられる空間」としての場所が問題となるはずである。

さて、メイロウィッツは『場所感覚の喪失――社会的行動への電子メディアの影響』において空間(space)ではなく場所(place)を問題にしている。同書の構図を簡単にいえば、イニスやマクルーハンの「メディウム理論」(medium theory)〔媒介物の規定力を強調する理論といえよう〕とE・ゴフマンの役割理論〔これを彼は「場面論」(situationalisum)と読み直す〕とを接合して、「新しい社会景観」(the new social landscape)の理論を構成し、もって社会変動へのメディアの影響を説明するための一般理論を提起しようというのである。「メディウム理論」も「場面論」も、次元に相違はあるものの、ともに空間性を問題にしているということができる。前者についてはすでに前節でみた通りである。後者については、メイロウィッツは新しい「場面」(situation――本章ではこの英語を「状況」ではなく、あえて「場面」と訳す。日本語における場面と場所という頭韻を楽しみたいためばかりとはいえない)概念を提起して、それは部屋や建物のような「物理的な(環境)設定」(physical settings)ばかりではなく、メディアによって作り出される「情報による(環境)設定」(informational settings)をも含むものだとしている。それは今日の日本語の語感からすれば、定義次第ではあるが、情報環境あるいは情報空間といってもいいかもしれない。この構図のなかで展開される彼の論理をきわめて単純化していえば、メディアは場面を規定し、場面は人間の行動を規定する、そこでメディアが変われば、場面が変更され、そのため行動が変わる、ということになろう。「メディウム理論」よりも緻密なのは、メディアと人間行動の間に媒介項として場面という環境概念を組み込んだことであり、また従来の「場面論」よりもダイナミックなのは、メディアというものが人々に対して設定する非物理的な環境を正面に据えて取り込んだことだといえよう。とはいえ、いずれにしてもメディアの特性への認識がカギを握ることになるのは「メディウム理論」の場合と変わらない。それへの彼の認識は、例えば、こうである。

「口承文化と印刷文化の違いは確かに大きいけれども、物理的場所と社会的場所が切り離されずに一致しているという点では、両者は共通している。印刷は、すべてのニューメディアがそうであったように、場所への、ないしは場所からの情報の流れのパターンに変更を加えた。その結果、それは様々の場所に居る人々が相対的に持っている地位や権力をも変更した。過去におけるメディアの様々の変更は、常に場所同士の関係に影響を及ぼした。それらの変更は人々が場所に持ち込んでくる情報に、そして人々が所与の場所で受け取る情報に影響を及ぼすことになった。しかし、依然として場所と社会的場面との間の強い結び付きは不変だったのである。電子メディアはもう一歩先を行く。それらは物理的場所と社会的〈場所〉とのほぼ完全な分離へと導く。我々が電話、ラジオ、テレビ、あるいはコンピュータでコミュニケーションを行なうとき、我々が物理的にどこに居るかということは、もはや我々が社会的にどこに居て、何者であるかということを決定づけるものとはならない。(30)」

長い引用となったが、前節のイニスからの引用と比較するためである。ちょうどこの箇所で、メイロウィッツも印刷メディアと電子メディアの二つのメディアの特性の違いに言及している。しかし、着目している特性の次元はかなり異なっていることがわかる。ここでは両メディアの特性の分岐点は、メディアという物体が置かれている物理的場所と、それを利用する人間をめぐる社会関係によって作り出される社会的場面が一致しているか、分離しているか、というところにある。彼はこのような「場面論」的な解釈に立って、およそ次のように論理を進めていく。電子メディア、とりわけテレビは人々の「場所感覚」を変えていく。物理的場所と社会的場面が一致した状態では、もともと物理的場所は分散して存在しているためにそれに対応して社会的場面も分散していたのだが、テレビの登場はその両者の一致を解きほどき、分離させた上で、かつては分散していた社会的場面を結合していくことになる。つまり、物理的場所の分散という動かしがたい条件から自由になれるわけである。テレビによるこの社会的場面の連結のせいで、プライベートな行動とパブリックな行動の間の境界線が消え、物理的場所と社会的場所(場面)の間にあった伝統的な関連が解消されてしまう。その結果として、グループへの帰属意識の拡散、本来異なった段階として分離しているはずの社会化過程の融合、ハイラーキーの平等化、つまり権威の失墜などが起こる。こうして彼は彼の社会変動の説明要因にたどりつくわけである。そして、同書の結論部分にみられるように、彼はこの理論によって、テレビが一九六〇年代以降のいわば反権威主義の社会運動(人種的・社会的マイノリティの統合を目指す運動や、男・女、子供・大人、指導者・支持者、医者・患者などの役割固定を拒否する運動など)の発生と展開にカギを握っていたのであり、それが作り出した事態は混乱などではなく、新しい場面・状況に適応していく新しい秩序であるということを主張するのである。

以上のメイロウィッツの議論は空間論の仕組みからみて、どのように評価できるだろうか。彼の「場面」(situation)とは、行為者にとっては役割を演じる舞台であり、表出の空間に違いない。そこで重視されているのが接近(access)と距離(distance)であることは空間論としては当然であろう。物理的場所への接近と情報への接近とがテレビによって分離可能となり、すなわちテレビのおかげで物理的場所へ接近しなくても情報への接近は可能となり、そのことが場面への新しい距離のとり方や感覚を作り出す。そうしたなかで生じた場所性の変容ないし喪失という事態は、ただし、彼においては否定的ではなく、むしろ肯定的に捉えられているのである。確かにわかりやすく、説得力のある興味深い理論ではある。そのわかりやすさは、それがメディア規定論であって(メディア決定論とまではいわないまでも)、メディア特性の影響という上流から行動変化ないしは社会変動という下流へという一方向的な流れで捉えられているからであろう。その方向での論理を彼は確かに明らかにした。しかし、そこではテレビメディアによって場面として与えられた空間がもっぱら対象とされていて、表象の諸空間のうちのある部分だけが問題にされているといわざるをえない。

そのこと以上に、場面の消費で社会運動の発生を説明するには無理があると思われる。そこで、いわば逆の方向が想定されるのではないか。つまり、メディアに規定された場面ではなく、人々のコミュニケーション空間全体に規定された場面の生産である。それは放送空間としてはまだ作り出されていない関係のものであるかもしれない。メイロウィッツは場所を場面に積極的に解消しているといえるが、そうするのではなく、人々のコミュニケーション(表象)空間のなかに場所性の再生と再獲得を図り、その全体的構造のなかに放送空間もまた一つの場所として組み込まれ、統合されるという姿を思い描くことができるのではないだろうか。そのような放送空間を想定するとき、我々はもはやメディアによって提供される場面の受け手ではなく、我々のコミュニケーション(表象)空間をやはり同じ表出の空間としての放送空間へと拡張・投企していく主体となろう。言い換えれば、そのような表象の放送空間の生産とは、我々のコミュニケーション空間の生産の一環であり、そこから延長され、伸びていくものとして考えられる。ただしその際、提供される「情報による環境設定」の意味と意義を必ずしも否定するものではない。何故なら、そのような情報空間が場所へと百パーセント包摂・内包された状態、すなわち情報空間に対する場所の極大化は、場所を越えて存在する他者とのコミュニケーションを閉ざすことになりうるからである。そのような閉じた場所は空間としても生きられない。その逆の場合、場所の情報空間への百パーセントの包摂・内包、すなわち場所に対する情報空間の極大化は、行為主体から行為空間を取り去り、そこでの社会関係の能動的な発生を抑えることになるであろう。今日の日本の状況ではむしろその後の傾向の方が危惧されるのであり、場所性を切り離した放送空間にこそ今日の放送の虚しさがあるといわねばならない。

六　現代資本主義の空間戦略と放送空間の生産様式

以上、放送空間をインフラとしての組織、景観としての表象、場所としての統合という三つのレヴェルから論じてきたわけだが、ここで再び「空間の生産」の問題に立ち返ることとしたい。第二節で述べた、社会と空間の弁証法からも明らかなように、放送空間とは支配的社会関係のなかで生産される生産物であり、またその支配的社会関係の再生産に作用を及ぼす要因でもある。放送空間の生産様式をみるまえに、支配的社会関係、すなわち資本主義的生産関係の今日的あり方をみておこう。そして、その現代資本主義の展開自体、やはり空間的問題構制として捉えることができるのである。

ハーヴェイは二〇世紀後期の資本主義の政治・経済的な変容をフォーディズムからフレクシブルな蓄積へというコンセプトで捉えている。その表現は、組織化された資本主義から脱組織化された資本主義へ、フォーディズムの生産からジャスト・イン・タイムの生産へなどの先行する表現の対応関係のなかで編み出されている。(31)それらはイデオロギー面ではモダニズムからポストモダニズムへという表現に対応したものでもある。そのような変容が空間の再編成として捉えられるのである。そして、そのような空間論的認識の背景には、やはりルフェーヴルの、資本主義は空間全体に拡張していくことによってのみ維持される、(32)という命題が横たわっているといえよう。ここでは、ソージャを引用して、今日の資本主義空間編成の簡潔な描写に代えることにしたい。彼はルフェーヴルに依りながら、次のように述べている。

「発達した資本主義は、空間性を細かい諸部分へと断片化し、相互に分離した商品へと等質化し、支配・管理の立地へと組織化し、そしてグローバルなスケールに拡張しつつ、それをジワジワと〈占拠〉してきたのであって、そのような凝結され、創出した空間性のなかで支配的生産関係は再生産されている。資本主義の延命は、正に断片化され、等質化され、ハイラーキーとして構造化された空間の生産と占拠という、この際立った一点に依存してきたのである。それは、主として官僚制的に(つまり国家によって)管理された集合的消費、様々なスケールでの中心と周辺の差別化、そして国家権力の日常生活への浸透によって達成されてきた。」(33)

断片化と等質化によるフレクシビリティの上昇ということがどのようなものであるかは、具体的に生産要素の土地と労働力の場合をみてみれば、わかりやすいだろう。土地は景観に織り込まれた場所性を剝奪されて、労働力は身体に記憶された熟練性を無用とされて、それぞれの固定性ないし固有性を軟化・希薄化していく。それによって等質性が生まれ、従って交換可能となり、商品性を獲得する。その等質な断片が移転、調達、配分、操作の対象となっていく。そして、その過程は集中と分散という二つのベクトルの同時進行という様相を呈しつつ、構造化されていくのである。このような形でのフレクシビリティの高まりが今日の社会的空間の生産の特徴となっている。その結果として、空間における不均等発展は一段と強まることになるのである。

放送空間の生産様式は、このような社会的空間の生産様式からの反映を受けざるをえない。放送空間においても、第一にフレクシビリティの増大は様々の局面でみられ、第二に大きな構造変化が認められる。

第一については、多メディア・多チャンネル化による伝送路の多様性とオプションの増大、制作組織におけるユニットの分化と自由な組み合わせ、制作過程における時間的断片化と空間的柔軟性、番組編成におけるセグメント化（視聴者層の「規模の経済」から「範囲の経済」へ）、受け手側でのＶＴＲ所有による編成時間の拘束性からの自由、個人視聴によるチャンネル権占有と受信装置におけるザッピングとフリッピング、規制政策における規制濃度の差別化などの現象にみられるように、一貫性や固定性や一体性は崩壊しつつある。そのようにして、現代資本主義の空間戦略と同期しつつ、また新しい環境条件に適応しつつ、支配的放送空間の再生産は果たされようとしている。

第二については、二つの変容ベクトルが認められる。一つは放送空間の越境化・グローバル化である。これは、放送空間が場所性を持った意味空間の性格を極小化し、逆に情報流通のための機能空間の性格を極大化していくなかで起こっている。それが衛星技術の力とそれを推進する国家政策およびそれを活用する資本行動に起因していることは、いうまでもない。そこでは交換可能な性格を持つ商品文化、すなわちスポーツ、ポップス、エンターテインメントが分配され、カタストロフィ、スペクタクル（戦争をも含め）、イベント（「政局」政治をも含め）が伝達される。戦争はその意味を剝奪されることによってスペクタクル化され、政局政治は政治本来の意味を喪失して観客として眺めるべきイベントに過ぎないものになる。それらの消費文化のフラグメントこそが等質化された空間のなかをもっとも透過していきやすい。いや、それらこそが媒体となって、この放送空間を等質化していくのである。

構造変化のもう一つのベクトルは、放送空間のローカル化である。ただし、そこではこれまでのところ次のような問題点のために多くの場合、不発に終わっているといわざるをえない。すなわち、ローカルな放送空間の成立は、国家行政・地方行政・地域行政の当局による給付・配慮として行なわれる傾向が強く、そこで生活過程への介入が図られることである。また、ローカルな情報が生活過程からのニーズとして吸い上げられたとしても、それは脱政治化のフィルターを通過してこざるをえないということである。グローバル化とローカル化というベクトルが産みだしている実際の姿は現状では以上のようなものだといえるが、それはナショナルという構成原理になお強く規定された上での、その現われ方だとみられる。従って、現状が最終的なものだとはいえず、本来の姿はまだ現われていない。

さて、それでは放送空間のオールターナティヴな生産様式はありうるのだろうか。支配的な生産様式においては、空間の占有とそれによる空間の支配という点が原理であった。それによって放送空間の利用の排他性は作られてきた。オールターナティヴの一つは、従って、放送空間の非占有・共同利用の原理の導入となろう。そこでは放送空間の占有と支配が関心事なのではなく、放送空間の開かれた利用と自由な状態にこそ、関心の重点が置かれる。もちろんその原理で放送空間のすべてを覆うことを目指す必要はない。異質なモードの空間を混在させ、織り込んでいけばよいのである。

具体的にそれはどのようなことであろうか。いってしまえば、そう難しいことではない。例えば、次のような提案をすることができる。今日、公共放送ＮＨＫの保有している〝波〟の数は多過ぎるとして、いくつかを返上すべきであるという議論がされている。そのような議論では、返上された〝波〟は誰が使うことが想定されているのであろうか。競売に付されるなり、指名入札で払い下げられるなりして、いずれにしても誰かが占有するのであろう。そして、その占有空間に投資が行なわれ、利潤の回収が図られるのであろう。しかし、仮にＮＨＫがある部分を返上する用意があるのだとしたならば、それは誰の占有ともすべきではない、と筆者は考える。むしろその〝波〟を活用して、非占有・共同利用の放送空間のモードを導入することができる。その共同利用空間の組織原則については、利用者の自主管理・自己規律、利用者への設備的・人的・財政的なサポート・システムの用意、場所性を維持できるような放送空間の地理的規模の確保、そしてその自律性を保持した上で様々な段階のネットワークを随時構成できる可能性、などが挙げられよう。具体的な組織形態としては様々なモデルが考えられるであろうが、ここではその検討には踏み込まない。現在の日本でこのような「放送の入り会い地」を提案することは荒唐無稽であろうか。

七　おわりに――情報メディア空間論へ――

放送空間は闘いの場である。それは単にその空間で繰り広げられる、様々なメッセージの主導権の闘いなのではない。それは空間をめぐる闘いであり、突き詰めれば、その空間の生産様式をめぐる闘いである。放送空間は我々に棲むべき、あるいは住まうべき場を与えているか、我々は放送景観のなかにアイデンティティやアジールを見いだすことができるか。このような問いは、その闘いの表現例であろう。無論、今日の日本でメディアが作り出す放送空間の表現において場所性が皆無だとはいえない。それを発見することはきわめて希なことではあるが、時折遭遇する。その時感じられるのは、制作者が行使しているモードが支配的なものとは違っているということである。それとともに、過去の放送景観が記憶のなかから呼び出され、現在の景観と重ね合わされる。過去の景観の豊饒が浮かび上がることがある。筆者にとってその契機は例えば『日本の素顔』や『現代の映像』であり、前者ではほぼ一九六〇年代前半の日曜日午後九時半ないし一〇時五分、後者では六四年以降六〇年代後半の金曜日午後七時半という自分の時間とその時代の気分とともに景観は浮かび上がる。そこでの時空間は場所性とともに超越性を持っていた。そうした景観の記憶は筆者のなかで神話化された幻影に過ぎないのであろうか。

　今日、放送空間の物理的容積が増大していくなかで、それに応じて場所性や超越性を経験する機会も増えているかといえば、決してそうとはいえない。筆者が放送空間の生産において問題としたかったのは、放送空間のインフラの見掛け上の豊かさと放送空間の景観の本質的な貧しさであり、その乖離の大きさであった。物理的な放送空間の実践(実際)と表象の放送空間の間の矛盾が大き過ぎるのであり、それが放送空間の景観を単調で空虚にしているのである。おそらく物理的な放送空間のうちに表象の放送空間が組み込まれていくとき、放送空間の景観は変わっていくだろう。そこで問われるのは、放送空間の設計思想である。表象の放送空間というとき、それは何を表象するというのだろうか。それは、放送に託す理念と構想、コミュニケーションの欲求と願望に他ならない。これらを見定めるとき、設計思想はクリアとなり、形を取るであろう。

　終わりに次のことを述べておきたい。本章で筆者は放送空間論のスケッチを試みた。もっと緻密な作業が要求されるのはいうまでもない。その点を置いていうならば、本章では放送空間に対象を限定したわけだが、同じ発想の延長線上に新聞空間、メディア空間、情報媒体空間などを並べていくことが可能だといえよう。その際、それぞれの局面の固有性あるいは包括性に応じつつ、分析の視点ないし記述の次元は変わっていくであろうが、空間論的問題構制としての共通性に立つことによって、そこでの分析および記述を深めていくことができるはずである。そのようにして我々は、情報メディア空間の、あるいは情報メディアによって編成され、組織化され、構造化される情報空間というものの一般理論に近づくことができるかもしれない。その過程で、我々は様々な社会科学分野とともに〈社会―空間〉論の鉱脈を共有することができるであろう。その鉱脈の掘削を先駆けて進めてきたのは、都市論であった。そこでは都市はメディアであるというメタファーが成り立った。都市の媒介的・媒体的な様相がそういわせたのであろう。我々はいま逆に、メディアは都市であるということができる。そのフレーズは、メディアが空間造形的な機能を持つということ、メディアが不可視の社会的空間を構成しているということ、さらにはメディアそのものが空間性（spatiality）を持ったものだということを伝えうるに違いない。情報メディア空間が物理的に膨張を続ける今日、我々はそこにどのような景観を持った都市を築こうというのであろうか。

注

（1）【本書第五章を参照。】

（2）【本書第二章】では、公共圏論の系列から日本社会の意味空間をみる視点と、〈社会―空間〉論の系列から社会の「情報化」をみる視点とが、一論文のなかにオムニバスとして並列されていた。そこでは「公的意味空間」という言葉によって、それらを繋ぎとめようとした。二つの系列の論の関係については、今後なお考えていきたいと思う。今のところ、どちらがどちらかに包摂されるわけでもなく、どちらかが一般論でどちらかが特殊論というわけでもなく、つまりそれらの系列は別々のものであり、しかし重なり合う、というに留めざるをえない。

（3）町村敬志「都市社会と都市空間の関係性―東京の都市空間の変容―」吉原直樹・岩崎信彦編著『都市論のフロンティア―《新都市社会学》の挑戦―』有斐閣、一九八六年、六九―九八頁。

（4）吉見俊哉「空間の実践―都市社会学における空間概念の革新にむけて―」倉沢進・町村敬志編『都市社会学のフロンティア、1　構造・空間・方法』日本評論社、一九九二年、一一一―一三九頁。
　また、吉見を含む都市論とメディア論の研究者が電話空間論についての優れた共同研究書をまとめている。吉見俊哉・若林幹夫・水越伸『メディアとしての電話』弘文堂、一九九二年。

（5）吉原直樹「空間論の再構成のために」同編『都市の思想――空間論の再構成にむけて』青木書店、一九九三年、二一〇―二二四頁。同書には他に多くの興味深い論文が収められている。

(6) 平田清明『市民社会とレギュラシオン』岩波書店、一九九三年。特に最後の章の新稿「現代資本主義の社会・国家・言説」を参照。

(7) 貝沼洵「資本主義の『再生産』と空間調整」北川隆吉編『時代の比較社会学』青木書店、一九九二年、二一八―二三五頁。

(8) 水岡不二雄『経済地理学――空間の社会への包摂』青木書店、一九九二年。

(9) Edward W. Soja, *Postmodern Geographies: The Reassertion of Space in Critical Social Theory*, London : Verso, 1989, p. 81.

(10) 吉見俊哉、前掲論文、一三三頁。

(11) Henri Lefebvre, *The Production of Space*, translated by Donald Nicholson Smith, Oxford : Basil Blackwell, 1991, pp. 33 and 38-39. フランスで同書原著の出版は一九七四年であったが、その出版はその前年に出された空間論の本のなかで予告されていた。Henri Lefebvre, *Espace et Politique*, Paris : Anthropos, 1972. その本の邦訳は、アンリ・ルフェーヴル『空間と政治』今井成美訳、晶文社、一九七五年。ここにいう諸契機に関連する記述は、同邦訳書の三七頁にもみられる。

(12) David Harvey, *The Condition of Postmodernity*, Oxford : Basil Blackwell, 1989, pp. 218-219.

(13) Ibid., p. 219.

(14) Ibid., p. 223.

(15) Otfried Jarren, Kommunikationsraumanalyse - ein Beitrag zur empirischen Kommunikationsforschung?, in *Rundfunk und* Fernsehen, 34. Jg. 1986/3, S. 310-330, S. 310-312.

(16) Hans Bausch, Vorwort, in *Expertenkommission Neue Medien-EKM: Abschlußbericht,* Band Ⅲ*: Kommunikationsatlas - Medien in Baden Württenberg*, Stuttgart : Kohlhammer, 1981, S. 7.

(17) Jarren, 1986, *Kommunikationsraumanalyse*, op. cit., S. 323-324.

(18) 梅棹忠夫・吉良竜夫編『生態学入門』講談社学術文庫、一九七六年、四五―四六頁。

(19) 前掲書、四〇―四一頁。

(20) Jarren, 1986, *Kommunikationsraumanalyse*, op. cit., S. 316.

(21) 梅棹忠夫・吉良竜夫編『生態学入門』、前掲書、四七頁。

(22) オギュスタン・ベルクによれば、「風景の観念はヨーロッパでは一六世紀になってようやく現われる。すなわち近代の初頭である。その出現は深いところで進行していた変化と結びついているが、その変化は当時のヨーロッパ人の心性に影響を残し、少しずつ近代というものを産み出してきたものだった。フランドルでは本来の意味での最初の風景画と並んで、landschap（風景）という用語が現われた。本来の意味で、というのは自然の表現が中心的な要素となっている絵のことである。たとえばヨアヒム・パティニール（一四八〇頃―一五二四）の円熟期の作品が例となる。そしてしばらく後にドイツ語 Landschaft とフランス語 paysage〔いずれも「風景」の意〕などが現われてくる。」（同著『日本の風景・西欧の景観―そして造景の時代―』篠田勝英訳、講談社現代新書、一九九〇年、五三―五四頁。）ここに西欧近代における英語のランドスケープ、独語のランドシャフト、仏語のペイザージュの連なりがみてとれる。ただ、同訳書においては「風景」と「景観」の二つの日本語が使われているが、その異同が定かではない。

なお、「景観」をキーワードにしてはいないが、文化空間研究ないし文化地理学的アプローチは英語圏でも行なわれており、次の邦訳書がある。Jacquelin Burgess／John R. Gold(eds.), *Geography, the Media and Popular Culture*, London & Sydney : Croom Helm, 1985.（『メディア空間文化論―メディアと大衆文化の地理学―』竹内啓一監訳、古今書院、一九九二年。）

(23) Harold A. Innis, *The Bias of Communication*, with a New Introduction by Marshall McLuhan, University of Toronto Press, 1964 (the first edition, 1951), p. 33.（『メディアの文明史―コミュニケーションの傾向性とその循環―』久保秀幹訳、新曜社、一九八七年、四五―四六頁。）

(24) Ibid., p. 82. 前掲訳書、一一四頁。

(25) Ibid., p. xii. 前掲訳書、xi頁。

(26) Ibid., p. xiii. 前掲訳書、xii頁。

(27) Harold A. Innis, *Empire and Communications*, Oxford University Press, 1950.

(28) Cf. Andrew Gillespie/Kevin Robins, Geographical Inequalities : The Spatial Bias of the New Communications Technologies, in *Journal of Communication,* 39(3), Summer 1989, pp. 7-18, p. 9.

Cf. Hans Kleinsteuber, Zeit und Raum in der Kommunikationstechnik : Harold A. Innis' Theorie des "technologischen Realismus", in Walter Hömberg/Michael Schmolke(Hrsg.), *Zeit, Raum, Kommunikation,* München : Ölschläger, 1992, S. 319-336, S. 321.

(29) Gillespie/Robins, 1989, Geographical Inequalities, op. cit., p. 15.

(30) Joshua Meyrowitz, *No Sence of Place : The Impact of Electronic Media on Social Behavior*, Oxford University Press, 1985, p. 115.

(31) Cf. Harvey, 1989, *The Condition of Postmodernity*, op. cit., pp. 174-179.

(32) アンリ・ルフェーヴル『空間と政治』、前掲訳書、一二二―一二三頁。

(33) Soja, 1989, *Postmodern Geographies*, op. cit., p. 92.

初出一覧

第一章　空間概念としてのÖffentlichkeit
――ハーバーマスにおける公共圏とコミュニケーション的合理性――
『ソシオロジカ』第一五巻第二号、創価大学社会学会、一九九一年三月、一九―四七頁

第二章　公的意味空間論ノート
『新聞学評論』四〇号、日本新聞学会、一九九一年四月、六〇―八一頁
（特集・社会の情報化とメディアの歴史意識）

第三章　グローバルな公共圏は可能か
――国際コミュニケーション政策における〈外部―内部〉の視座と視界――
『新聞学評論』四一号、日本マス・コミュニケーション学会、一九九二年五月、一一九―一四〇頁
（特集・「多メディア時代」におけるマス・コミュニケーション研究――課題とその方法を探る――）

第四章　「放送の公共性」から「放送による公共圏」へ
『公法研究』第五四号、日本公法学会、一九九二年一〇月、八六―一〇五頁
（特集・公法における公共性）

第五章　公共圏と市民社会の構図
『システムと生活世界』（岩波講座・社会科学の方法・第八巻）、岩波書店、一九九三年九月、四一―八三頁

第六章　放送制度の社会学的分析
　　――西ドイツモデルを手掛りとして――
　『放送学研究』第三八号、ＮＨＫ放送文化調査研究所、一九八八年三月、五九―八一頁
　（特集・放送研究の課題と方法）

第七章　放送制度と社会科学の間
　『放送制度論のパラダイム』、東京大学社会情報研究所、一九九四年三月、三―二七頁

第八章　ドイツにおけるメディア産業労働組合の結成とその背景
　　――対抗公共圏構築の試み――
　『社会情報と情報環境』、東京大学社会情報研究所、一九九四年三月、三二六―三五一頁

第九章　「新聞の公共性」の運命
　　――マスメディア、ジャーナリズム、公共圏の相互関連において――
　『新聞研究』五一二号、日本新聞協会、一九九四年三月、九〇―九五頁

第十章　放送空間の生産
　　――放送におけるインフラ、景観、場所の織り合わせ――
　『放送学研究』第四四号、ＮＨＫ放送文化調査研究所、一九九四年三月、三三―六二頁
　（特集・新・放送メディア論）

あとがき

私が「公共圏」という言葉に初めて日本語で接したのは、九鬼周造の『「いき」の構造』においてであった。私はそのことを昨年になって再発見した。その用語は第三章「『いき』の外延的構造」に入ってすぐ、定義もなく突然次のようにして登場する。

「『上品』や『派手』が存在態様として成立する公共圏は、『いき』や『渋味』が存在態様として成立する公共圏とは性質を異にしている。」(三二頁)

九鬼は、前者を人性的一般性の公共圏、後者を異性的特殊性の公共圏として区別した。そして、前者にはその二つの趣味態様にそれぞれ対応する「下品」と「地味」を加えて、それら四点で正方形を構成し、後者には「野暮」と「甘味」を加えて、同様にそれら四点で正方形を構成した。そして、前者の正方形を上に置き、後者の正方形を底に置いて、かの有名な趣味の直六面体モデルを示したのである。その上面と底面が性質の異なる二つの公共圏ということになる。

何がきっかけだったのかはっきり記憶していないが、私はその岩波文庫本を日本から取り寄せて、ドイツのシュトゥットガルトで読んだ。その本文や解説から分かることは、九鬼がフッサールやハイデッガーをドイツ語で読みつつ、それを一九二六年(大正一五年)頃にパリで書いたということであった。その作品を読み、その日本語に感銘した時のことを今もはっきりと記憶している。日本語圏から遠く離れた生活のなかでその日本語は形容しがたい魅力を放ったものである。ただ、その時私は本書でテーマとなっている概念の「公共圏」のことには思い至らなかった。その二、三年後に日本に帰ることになり、「新しい異郷」としてのこの地でÖffentlichkeitというドイツ語を日本語にしなければならなくなった時、私は考えた末に「公的意味空間」という言葉をまず充てた。そして次に「公共圏」という言葉をも使うようになった。九鬼のいう「公共圏」と本書の「公共圏」は確かに違う。しかし、視線、他者、空間という点で、あるいは意味、存在、空間という点でどこか通じているようにも思われる。九鬼はその言葉をどのようにして編み出したのだろうか。フランス語からか、ドイツ語からか、あるいは彼の発明なのか。

本書の「公共圏」とは違うものとはいえ、しかし、今から振り返れば、『「いき」の構造』を読んだ時の感銘は、本書に遠くから作用しているように思われる。持ち帰ったその文庫本を開けば、次のような箇所に私の付けた印が残っている。

「意味体験としての『いき』の理解は、具体的な、事実的な、特殊な『存在会得《えとく》』でなくてはならない。我々は『いき』のessentiaを問う前に、まず『いき』のexistentiaを問うべきである。一言にしていえば『いき』の研究は『形相的』であってはならない。『解釈的』であるべきはずである。」（一八―一九頁）

問題はある存在態様の意味体験なのである。そして、その意味体験を概念的に認識するということなのである。九鬼は所を変えて次のようにも書いている。

「意味体験を概念的自覚に導くところに知的存在者の全意義が懸《かか》っている。実際的価値の有無多少は何らの問題でもない。そうして、意味体験と概念的認識との間に不可通約的な不尽性の存することを明らかに意識しつつ、しかもなお論理的言表の現勢化を『課題』として『無窮』に追跡するところに、まさに学の意義は存するのである。『いき』の構造の理解もこの意味において意義をもつことと信ずる。」（八八頁）

「課題」の達成度は別にしても、課題意識というレベルで許されるなら、本書もこの「課題」を共有したいと考えている。九鬼の意味体験とは、経験という言葉によって置き換えてもよいだろう。経験と認識の相互交通の緊張関係に立つ時、そのルートをつなぐべきは言葉であろうが、その言葉が実は水をすくい取る笊のようにあらかたを流し去ってしまう情景を眺めやりながら、しかしそこに漉かれた紙のような薄い何かが残ることのあるのを期待できようか。

「公共圏の構造」と『「いき」の構造』の並列に寄り掛かって書き進めてきた。本書の公共圏概念からは遠いかもしれないが、九鬼が「要するに」と切り出して「いき」概念をいわば定義した文章を、この並列関係の終わりに掲げておきたい。美しい文章だと思う。

「要するに、『いき』な色とはいわば華《はな》やかな体験に伴う消極的残像である。『いき』は過去を擁して未来に生きている。個人的または社会的体験に基づいた冷《ひや》やかな知見が可能性としての『いき』を支配している。温色の興奮を味わい尽くした魂が補色残像として冷色のうちに沈静を汲むのである。また、『いき』は色気のうちに色盲《しきもう》の灰色を蔵している。色に染《そ》みつつ色に泥《なず》まないのが『いき』である。『いき』は色っぽい肯定のうちに黒ずんだ否定を匿《かく》している。」（七四―七五頁）

さて、本書がこうして一冊にまとめられるにあたっては、多くの方々の恩恵をこうむっている。まずは各章の初出論文執筆のきっかけを作られた、その都度の依頼者・エディターに、また転載許可を与えられた各掲載誌・

書の発行主体に感謝したい。

本書の一部はいくつかの放送文化基金助成研究の成果であり、あるいはそこからの反射を受けている。同基金の援助に改めてお礼申し上げる。

さらに、各拙稿の初出後、それにご意見やご感想をいただいたり、引用という形で拙稿への反応を示された多くの方々に感謝したい。定点観測の資料として活用させていただいた。そうした応答のひとつとして、今年春にある若き日本史研究者から論文抜刷を受け取った。それに接したことが、それまでこうした形で本を出すことに消極的であった私をしてその態度を捨て、転じさせてくれる契機となったといえよう。

本書収録の文章のひとつひとつは、私のドイツ経験の「残像」であるという感想を私は禁じえない。その経験はきわめて主観的にいえばエミグレとして始まった。その異郷から戻ってやがて一〇年になろうとしているが、それに多少まさる期間が費やされたドイツ経験の歳月(それは「華やかな」とは決していえない。ただ多くの人々と思考に遭遇した)、その過去の残像のなかで現在の写像を書き付けつつ、この間を過ごしてきたように思う。つまり、戻ってきたことによる産物なのである。従って、本書のためには、私を日本に回収された、そのためのネットを張ってくださった仲佐秀雄、石川明、林利隆の三氏に感謝しなければならない。仲佐氏はそもそも私が最初に出会った「社会人」であり、この道に入るきっかけを与えられた。石川氏は私がドイツに行って糸の切れた凧になるの防ぎ(一方で私はそうなりたくもあったのだが――)、繋ぎ止められた牽引車であった。林氏はこの一連の公共圏論を始めることになった第二章の発案者・エディターでもあって、本書の起点を作ってくれた。

その三氏と知り合うことになったのは、私が大学を出て社団法人日本新聞協会に就職したことによるのだが、そこに在職していた間の三年一〇カ月の経験は混沌のなかにすべてを宿していたように思う。一九七〇年代前半

という その時代、精神の乱高下のなかにあって、一生のなかで会える興味深い人々のうちのかなりの数の人々に出会ってしまったかのような気がする。その間に、私は放送問題について大森幸男、田所泉の両氏から手解きを受けた。両氏に感謝したい。

その時代に先立って、私が人の姿勢と知の態様を近くで観て影響を受けたのは、早稲田大学の福原嘉一郎先生(ドイツ文学)と河原宏先生(日本政治思想史)であった。そして、もう一人、その先に立っておられるのは、県立千葉高等学校在学中の私に社会科学への関心を呼び起こされた矢部基晴先生(以前「思想の科学研究会」の会長をされた)である。不肖の弟子、Schulerとして三人の先生方に感謝したい。

本書は、私のいわば主観的な縁により、木鐸社社長の能島豊氏が刊行してくださることになった。能島氏には心からお礼を申し上げたい。木鐸社から刊行されることを私は幸いと思っている。

索引の作成では水田朋花さんにお世話になった。その助力に感謝したい。

これら公共圏に関わる文章を書いた時には、そのたびにわが「私的領域」・「家族圏」は時間的にも空間的にも大きなしわ寄せを受けたものだが、この際、その圏域のアクターたち、美恵、彩乃、美晴に挨拶をおくり、美恵には私のために時間と空間をキープしてくれたことを、そして装幀の労についても感謝したい。

母の健康を願い、亡き父の思い出のために——。

一九九五年一〇月一一日

花田達朗

人名索引

【た　行】

【な　行】

【は　行】

【ま　行】

【や　行】

【ら　行】

【わ　行】

事項索引

【さ　行】

【ら　行】

【わ　行】

参考文献一覧〔邦文〕

（引用文献がその後に単著に収録された場合には，その単著のみを掲載した。タイトル中の漢数字はアラビア数字に変更した。）

朝日新聞社会部，1989，『ルポ自粛，東京の150日間』，朝日新聞社。

芦部信喜，1974，「『知る権利』の理論」内川芳美・岡部慶三・竹内郁郎・辻村明編『講座現代の社会とコミュニケーション　第3巻　言論の自由』，東京大学出版会。

芦部信喜，1977，「言論の自由の現代的構造――『知る権利』を中心として――」奥平康弘編『文献選集日本国憲法　6　自由権』，三省堂。

阿部　斉，1991，『概説現代政治の理論』，東京大学出版会。

網野善彦，1987（初版1978），『増補　無縁・公界・楽――日本中世の自由と平和――』，平凡社。

石川　明，1972，「編集綱領運動と内部的放送の自由――西ドイツの場合――」ＮＨＫ総合放送文化研究所『放送学研究』，第24号。

石川　明，1979，「放送における多元性――北ドイツ放送法の改正問題を中心に――」ＮＨＫ総合放送文化研究所『放送文化研究年報』，第24号。

石川　明，1983，「放送制度をめぐる放送観の問題」津金澤聡廣・田宮武編著『放送文化論』，ミネルヴァ書房。

石川　明，1987，「放送の自由と放送事業者の自由――西ドイツの第5次放送判決をめぐって――」ＮＨＫ放送文化調査研究所『放送研究と調査』，第37巻9号。

石川　明，1989，「放送の公共性と放送の自由――西ドイツの公共放送の場合――」ＮＨＫ放送文化調査研究所『放送学研究』，第39号。

石村善治，1992，1993，『言論法研究』Ⅰ・Ⅱ・Ⅲ・Ⅳ，信山社。

上山春平・緒方貞子・井上ひさし・横田耕一・岸田英夫，1989，「座談会・天皇問題を語る」『朝日新聞』，1989年1月16日付。

上山春平，1990，「（思想の言葉）アリストテレスの国家論と天皇制」『思想』，797号。

内川芳美，1989，『マス・メディア法政策史研究』，有斐閣。

梅棹忠夫・吉良竜夫編，1976，『生態学入門』，講談社学術文庫。

大畑祐嗣，1990，「韓国の情報化批判と日本――国際情報流通論との関連で――」東京大学新聞研究所『高度情報社会のコミュニケーション――構造と行動――』。

大森幸男，1985，「ニューメディア時代のジャーナリズム――資本の理論に押される言論の自由――」日本新聞協会『新聞研究』，第403号。

奥平康弘，1988，『なぜ「表現の自由」か』，東京大学出版会。

小野秀雄，1961（初版1947），『増補　新聞原論』，東京堂。

貝沼　洵，1992，「資本主義の『再生産』と空間調整」北川隆吉編『時代の比較社会学』，青木書店。

桂　敬一，1995，『日本の情報化とジャーナリズム』，日本評論社。

川原　彰，1993，『東中欧の民主化の構造――1989年革命と比較政治研究の新展開――』，有信堂。

姜　尚中，1990，「公共性の再興と対話的合理性」藤原保信・千葉真編『政治思想の現在』，早稲田大学出版部。

岸田尚友，1978，『経営参加の社会学的研究―西ドイツにおける―』，同文館。

木前利秋，1987，「理性の行方――問題設定と視座――」藤原保信・三島憲一・木前利秋編『ハーバーマスと時代』，新評論。

ギデンズ，アンソニー，1989，『社会理論の最前線』友枝敏雄・今田高俊・森重雄訳，ハーベスト社。

九鬼周造，1979，『「いき」の構造』，岩波文庫。

栗城壽夫，1976，「西ドイツ公法理論の変遷」日本公法学会『公法研究』，第38号。

栗城壽夫，1987，「国家・憲法・憲法思想――西ドイツの『憲法積極主義』をめぐって――」『思想』，第755号。

香内三郎，1971，「公共圏」南博監修『マス・コミュニケーション事典』，学藝書林。

小林宏一，1990，「放送およびその関連領域における国際化の諸相とその背景」ＮＨＫ放送文化調査研究所『放送学研究』，第40号。

小林直樹，1989，「現代公共性の考察」日本公法学会『公法研究』，第51号。

斉藤純一，1987，「政治的公共性の再生をめぐって――アーレントとハーバーマス――」藤原保信他編『ハーバーマスと時代』，新評論。

佐藤慶幸，1991，『生活世界と対話の理論』，文眞堂。

塩野　宏，1989，『放送法制の課題』，有斐閣。

シューマッハー，エルンスト・Ｆ，1986，『スモール・イズ・ビューティフル――人間中心の経済学――』小島慶三・酒井懋訳，講談社学術文庫。

杉山光信，1990，「現代保守主義と天皇制」『思想』，第797号。

スミス，アンソニー，1982，『情報の地政学』小糸忠吾訳，ＴＢＳブリタニカ。

高橋直之，1992，「多メディア時代におけるマス・コミュニケーション研究の理論課題」日本マス・コミュニケーション学会『新聞学評論』，41号。

田沢五郎，1990，『ドイツ政治経済法制辞典』，郁文堂。

立山紘毅，1991，「委託放送事業をめぐる若干の問題点――とくに放送法第52

条の24に定める委託放送業務の停止命令について――」『山口経済学雑誌』, 第39巻第５・６号。
田所　泉, 1979,「『コミュニケートする権利』の現段階」日本新聞協会『新聞研究』, 第341号。
田中義久, 1990,『行為・関係の理論―現代社会と意味の胎生―』, 勁草書房。
塚本三夫, 1988,「『言論の自由』論の現代的枠組――『新世界情報秩序』をめぐる問題状況との関連で――」東京女子大学社会学会紀要『経済と社会』, 第16号。
津金澤聰廣, 1966,「放送の公共性・その歴史的検討」日本民間放送連盟放送研究所編『放送の公共性』, 岩崎放送出版社。
鶴木　眞, 1990,「国際コミュニケーション研究を振り返る――80年代の議論とパラダイム選択――」日本新聞学会『新聞学評論』, 39号。
鶴木　眞, 1991,「グラスノスチ, 反ユダヤ主義, マスメディア――解放の神話の崩壊――」日本新聞学会「新聞学評論」, 40号。
戸坂　潤, 1966(初出1934),「新聞現象の分析――イデオロギー論による計画図――」『戸坂潤全集』第３巻, 勁草書房。
中奥　宏, 1989,「ドキュメント『昭和』の終わり, 全報道記録」『マスコミ市民』第246・247号。
中村雄二郎, 1989,『場所（トポス)』, 弘文堂。
花田達朗, 1987,「メディア変動における規範理論と政治経済的力学――西ドイツの第４次放送判決を巡って――」日本新聞協会『新聞研究』, 第427号。
花田達朗, 1988,「現代コミュニケーションの変動」林進編『コミュニケーション論』, 有斐閣。
濱田純一, 1990,『メディアの法理』, 日本評論社。
濱田純一, 1990,「『国境を越える放送』と情報の自由」ＮＨＫ放送文化調査研究所『放送学研究』, 第40号。
早崎守俊, 1989,『グルッペ47史―ドイツ戦後文学史にかえて―』, 同学社。
林　達夫, 1979,『思想の運命』, 中公文庫。
林　陽子, 1991,「傍観報道から脱出を――日本の南ア報道を振り返って――」日本新聞協会『新聞研究』, 第482号。
日高六郎, 1964,「戦後の『近代主義』」日高六郎編『近代主義』(現代日本思想大系・34巻), 筑摩書房。
平田清明, 1987,「現代資本主義と市民社会」平田清明・山田鋭夫・八木紀一郎編『現代市民社会の旋回』, 昭和堂。
平田清明, 1993,『市民社会とレギュラシオン』, 岩波書店。
ベルク, オギュスタン, 1990,『日本の風景・西欧の景観――そして造景の時

代──』篠田勝英訳，講談社現代新書。（原書出典の記載なし。）

ポスター，マーク，1991，『情報様式論』室井尚・吉岡洋訳，岩波書店。

ボードリヤール，ジャン，1991，『湾岸戦争は起こらなかった』塚原史訳，紀伊国屋書店。

町村敬志，1986，「都市社会と都市空間の関係性──東京の都市空間の変容──」吉原直樹・岩崎信彦編著『都市論のフロンティア──《新都市社会学》の挑戦──』，有斐閣。

マテラルト，アルマンド，1991，『多国籍企業としての文化』阿波弓夫訳，日本エディタースクール出版部。

マトゥラール，アルマン，1990，「第三世界におけるインフォマティクスとマイクロエレクトロニクス革命」ジェニファー・D・スクラック他編『神話としての情報社会』岩倉誠一他監訳，日本評論社。

丸山眞男，1964，「超国家主義の論理と心理」『増補版　現代政治の思想と行動』，未来社。

丸山眞男，1992，「開国」『忠誠と反逆──転形期日本の精神史的位相──』，筑摩書房。

三島憲一，1991，『戦後ドイツ──その知的歴史──』，岩波書店。

水岡不二雄，1992，『経済地理学──空間の社会への包摂──』，青木書店。

見田宗介，1988，「社会」見田宗介・栗原彬・田中義久編『社会学事典』，弘文堂。

宮沢俊義編，1983，『世界憲法集，第４版』，岩波文庫。

宮本憲一，1989，「公共性の政治経済学を──新自由主義＝新保守主義を克服するために──」同編『公共性の政治経済学』，自治体研究社。

村上淳一，1967，「ハーバーマス『公共の構造変化』」『法学協会雑誌』，第84巻第４号。

村瀬真文，1990，「放送の国際化時代における放送の公共的機能──西ヨーロッパの放送に関する二つの国際規範をめぐって──」ＮＨＫ放送文化調査研究所『放送学研究』，第40号。

室井　力，1990，「国家の公共性とその法的基準」室井力・原野翹・福家俊郎・浜川清編『現代国家の公共性分析』，日本評論社。

安永寿延，1976，『日本における「公」と「私」』，日本経済新聞社。

山口節郎，1988，「公共性」見田宗介他編『社会学事典』，弘文堂。

山田　晟，1989，『ドイツ法概論III〔第３版〕』，有斐閣。

山田　晟，1993，『ドイツ法律用語辞典・改訂増補版』，大学書林。

郵政省放送行政局監修，1987，『放送行政の展望』（放送政策懇談会報告書），電気通信振興会。

ユネスコ「マクブライド委員会」報告，1980，『多くの声，一つの世界』永井

道雄監訳，日本放送出版協会。

吉田民人，1990，『情報と自己組織性の理論』，東京大学出版会。

吉原直樹，1993，「空間論の再構成のために」同編『都市の思想——空間論の再構成に向けて——』，青木書店。

吉見俊哉，1992，「空間の実践——都市社会学における空間概念の革新にむけて——」倉沢進・町村敬志編『都市社会学のフロンティア　I　構造・空間・方法』，日本評論社。

吉見俊哉・若林幹夫・水越伸，1992，『メディアとしての電話』，弘文堂。

臨時放送関係法制調査会，1964，『答申書，資料編』。

ルフェーヴル，アンリ，1975，『空間と政治』今井成美訳，晶文社。

参考文献一覧〔欧文〕

（引用文献がその後に単著に収録された場合には，その単著のみを掲載した。）

Arbeitsgemeinschaft für Kommunikationsforschung e. V. (Hrsg.), 1980, *Mediennutzung/Medienwirkung*, Berlin : Verlag Volker Spiess.

Arendt, Hannah, 1958, *The Human Condition*, Chicago : University of Chicago Press.（ハンナ・アレント『人間の条件』志水速雄訳，中央公論社，1973年；ちくま学芸文庫，1994年。）

ARD/ ZDF, 1991, Gemeinsame Stellungnahme von ARD und ZDF vom 9. Juni 1991 zu dem beim Bundesverfassungsgericht anhängigen Verfahren der Bayerischen Staatsregierung und weiter Landesregierungen gegen die Bundesregierung zur EG-Fernsehrichtlinie, in *Media Perspektiven,* Dokumentation II/1991, S. 73-94.

Bausch, Hans, 1981, Vorwort, in Expertenkommission Neue Medien - EKM Baden-Württemberg : *Abschlußbericht*, Band III, *Kommunikationsatlas-Medien in Baden-Württemberg*, Stuttgart : Kohlhammer, S. 7-8.

Bleicher, Heinrich, 1991, Industriegewerkschaft Medien, in Heinrich-Dietrich Fischer (Hrsg.), *Medienverbände in Deutschland ; Geschichte, Berufsaspekte, Politik*, Berlin : VISTAS, S. 37-56.

Böll, Heinrich, 1969, Ende der Bescheidenheit ; Zur Situation der Schriftsteller in der Bundesrepublik, in Verband deutscher Schriftsteller (VS) e. V. (Hrsg.), *Ende der Bescheidenheit.*

Braodcasting Research Unit, 1985, *The Public Service Idea in British Broadcasting - Main Principles.* （ＢＲＵ編「イギリスの放送における公共サービスの理念——基本原理——」前田満寿美訳，ＮＨＫ放送文化調査研究所『放送学研究』第39号，1989年。）

Breunig, Christian, 1987, *Kommunikationspolitik der UNESCO, Dokumentation und Analyse der Jahre 1946 bis 1987,* Konstanz : Universitätsverlag Konstanz.

Brumm, Dieter, 1987, Mitbestimmung als Tabu ; Von einer späten Renaissance der Statutenbewegung, in *HFF*, 11/1987, S. 19-20.

Burgess, Jacquelin/Gold, John R.(eds.), 1985, *Geography, the Media and Popular Culture*, London & Sydney : Croom Helm. （ジャクリン・バージェス／ジョン・R・ゴールド編著『メディア空間文化論——メディアと大衆文化の地理学——』竹内啓一監訳，古今書院，1992年。）

Demirović, Axel, 1991, Zivilgesellschaft, Öffentlichkeit, Demokratie, in *DAS ARGUMENT*, 185/1991, S. 41-55.

Downing, John, 1986, Goverment secrecy and the media in the United States and Britain, in Peter Golding/Graham Murdock/Philip Schlesinger (eds.), *Communicating Politics : Mass Communication and the Political Process*, Leicester University Press, pp. 153-170.

Drüke, Helmut, 1984, *Journalisten und Gewerkschaft ; Probleme und Perspektiven der gewerkschaftlichen Organisierung der Tageszeitungsjournalisten in der Bundesrepublik Deutschland*, Frankfurt am Main : Haag und Herchen.

Eagleton, Terry, 1984, *The Function of Criticism ; From the Spectator to Post-Structuralism*, London : Verso. （テリー・イーグルトン『批評の機能——ポストモダンの地平——』大橋洋一訳，紀伊国屋書店，1988年。）

Engelmann, Bernt, 1989, Wie tot ist der VS?, in *Gewerkschaftliche* Monatshefte, 3/1989, S. 185-187.

Engeroff, Hubert, 1991, Deutscher Journalisten-Verband, in Heinrich-Dietrich Fischer (Hrsg.), *Medienverbände in Deutschland ; Geschichte, Berufsaspekte, Politik*, Berlin : VISTAS, S. 25-36.

Enzensberger, Hans Magnus, 1962, *Einzelheiten I ; Bewußtseins-Industrie,* Frankfurt am Main : Suhrkamp. (ハンス・マグナス・エンツェンスベルガー『意識産業』石黒英男訳，晶文社，1970年。)

Forester, John (ed.), 1985, *Critical Theory and Public Life*, Cambrige : MIT Press.

Garnham, Nicholas, 1986, The Media and the Public Sphere, in Peter Golding/Graham Murdock/Philip Schlesinger (eds.), *Communicating Politics : Mass Communication and the Political Process*, Leicester University Press, pp. 37-53.

Gärtner, Hans-Dieter/Klemm, Peter, 1989, *Der Griff nach der Öffentlichkeit, Grundsätze und Ziele der neuen IG Medien im DGB*, Köln : Tuberius.

Gegenwart, Peter, 1988, *Arbeitskampf im Medienbereich*, Frankfurt am Main : Peter Lange.

Gehlen, Arnold, 1975, *Urmensch und Spätkultur ; Philosophische Ergebnisse und Aussagen,* Frankfurt am Main : Athenäum. (アーノルト・ゲーレン『人間の原型と現代の文化』池井望訳，法政大学出版局，1978年。)

Gillespie, Andrew/Robins, Kevin, 1989, Geographical Inequalities ; The Spatial Baias of the New Communication Technologies, in *Journal of Communication*, 39(3), Summer 1989, pp. 7-18.

Goban-Klas, Tomasz, 1989, Gorbachev's Glasnost ; A Concept in Need of Theory and Research, in *European Journal of Communication*, Vol. 4, No. 3/1989, pp. 247-254.

Grossmann, Heinz, 1985, Die Mediengewerkschaftsbewegung ; Ortsbestimmung, Fraktionen, Probleme, in Dieter Prokop (Hrsg.), *Medienforschung*, Band 1, Frankfurt am Main : Fischer Taschenbuch Verlag, S. 357-366.

Habermas, Jürgen, 1962, *Strukturwandel der Öffentlichkeit ; Untersuchungen zu einer Kategorie der bürgerlichen Gesellschaft,* Neuwied und Berlin : Luchterhand.（ユルゲン・ハーバーマス『公共性の構造転換』細谷貞雄訳，未来社，1973年。）

Habermas, Jürgen, 1981, *Theorie des kommunikativen Handelns*, Bd.1-2, Frankfurt am Main : Suhrkamp.（『コミュニケイション的行為の理論』上・中・下，平井俊彦 ・M・フーブリヒト・川上倫逸・徳永洵・脇圭平他訳，未来社，1985，86，87年。）

Habermas, Jürgen, 1985, *Der philosophische Diskurs der Moderne; Zwölf Vorlesungen*, Frankfurt am Main: Suhrkamp.（『近代の哲学的ディスクルス』Ⅰ・Ⅱ，三島憲一・轡田収・木前利明・大貫敦子訳，岩波書店，1990年。）

Habermas, Jürgen, 1989, *The Structural Transformation of the Public Sphere ; An Inquiry into Category of Bourgeois Society*, translated by Thomas Burger & Frederick Lawrence, Boston : MIT Press, Cambridge : Polity Press.

Habermas, Jürgen, 1990, *Die nachholende Revolution,* Frankfurt am Main : Suhrkamp.（『遅ればせの革命』三島憲一他訳，岩波書店，1992年。）

Habermas, Jürgen, 1990, *Strukturwandel der Öffentlichkeit ; Untersuchungen zu einer Kategorie der bürgerlichen Gesellschaft ; mit einem "Vorwort zur Neuauflage",* Frankfurt am Main : Suhrkamp.（『（第２版）公共性の構造転換』細谷貞雄・ 山田正行訳，未来社，1994年。）

Habermas, Jürgen, 1992, Volkssouveränität als Verfahren, in ders., *Faktizität und Geltung ; Beiträge zur Diskurstheorie des Rechts und des demokratischen Rechtsstaats,* Frankfurt am Main : Suhrkamp, S. 600-631.

Harvey, David, 1989, *The Condition of Postmodernity,* Oxford: Basil Blackwell.

Heins, Volker, 1992, Ambivarenzen der Zivilgesellschaft, in *Politische Vierteljahresschrift*, 33. Jg. Heft 2/1992, S. 235-242.

Hensche, Detlef, 1978, Technische Revolution und Arbeitnehmerinteresse; Zu Verlauf und Ergebnissen des Arbeitskampfes in der Druckindustrie 1978, in *Blätter für deutsche und internationale Politik*, Heft 4/1978. S. 413-421.

Heßler, Hans-Wolfgang, 1989, Über die Mühsal einer globalen Verständigung; Zum Stand der Diskussion über eine Welt-Informations- und Kommunikationsordnung, in Wolfgang Wunden (Hrsg.), *Medien zwischen Markt und Moral; Beiträge zur Medienethik*, Stuttgart: J. F. Steinkopf Verlag.

Hoffmann-Riem, Wolfgang, 1990, Kommunikationsfreiheit und Chancengleichheit, in Johannes Schwartländer/ Eibe Riedel (Hrsg.), *Neue Medien und Meinungsfreiheit im nationalen und internationalen Kontext*, Kehl am Rhein: N. P. Engel Verlag, S. 27-58.

Honneth, Axel, 1992, Konzeption der "civil society", in *MERKUR*, 46. Jg. Heft 1/1992, S. 61-66.

Horkheimer, Max/Adorno, Theodor W., 1988, *Dialektik der Aufklärung; Philosophische Fragmente*, Frankfurt am Main: Fischer Taschenbuch Verlag. (マックス・ホルクハイマー／テオドア・アドルノ『啓蒙の弁証法——哲学的断章——』徳永洵訳，岩波書店，1990年。)

Industriegewerkschaft Druck und Papier, Hauptvorstand (Hrsg.), *Wir über uns*. (ohne Jahr.)

Industriegewerkschaft Druck und Papier, Hauptvorstand (Hrsg.), 1985, *Dokumentationen zur Mediengewerkschaft und Medienpolitik; Außerordentlicher Gewerkschaftstag 1985 in Fellbach.*

Industriegewerkschaft Medien, 1986, *Gründungsprogramm der Industriegewerkschaft Medien—Druck und Papier, Publizistik und Kunst.*

Industriegewerkschaft Medien, Fachgruppe Rundfunk/Film/Audiovisuelle Medien (Hrsg.), 1989, *Protkoll und Dokumentation ; Außerordentlicher Gewerkschaftstag der EFFU und Zusammenschluß zur IG Medien,* Hamburg, 8-15. April 1989.

Industriegewerkschaft Medien, 1989, Medienpolitische Leitsätze der IG Medien, in *Media Perspektiven*, Dokumentation I/1989, S. 65-67.

Industriegewerkschaft Medien, 1989, Rundfunk ist keine Ware ; Stellungnahme der IG Medien zur EG-Fernsehrichtlinie, in *Media Perspektiven*, Dokumentation II/ 1989, S. 127-128.

Iniss, Harold A., 1950, *Empire and Communication*, Oxford University Press.

Iniss, Harold A., 1964 (1951), *The Bias of Communication ; with a New Introduction by Marshall McLuhan*, University of Toronto Press. (ハロルド・イニス『メディアの文明史——コミュニケーションの傾向性とその循環——』久保秀幹訳，新曜社，1987年。)

Jakubowicz, Karol, 1991, Musical Chairs ? The Three Public Spheres in Poland, in Peter Dahlgren/ Colin Sparks (eds.), *Communication and Citizenship*, London : Routledge, pp. 155-175.

Jakubowicz, Karol, 1991, Perspektiven des Rundfunks in Osteuropa, in *Media Perspektiven*, 2/1991, S. 70-76.

Jarren, Otfried, 1986, Kommunikationsraumanalyse--ein Beitrag zur empirischen Kommunikationsforschung?, in *Rundfunk und Fernsehen*, 34. Jg. 1986/3, S. 310-330.

Keane, John, 1984, *Public Life and Late Capitalism*, New York : Cambridge University Press.

Kleinsteuber, Hans J., 1990, Unfaire Handelspraktiken oder Kulturpolitik? Die Reaktion in den USA auf die Eigenproduktionsquote der EG-Fernsehrichtlinie, in *Media Perspektiven*, 9/1990, S. 549-557.

Kleinsteuber, Hans J., 1992, Zeit und Raum in der Kommunikationstechnik ; Harold A. Iniss' Theorie des "technologishen Realismus", in Walter Hömberg/Michael Schmolke (Hrsg.), *Zeit, Raum, Kommunikation*, München : Ölschläger, S. 319-336.

Lattmann, Dieter (Hrsg.), 1973, *Entwicklungsland Kultur ; Dokumentation des zweiten Schriftstellerkongresses des Verbandes deutscher Schriftsteller* (*VS*), München: Kindler.

Lefebvre, Henri, 1991, *The Production of Space*, translated by Donald Nicholson-Smith, Oxford : Basil Blackwell.

Madrid, Javier Esteinou, 1988, The Morelos Satellite System and its Impact on Mexican Society, in *Media, Culture & Society*, Vol. 10, No.4/ 1988, pp. 419-446.

Maletzke, Gerhard, 1980, *Kommunikationsforschung als empirische Sozialwissenschaft*, Berlin : Verlag Volker Spiess.

Manzel, Ulrich, 1991, Das Ende der "Dritten Welt" und das Scheitern der großen Theorie ; Zur Soziologie einer Disziplin in auch selbstkritischer Absicht, in *Politische Vierteljahresschrift*, 32. Jg., 1991/Heft 1, S. 4-33.

Meyrowitz, Joshua, 1985, *No Sence of Place ; The Impact of Electronic Media on Social Behavior*, New York : Oxford University Press.

Nora, Simon/ Minc, Alaim, 1978, *L'Information de la sociëté*, rapport â M. le Président de la République, Paris : La Dokumentation Française. (*Die Informatisierung der Gesellschaft*, Frankfurt am Main : Campus Verlag, 1979.)（『フランス・情報を核とした未来社会への挑戦』産業能率大学出版部, 1980年。)

(RFFU) Geschäftsführender Hauptvorstand der Rundfunk-Fernsehen-

Film-Union (Hrsg.), 1981, *Der verbotene Rundfunkstreik*.

Riedel, Eibe, 1990, Recht auf kulturelle Identität ; Ein normativer Rahmen für eine “Neue Weltinformationsordnung”?, in Jahannes Schwartländer/ Eibe Riedel (Hrsg.), *Neue Medien und Meinungsfreiheit im nationalen und internationalen Kontext*, Kehl am Rhein : N. P. Engel Verlag, S. 239-266.

Roach, Colleen, 1990, The Movement for a New World Information and Communication Order ; a Second Wave?. in *Media, Culture & Society*, Vol. 12, No.3/1990, pp. 283-307.

Rödel, Ulrich/Frankenberg, Günter/Dubiel, Helmut, 1989, *Die demokratische Frage*, Frankfurt am Main : Suhrkamp.

Ropers, Norbert, 1989, Die Medien- und Informationspolitik zwischen Ost und West im Rahmen des KSZE-Prozesses, in *Publizistik*, 34. Jg. 1989/ Heft 3, S. 267-283.

Roth, Paul, 1990, Der Glasnost-Prozeß in der UdSSR, in *medium*, 20. Jg. 1990/Heft 2, S. 48-51.

Schelsky, Helmut, 1970, Zur soziologischen Theorie der Institution, in ders. (Hrsg.), *Zur Theorie der Institution*, Düsseldorf, S. 9-26.

Schlecht, Michael, 1987, Technik mit Konsequenzen, in *Die Mitbestimmung*, Heft 4/1987, S. 231-218.

Schmalz-Bruns, Rainer, 1990, Die Rationalität politischer Institutionen, in Gerhard Göhler/Kurt Lenk/Rainer Schmalz-Bruns (Hrsg.), *Die Rationalität politischer Institutionen ; Interdisziplinäre Perspektiven*, Baden-Baden : Nomos Verlagsgesellschaft, S. 381-401.

Schmalz-Bruns, Rainer, 1992, Civil Society — ein postmodernes Kunstprodukt? Eine Antwort auf Volker Heins, in *Politische Vierteljahresschrift*, 33. Jg. Heft 2/1992, S. 243-255.

Schmitt, Carl, 1970, *Verfassungslehre*, Berlin : Duncker & Humbolt. (カール・シュミット『憲法理論』尾吹善人訳，創文社，1972年。)

Schwenger, Hannes, 1974, *Schriftsteller und Gewerkschaft; Ideologie, Überbau, Organisation*, Darmstadt und Neuwied : Luchterhand.

Schwenger, Hannes, 1991, Resüme der Mediengewerkschaft, in Knut Hickethier/Siegfried Zielinski (Hrsg.), *Medien/Kultur,* Berlin : Verlag Volker Spiess, S. 65-71.

Servaes, Jan, 1986, Development Theory and Communication Policy ; Power to the People!, in *European Journal of Communication*, Vol. 1, No. 2/1986, pp. 203-229.

Soja, Edward W., 1989, *Postmodern Geographies; The Reasertion of Space in Critical Social Theory*, London : Verso.

Stamm, Karl-Heinz, 1988, *Alternative Öffentlichkeit ; die Erfahrungsproduktion neuer sozialer Bewegungen*, Frankfurt am Main : Campus Verlag.

Stock, Martin, 1987, Fragwürdiges Konzept dualer Rundfunkordnung, in *Rundfunk und Fernsehen*, 35. Jg. Heft 1/1987, S. 5-24.

Sussman, Gerald/Lent, John A., 1991, Introduction : Critical Perspectives on Communication and Third World Development, in Sussman/Lent (eds.), *Transnational Communications; Wiring the Third World*, London : Sage Publications, pp. 1-26.

Walser, Martin, 1989, Wir brauchen eine 'IG Kultur', in Alfred Horné/ Dieter Lattmann (Hrsg.), *Standpunkte und Stationen auf dem Weg zur Mediengewerkschaft*, S. 30-31.

Walser, Martin, 1989, Macht und Gegenmacht, in Alfred Horné/ Dieter Lattmann (Hrsg.), *Standpunkte und Stationen auf dem Weg zur Mediengewerkschaft*, S. 90.

Ein Sozialraum namens der Öffentlichkeit

—Öffentlichkeit, Medien und Zivilgesellschaft—

Tatsuro Hanada

Inhaltsverzeichnis

Bokutaku Sha Verlag, Tokio, 1996

A Social Space named the Public Sphere

—The Public Sphere, the Media and Civil Society—

Tatsuro Hanada

Contents

Bokutaku Sha Press, Tokyo, 1996

著者略歴

花田　達朗（はなだ　たつろう）

1947年長崎県生まれ。早稲田大学政経学部政治学科卒。ミュンヘン大学大学院修了。92年東京大学社会情報研究所（旧新聞研究所）助教授、95年教授、2003年所長。04年同大学院情報学環教授・学環長。06年4月から現職。

現在：早稲田大学教育・総合科学学術院教授
著書：『メディアと公共圏のポリティクス』（単著、東京大学出版会、1999年）
『カルチュラル・スタディーズとの対話』（共編、新曜社、1999年）
『論争　いま、ジャーナリスト教育』（共編、東京大学出版会、2003年）
『「個」としてのジャーナリスト』（コーディネーター、早稲田大学出版部、2008年）

公共圏という名の社会空間
——公共圏、メディア、市民社会——

1996年 2 月20日 第一版第一刷印刷発行
2009年 3 月20日 第一版第四刷印刷発行 ©

著　者　花 田 達 朗
発行者　坂 口 節 子
発行所　㈲ 木 鐸 社
印刷　互恵印刷　製本　大石製本
〒112-0002　東京都文京区小石川5-11-15-302
電話(03)3814-4195番　ファックス(03)3814-4196番　振替 00100-5-126746番
URL http://www/bokutakusha.com/

ISBN978-4-8332-2415-4 C3036 ￥3800E
定価：本体3800円＋税